Luiz Octavio de Lima

Pimenta Neves

Uma reportagem

Os bastidores do crime que abalou a imprensa brasileira.

E a história do homem que o cometeu.

Copyright© Luiz Octavio Augusto de Lima

6498/1 – 500 – 368 – 2013

Dados Internacionais de Catalogação na Publicação (CIP)

(Câmara Brasileira do Livro, SP, Brasil)

Grupo Editorial Scortecci

Scortecci Editora

Caixa Postal 11481 - São Paulo - SP - CEP 05422-970

Telefone: (11) 3032-1179 e (11) 3815-1177

www.scortecci.com.br

editora@scortecci.com.br

Livraria e Loja Virtual Asabeça

Telefone: (11) 3031-3956

www.asabeca.com.br

Arte de Capa

Daniela Jacinto

Índices para catálogo sistemático:

1. Reportagem investigativa : Jornalismo 070.43

Lima, Luiz Octavio de

Pimenta Neves : uma reportagem / Luiz Octavio de Lima. - - São
Paulo : Scortecci, 2013.

ISBN 978-85-366-3032-8

1. Assassinatos 2. Crimes 3. Jornalismo

4. Mulheres assassinadas 5. Neves, Antônio Marcos

Pimenta I. Título.

12-15110 CDD-070.43

AGRADECIMENTOS

Gostaria de expressar minha gratidão a todos os que contribuíram para compor, com cada peça, declaração, dado concreto, pista, documento ou suposição, com cada elemento, enfim, um trabalho à primeira vista muito difícil de alcançar.

Um reconhecimento especial deve ir para o profissional de comunicação Moisés Rabinovici, que forneceu subsídios e indicou fontes inestimáveis para a realização do projeto. Também agradeço à jornalista Erika Regina Corrêa, que assessorou de forma valorosa o processo de apuração, e ao advogado Sergei Cobra Arbex, por sua disponibilidade e por ter me possibilitado acesso a uma farta documentação jurídica sobre o caso.

Sou particularmente grato aos profissionais do campo da psiquiatria que contribuíram com hipóteses sobre o perfil psicológico de Pimenta Neves e aceitaram especular sobre as motivações capazes de levar alguém com seu comportamento pregresso – integrado, que nunca se pautou pelo destempero – à ruptura social e à violência exacerbada.

Agradeço àqueles que fizeram sugestões, críticas e cobranças, que me ajudaram a corrigir rumos, que indicaram formas de confirmação de determinados fatos e que me deram força para superar, em momentos de bloqueio, obstáculos que pareciam elevados demais.

Agradeço até mesmo aos que, procurados, optaram por silenciar. Respeito sua decisão, que, de certa forma, em determinados casos, foi eloquente sobre sua participação nos acontecimentos.

Os que contribuíram de alguma dessas maneiras vão listados a seguir:

Aída Veiga

Alberto Quartim de Moraes

Alberto Santiago

Alcides Ferreira

Alex Ribeiro

Aloísio de Toledo Cesar

Ancelmo Gois

Annamaria Marchesini

Antônio José Valdivino

Antônio Maria Alves

Carlinhos de Oliveira

Carlos Brickmann

Carlos Franco

Carlos Graieb

Carlos Soulié do Amaral

Carole Marolt Neves

Carolina Chagas

Cecília Thompson

Cibele de Souza Rocha

Cláudia Bergamasco

Claudia Bredarioli

Claudio Augusto

Daniel Piza (in memoriam)

Décio Viotto

Dorrit Harazim

Eleno Mendonça

Elio Gaspari

Enio Mainardi

Erika Regina Corrêa

Eugênio Araújo

Fabio Barbalho

Fábio Brito

Fernão Lara Mesquita

Flávio de Carvalho Serpa

Geraldo Motta Filho

Guido Palomba

Ibsen Costa Manso

Ignácio de Loyola Brandão

Ingrid Bejerman

Isabel Pimenta Hernandes

Jaime Mantilla Anderson

João Florentino Gomide

José Carlos Cafundó de Moraes

José Guilherme Rodrigues Ferreira

José Maria dos Santos

José Roberto Manesco

José Roberto Nassar

Karla Sarquis

Leonilda Paziam Florentino

Lourival Sant'Anna

Lúcia Helena de Camargo

Luciano Carvalho Paço

Luciano Martins Costa

Luiza Cristina Frischeisen

Luiza Pastor

Luiz Roberto de Souza Queiroz

Luiz Vita

Marcelo Silveira

Marco Antonio Rocha

Marcos Pacheco de Toledo Ferraz

Marcos Strecker

Marcus Lopes

Marguerita Bornstein

Maria de Lourdes Pereira

Maria José da Costa Ferreira

Marino Maradei Júnior

Mário Viana

Moisés Rabinovici

Mônica Cristina Corrêa

Morris Kachani

Newton Pimenta Neves Filho

Oscar Quiroga

Patrícia Diguê

Paulo Coutinho

Renata Ribeiro de Almeida

Renato Lombardi

Ricardo Osman

Roberto Benevides

Rodrigo Arbex

Rodrigo Galesi

Rodrigo Lara Mesquita

Ronaldo Albanese

Ronaldo Graça Couto

Ruy Mesquita

Sergei Cobra Arbex

Stefan Fahrer

Taty Ades

Tomás Eloy Martinez (in memoriam)

Ulisses Capozzoli

Valter Pereira

Vany Laubé

Vera Brandimarte

*"A verdade é mais estranha que a ficção, porque a ficção
precisa fazer sentido e a verdade não."*
Mark Twain

"Onde acaba o amor têm início o poder, a violência e o terror."
Carl Gustav Jung

APRESENTAÇÃO

Cada geração vive ao menos um fato traumático coletivo que lhe serve como marco modificador, um divisor de águas de comportamentos e perspectivas. Os norte-americanos têm o seu Pearl Harbor, o assassinato de Kennedy, a guerra do Vietnã, o Onze de Setembro. Os europeus, suas guerras mundiais, suas revoluções, a queda do Muro. Os japoneses, sua Hiroshima e sua Nagasaki. Os brasileiros, dependendo da geração – e em uma escala certamente menor –, poderiam citar o suicídio de Getúlio Vargas, o golpe militar de 1964 ou a morte do piloto Ayrton Senna.

Para a classe jornalística nacional, poucos episódios caberão melhor nessa definição do que o assassinato de Sandra Florentino Gomide por Antônio Marcos Pimenta Neves.

Não apenas toda uma categoria se viu afetada de diversas maneiras por aquele gravíssimo evento, como a própria empresa em que os jornalistas trabalhavam foi abalada pelo escândalo, desenrolado em grande parte dentro de suas paredes, que maculou a imagem respeitável construída pela instituição por mais de um século.

Ainda que os anos passem e o episódio vá se diluindo na memória coletiva, o assunto retorna de tempos em tempos às conversas de todos os que atuavam em redações naquele momento, tenham ou não conhecido de perto os protagonistas daquela malfadada sucessão de acontecimentos.

O fato é que quem trabalhava na imprensa paulista em 20 de agosto do ano 2000 sempre se lembrará do que fez naquele dia.

Eu me lembro muito bem.

Na tarde daquele domingo, eu retornava à capital, de carro, com a família, vindo de Santos, no litoral, quando o telefone celular tocou. Era uma colega do jornal *O Estado de S. Paulo*, em meio a seu plantão na empresa, com uma notícia que, a princípio, não entendi. Ela estava aflita e fez um preâmbulo um tanto confuso: "Você já soube da tragédia do *Estadão?*"

Como seu editor na área de internet, imaginei o pior –mas apenas em termos operacionais, nunca algo relacionado às pessoas que integravam a redação. Imaginei que nossa rede havia sofrido alguma pane muito grave, que o portal havia saído do ar e que os reparos seriam demorados e complexos.

– O que houve? – perguntei, já pensando que, em lugar de seguir para casa, teria de passar na redação para avaliar os danos e acompanhar as providências.

Ela não prolongou o suspense: "O Pimenta matou a Sandra!" Apesar de chocante, a revelação não era de todo surpreendente, dados os acontecimentos dos últimos tempos. Sem sombra de dúvida, representava algo dramático, e um tanto irreal, por envolver pessoas tão próximas. Do nosso próprio meio, afinal.

Jornalistas não são – ou não devem ser – objeto de noticiário. E, neste caso, o ideal era que nunca tivessem sido.

Pimenta Neves, diretor de ar aristocrático, intimidador, que, embora raramente alterasse o tom de voz, era temido por todos na redação do *Estado*, em razão do temperamento difícil e pelas decisões autocráticas, descera de um pedestal de poder e influência internacionais para a condição de um assassino frio, sem compaixão, possivelmente um sádico. Era o que indicavam as primeiras notícias. E o que é pior: descera para a condição de um criminoso foragido, caçado pelas estradas paulistas.

Como explicar essa transformação? O que teria levado a essa explosão, essa fratura psicológica, essa metamorfose extrema em uma personalidade antes contida e austera como a dele?

Casos de cidadãos racionais, equilibrados e bem situados na sociedade que cometem um desatino capaz de lhes arruinar a vida em um estalar de dedos são menos comuns do que se imagina. É o que indicam as estatísticas criminais mundo afora.

Os poucos exemplos conhecidos mostram como o ser humano pode surpreender até a si mesmo em um átimo impensado de segundo. "Na violência, esquecemos quem somos", escreveu com propriedade a norte-americana Mary McCarthy.

No Brasil, um dos momentos mais marcantes desse tipo de ruptura se deu com o pintor gaúcho Iberê Camargo (1914-1994), artista plástico prestigiado, com obras presentes nas principais mostras internacionais e habitualmente um cidadão pacato, introspectivo. Em 1980, sexagenário como Pimenta Neves, Iberê converteu-se em um homicida ao se envolver em um entrevero dos mais improváveis.

Ele caminhava por uma rua de Botafogo, na zona sul do Rio de Janeiro, quando intrometeu-se na discussão de um casal, em que o marido, o engenheiro Sérgio Alexandre Esteves Areal, de 32 anos, estava se comportando de forma agressiva. Ofendido e ameaçado pelo engenheiro, o pintor exaltou-se, sacou o revólver, que costumava portar apenas por segurança, e acabou desferindo--lhe um tiro fatal. Mesmo absolvido pelo júri, que aceitou a alegação de legítima defesa, Iberê não pôde mais recuperar a tranquilidade: recolheu-se a um ostracismo voluntário em Porto Alegre, onde manteve um pesado silêncio e produziu suas obras mais sombrias.

Na mesma época, ficou famoso o crime do filósofo francês Louis Althusser (1918-1990), ídolo dos rebeldes de 1968, que, em um período de privação dos sentidos, estrangulou sua mulher, Hélène Rytmann. Considerado 'impronunciável', incapaz de responder juridicamente pelos próprios atos, ele passou dois anos em um manicômio e escreveu uma autobiografia intitulada *O futuro dura muito tempo* (L'avenir dure long temps). O caso foi objeto de um ensaio, *Matei minha mulher - A paixão do marxismo*, do filósofo brasileiro Carlos Henrique Escobar, no qual mesclava-se a tragédia pessoal do pensador a reflexões político-ideológicas.

Dos crimes ocorridos por impulso violento contra a pessoa amada – a definição precisa do crime passional –, o caso Doca Street continua sendo o exemplo lembrado com maior frequência. Em dezembro de 1976, Raul Fernando do Amaral Street, conhecido pelo apelido de infância, *Doca*, matou com quatro tiros no rosto a socialite Ângela Diniz, com quem vivia. O espasmo de fúria ocorreu durante uma discussão motivada por ciúmes, na casa de praia dela, em Búzios, sofisticado balneário da chamada Região dos Lagos, no Rio de Janeiro. Sem nenhum histórico criminal anterior, foi sentenciado a dois anos, com sursis (ou seja, em liberdade), no primeiro julgamento, em 1979, baseado na polêmica tese de legítima defesa da honra – uma atenuante que a sociedade brasileira não tolera mais –, propugnada por seu advogado, o célebre criminalista Evandro Lins e Silva. De volta ao tribunal em novembro de 1981, Doca foi condenado a 15 anos de detenção, dos quais cumpriu apenas cinco.

O que ocorreu com Pimenta Neves, no entanto, dificilmente poderia ser classificado como surto, rompante, atitude impensada ou mesmo crime passional na sua forma mais característica. Quem trabalhava na redação sob seu comando tinha conhecimento de que ele vinha seguindo uma escalada de comportamentos obsessivos, pautados por uma relação nunca satisfatória com Sandra Gomide, jornalista três décadas mais jovem, a quem ele dera oportunidade de ascensão, salários altos, subsídios profissionais, vivência cultural e, sobretudo, cuja personalidade ele tentara moldar a todo custo.

Supondo-se que tenha havido ali algum grau de insanidade, ela nada teve de súbita ou temporária. A condição foi se instalando gradualmente e, com certeza, muito tempo antes do crime. Na verdade, como permitem supor as informações aqui reunidas, foi um processo que talvez tenha evoluído por anos. Alguns fatos bastante graves indicam que Pimenta trazia em sua personalidade uma violência latente, que o tempo foi fazendo aumentar e as frustrações resultantes do envolvimento com Sandra fizeram eclodir com maior força, ao ponto da perda da censura e de um descontrole tal que a decisão de puxar do gatilho representou um desfecho quase previsível.

Se as circunstâncias nas quais ocorreu o ato de Pimenta Neves podem ser consideradas um ponto fora da curva em termos comportamentais, o assassinato de mulheres no Brasil por seus maridos, amantes, namorados ou ex-namorados é uma realidade cotidiana, tristemente banalizada.

O Brasil aparece em um estudo da Organização das Nações Unidas (ONU) como o sétimo país do mundo com maior número de mulheres assassinadas – cerca de dez por dia. Na relação de 87 nações listadas pela entidade, perdemos até para países que punem mulheres com apedrejamento e mutilação.

A cada dez pacientes do sexo feminino atendidas no nosso sistema público de saúde, duas são vítimas de violência doméstica. O *estudo Legítima Defesa da Honra: Ilegítima Impunidade de Assassinos,* feito pelas advogadas Sílvia Pimentel, Juliana Belloque e Vanessa Pandjarjan, investigou 42 casos, ocorridos entre 1992 e 2003, em que assassinos de mulheres recorreram à polêmica tese da honra ferida. Elas verificaram, com espanto, que 23 dos réus haviam sido absolvidos em primeira instância graças à aceitação do argumento pelos jurados.

Embora não houvesse dúvidas sobre a autoria do crime, até por se tratar de um assassino confesso, tentar compreender como se deu a evolução desse quadro já seria, por si só, justificativa para uma investigação mais abrangente sobre o caso Pimenta Neves. Afinal, por mais que a cobertura feita pelas redes de TV, jornais, revistas e sites tenha sido intensa e onipresente, foi também, inescapavelmente, pontual e fragmentada. No jornalismo diário, e mesmo no semanal, não é possível construir uma visão mais aprofundada do contexto, dos personagens, suas histórias de vida e do que moveu seus atos em um episódio como esse.

Hesitei por muito tempo em me aventurar em um projeto que já havia sido tentado sucessivamente por profissionais extremamente qualificados – e abandonado por conta das mais diversas dificuldades. Finalmente, movido por alguns acasos, resolvi enfrentar o desafio.

Além de ter estado sob as ordens de Pimenta na época em que o crime ocorreu e de ter testemunhado seu declínio psicológico, foram me chegando fatos não revelados até então, alguns de grande impacto, claramente capazes de trazer novas perspectivas para a análise do episódio. Após a decisão de reunir essa visão mais ampla em livro, foram mais de dois anos consumidos em pesquisa, entrevistas, checagem de dados e redação.

A primeira preocupação foi a de reconstituir de forma detalhada como as trajetórias de vida de Pimenta e Sandra se desenvolveram, como convergiram, e conhecer os fatores que levaram à tragédia. Um relato cronológico e documentado, não apenas para dar perspectiva e contexto, mas que trouxesse novas luzes a essa trágica página da imprensa brasileira. Além de trazer maior clareza a algumas informações conhecidas do público e expor dados antes restritos aos profissionais que cobriram o crime – por serem comprometedores e pessoais demais para serem levados às seções dos jornais diários –, o livro descortina elementos mantidos em segredo por décadas e que só agora emergem.

É importante ressalvar que cada menção, cada fato, teve comprovação com base em documentos ou em uma diversidade de testemunhos. Neste levantamento, foram ouvidas mais de uma centena de pessoas, feitas dezenas de gravações com entrevistados, consultados a íntegra do processo e o teor completo do julgamento de 2006, reapuradas as reportagens produzidas sobre o crime, feitas transcrições dos emails trocados por Sandra Gomide nos últimos dias de sua vida e obtidos testemunhos no Brasil e no exterior – especialmente nos Estados Unidos, onde Pimenta Neves passou significativa parte de sua vida.

O interesse na criação desse relato não foi o de substituir o papel da Justiça ou mesmo dar uma satisfação ao desejo de represália da sociedade, que, aliás, não era nada desprezível, como se percebia em cada comentário nas ruas até muito tempo depois. Prevaleceu o espírito da reportagem investigativa, sempre com a preocupação de enfocar todas as partes envolvidas com respeito e sobriedade.

Ao colocar o resultado desse levantamento em forma de livro, foi feita uma opção pelo despojamento da narrativa jornalística, menos opinativa, mais informativa, menos literária e jurídica, mais factual, na medida do possível. Se, por um lado, a dependência ao jargão legal representaria uma indesejável barreira ao leitor, um exercício de estilo seria inadequado diante da gravidade dos acontecimentos.

Enquanto a linguagem foi construída de forma acessível a todos os públicos, o relato, por sua abrangência e contextualização, poderá ter um êxito adicional se puder, de alguma forma, valer como subsídio para futuras reportagens, estudos e mesmo referência para profissionais do direito, da psiquiatria forense ou da atividade policial.

O Pimenta que se tentou retratar nessas páginas não é apenas o personagem da crônica policial, mas um homem ainda mais complexo e contraditório. Profissional proeminente, admirado em seu meio e recebido nos grandes centros do poder, ele, ao mesmo tempo em que soube cultivar amizades inabaláveis, foi capaz de criar profundos desafetos e de cometer os atos mais condenáveis, sempre com uma inesgotável atitude de autojustificação.

O silêncio do personagem foi um dos obstáculos mais difíceis a superar no desenvolvimento deste projeto. Desde a ocasião do crime, ele optara pela distância da imprensa e havia aceitado falar sobre o crime apenas ao jornalista Vicente Vilardaga, seu funcionário na *Gazeta Mercantil*, para a revista *Alfa*, em outubro de 2010. Ainda assim, apesar do belo texto e do ineditismo da matéria, o tom de Pimenta fora lacônico e não muito revelador de suas reflexões pessoais sobre o episódio. A repórter Regina Terraz também conseguiu entrevistá-lo, para o *Diário de S. Paulo*, mas naquela vez ele não aceitou tocar no assunto da morte de Sandra.

Ao longo do período de produção do livro, foram feitas 43 ligações telefônicas para o escritório comandado pela advogada Maria José da Costa Ferreira, que representa Pimenta Neves, e enviada uma série de emails em que se requisitava um contato com seu cliente.

Finalmente, após quase dois anos de tentativas, informado sobre o projeto, o jornalista, já detido em Tremembé, no interior de São Paulo, decidiu se pronunciar.

Pimenta não concordou em conceder uma entrevista pessoal no presídio, mas aceitou responder, por escrito, a 20 perguntas que lhe foram enviadas por intermédio de sua representante legal, com a condição de que suas declarações fossem reproduzidas integralmente, sem cortes e sem alterações. Houve um acordo mútuo neste sentido. Ele chegou a fazer sondagens sobre o teor do livro e revelou curiosidade em saber quando seria publicado. Os meses, porém, foram se passando e, depois de protelar o envio das respostas, alegando problemas de saúde, o jornalista anunciou sua desistência de cooperar e transmitiu apenas um comentário sucinto sobre os assuntos abordados.

Agora, caberá ao público leitor formar um julgamento mais preciso, não apenas dos fatos ocorridos, mas também sobre a maneira como se construiu este relato.

I – DE BATATAIS A ARARAQUARA

Dificilmente poderia ter havido ambiente familiar mais propício, harmonioso e bem estruturado para um começo de vida do que aquele em que Pimenta Neves veio ao mundo. O menino Antônio Marcos nasceu em Batatais, no interior de São Paulo, em 13 de fevereiro de 1937, filho de José Pimenta Neves e Letícia Trunci Pimenta Neves.

Os pais de Pimenta haviam se casado naquela pacata microrregião de Ribeirão Preto, a 353 quilômetros da capital paulista, e chegaram a morar por um breve período na cidade de Santos, onde, em 1926, nasceu o filho mais velho, Newton. Mas logo retornaram à cidade de seus familiares, onde José passou a dar aulas na Escola Professora Maria Umbelina Vieira. Letícia era a dona de casa típica da classe média, sempre ocupada em manter o ambiente do lar o mais limpo, sereno e arrumado possível, assim como os filhos saudáveis, bem vestidos e bem relacionados.

O casal levava as crianças à missa todos os domingos e sonhava para cada um deles um diploma e uma carreira estável, se possível não muito longe do alcance dos seus olhos.

Batatais foi o berço de diversos políticos, como Altino Arantes, presidente do Estado de São Paulo entre 1916 e 1920. Ali, Washington Luís, que nascera em Macaé, no Rio de Janeiro, atuou como advogado e começou, como vereador, a carreira na vida pública que o levaria à Presidência do Brasil, interrompida pela derrubada de seu governo durante a Revolução de 30.

Além de quadros importantes à política nacional, o município forneceu futebolistas à seleção brasileira, como Algisto Lorenzato e Zeca Lopes, que jogaram na Copa da França em 1938, e Baldocchi, reserva no time que foi ao mundial do México em 1970.

Era uma cidade de colonização majoritariamente italiana, onde ainda é comemorada anualmente a Festa de San Genaro, um evento beneficente que reúne imigrantes e seus descendentes. Os próprios ancestrais de Letícia tinham sua origem na região do Piemonte, na Itália, ainda que a maior parte dos Trunci que vieram para o Brasil tivesse se fixado no estado do Paraná.

Os Pimenta Neves, porém, fugiam à regra local: eram de origem portuguesa, com ramos espalhados pelo sul de Minas Gerais. E, embora mantivessem sempre fortes os laços com os parentes e amigos, não seria em Batatais que aquela parte da família estabeleceria suas raízes.

Cordialmente conhecido pelos moradores como *Professor Zé Pimenta*, o pai de Antônio Marcos era um apaixonado pela política e elegeu-se prefeito de Batatais em 1933. Foi um administrador benquisto e popular, a ponto de uma das principais avenidas da cidade ter recebido o seu nome, anos depois.

Durante sua gestão, mostrou-se preocupado com a população de baixa renda: entre as medidas no sentido de favorecer essa parcela do município, destacou-se a criação do Centro de Cultura Física e de uma piscina pública, onde os jovens oriundos de famílias carentes ganharam a oportunidade de desenvolver atividades esportivas e participar de competições.

Três meses antes de deixar a Prefeitura, *Zé Pimenta* recebeu a notícia de que seria pai mais uma vez. Antônio Marcos foi o quinto filho do casal, que já tinha o menino Newton e três meninas, Maria Letícia, Vilma e Sarah. Depois dele viria a

caçula, Isabel. Os cinco mais velhos fizeram o curso primário na escola onde seu pai lecionava. Newton, que sempre buscou um caminho mais independente da família, foi estudar em São Paulo quando chegou a hora de fazer o ginasial.

A década de 1940 foi tranquila para os filhos de José e Letícia. Eles seguiam os estudos sob o rígido comando do pai e desfrutavam do contato com a natureza, proporcionado pela proximidade do rio Sapucaí e da vegetação, predominantemente de cerrado, propícia às cavalgadas que eles tanto apreciavam.

O amor pelos cavalos era incipiente para Antônio Marcos, e compartilhado por primos cujos pais possuíam propriedades rurais na região – algumas delas mantidas ainda hoje pelas gerações que ficaram em Batatais. Ele tinha um carinho ainda mais profundo pelos cachorros, e na infância constantemente procurava a companhia deles.

Com o final do Estado Novo e a queda de Getúlio Vargas, o ex-prefeito José Pimenta Neves filiou-se à recém-fundada União Democrática Nacional (UDN) e fez campanha pela candidatura do brigadeiro Eduardo Gomes nas eleições presidenciais de 1945 e 1950. Mas, apesar do eterno interesse pela política, permaneceu como educador e não concorreu mais a cargos eletivos.

A virada da década transformaria drasticamente a dinâmica doméstica dos Pimenta Neves. Newton, que havia retornado à cidade por um breve tempo, fez o curso colegial em São José do Rio Pardo, e depois seguiu para Campinas, onde obteria licenciatura em Matemática. Após o casamento com a professora Iolanda Annichino, fixou residência na cidade de Capivari.

O temperamento introspectivo de Antônio Marcos se acentuou um pouco com a ausência do irmão, mas nada comparável ao que veio depois, quando uma tragédia se abateu sobre sua família: Maria Letícia, a mais velha de suas irmãs, morreu aos 17 anos, ao cair da janela de um prédio, durante uma temporada em São Paulo.

Houve suspeitas de que a jovem poderia ter cometido suicídio, ainda que o laudo pericial tenha afastado essa hipótese, definindo a morte como acidental, principalmente pelo fato de que o trilho da cortina da janela havia sido arrancado. Os peritos que analisaram o caso interpretaram o detalhe como indicador de que ela ainda tentara buscar alguma forma de salvação antes da queda. Não obstante, a dúvida e o mistério ficaram no ar.

Como de hábito, Pimenta expôs apenas superficialmente aos amigos as emoções que o trauma lhe causou. Passadas algumas semanas, não tocou mais no assunto com ninguém e pouco voltaria a falar sobre ele no futuro.

É difícil avaliar as consequências psicológicas que o impacto daquela experiência teve sobre sua vida. De qualquer forma, em razão de um acontecimento tão brutal e da distância do irmão Newton, o adolescente tornava-se agora forçosamente maduro e, de certa forma, também responsável pelas irmãs Sarah e Isabel, que ainda viviam com a família.

Com seu núcleo familiar profundamente abalado, José e Letícia Pimenta Neves contemplaram o benefício que poderia lhes trazer uma mudança de cidade. Novos horizontes e o convívio com pessoas que ignorassem sua perda, em uma localidade mais ampla, onde não precisariam comentar o assunto a cada instante, aliviariam o peso que a ausência da filha lhes impunha e talvez amenizassem a dor que pairava sobre eles naquele instante.

Se uma ida para a capital poderia representar uma passagem brusca demais do bucolismo do campo para a metrópole, a alternativa de transferência para um centro urbano maior, em que pudessem iniciar uma vida verdadeiramente nova, parecia conveniente na medida certa.

A escolha recaiu sobre a próspera Araraquara, localizada a 130 quilômetros de Batatais e a 300 quilômetros de São Paulo, onde viviam alguns parentes e para onde viajavam com frequência a fim de fazer compras ou desfrutar fins de semana e feriados. Araraquara era conhecida como a "terra da laranja e da meia", por ter chegado a produzir, segundo alguns, 95% de todo o suco de laranja do Brasil e 30% do mundo, e por sediar a tradicional fábrica de meias da marca Lupo. Cidade tropical de clima quente, com temperatura média de 31°, cultivava também cana-de-açúcar e café.

Como Ribeirão Preto, São Carlos, Piracicaba, Bauru e tantos outros municípios da região, Araraquara era produto da expansão econômico-cultural gerada pela economia cafeeira paulista a partir da segunda metade do século XIX. Um período que chegaria a ser denominado como *Belle Époque Caipira*, com um quadro de acelerada industrialização aliada a projetos urbanísticos e higienizadores que nada deviam aos das grandes capitais.

Em Ribeirão Preto, por exemplo, o Teatro Carlos Gomes se antecipou em 14 anos ao Municipal da capital paulista, e foi inaugurado com uma suntuosa montagem da ópera *O Guarani*, de seu patrono, então recém-falecido. E em São Carlos ocorreu a primeira exibição cinematográfica no Estado, em outubro de 1897.

Araraquara tinha uma vantagem adicional em relação às vizinhas: abrigava um entroncamento de ferrovias que fazia dela passagem obrigatória da produção de diversas cidades.

Nesse dinâmico polo interiorano, José Pimenta Neves comprou uma casa confortável, próxima à Praça da Matriz, na região central, e começou a trabalhar como professor de português e inglês no conceituado Instituto de Educação Bento de Abreu (IEBA), o antigo Araraquara College, de influência britânica. Era para ali que as melhores famílias da cidade mandavam seus filhos, que trajavam sóbrios conjuntos de paletó e calça cáqui com gravata preta. Além do ensino de cunho humanista e das instalações sofisticadas para a época, o Bento de Abreu inovava também pelas atividades extra-curriculares: dispunha de amplas quadras esportivas, que sediavam competições de atletismo e futebol de salão, contava com uma entusiasmada fanfarra e promovia concursos de bandas uniformizadas que atraíam participantes de todo o Brasil.

Logo o *Professor Zé Pimenta* recebeu dos estudantes um novo e mais imponente apelido – *Mister*. Íntegro, austero e respeitável, o mestre era visto como um homem de poucos sorrisos, mas de uma "paciência de Jó" com os alunos. O domínio do idioma estrangeiro transmitido por ele seria determinante para algumas das mais importantes decisões de vida do filho Antônio Marcos, do casamento à carreira profissional.

A amargura pela perda da filha transparecia, mas, enquanto viveu ali, apenas os parentes e amigos mais chegados conheceriam o drama pessoal que precedia sua vinda para a cidade. E estes guardariam sobre o assunto um silêncio obsequioso.

Progressista, pacífica e economicamente pujante, Araraquara tinha apenas uma mácula em sua história, ainda que provocada por não mais que uma dúzia de personagens. Em janeiro de 1897, vivia-se ali uma tensão crescente entre monarquistas e republicanos, que acabou engendrando um sangrento embate: após um bate-boca em uma farmácia, o coronel Carvalho, líder dos republicanos locais, foi assassinado pelo jornalista sergipano Rosendo de Brito, um monarquista empedernido. O coronel andava irritado com artigos que Rosendo vinha publicando contra a República e, após sacar a lâmina inserida em sua bengala-espada para o jornalista, este reagiu, com uma garrucha, e o alvejou com dois tiros. O coronel ainda fugiu com vida, mas não resistiu aos ferimentos. A polícia levou presos Rosendo e seu tio Manoel, dono da farmácia, que apenas presenciara o incidente, sem ter tomado parte ativa nele.

O caso poderia ter seguido para a Justiça sem outras consequências. Mas, na madrugada seguinte, a Cadeia Municipal foi invadida por um grupo de homens com os rostos cobertos, enviados pelo filho do coronel, o major Dário Alves de Carvalho. Em um simulacro de manifestação popular, os capangas do major forçaram a entrada, retiraram os detentos, os levaram para um largo, onde os espancaram até a morte, deixando os corpos na Praça da Matriz. Os envolvidos nunca foram condenados, mas o episódio teve grande repercussão e fez com que a cidade fosse chamada na região, por alguns anos, pela alcunha estigmatizante de *Linchaquara*.

Mais lisonjeiro foi o epíteto de "Cidade mais limpa das três Américas", mantido na primeira metade do século XX, graças às suas impecáveis ruas de paralelepípedo, belas praças, calçadas bem conservadas, postes de ferro batido em conjunto de três lâmpadas e árvores de oitis podadas com apuro.

Nos fins de semana, as famílias faziam o *footing* na Rua São Bento, onde os rapazes se postavam de terno e chapéu para admirar as moças que passavam com suas melhores roupas. E o Cine *Paratodos*, que trazia as grandes produções de Hollywood, atraía filas de espectadores que dobravam as esquinas próximas.

Na Rua 2, ficava o comércio mais elegante. As missas de domingo lotavam a Matriz de São Bento, localizada em meio a uma esplanada com palmeiras cujo ponto focal era um chafariz encimado pela escultura de uma águia. Na Praça de Santa Cruz, ouvia-se nos alto-falantes o *Araraquara Repórter*, cuja programação consistia de noticiários intercalados pela execução de canções nacionais e estrangeiras.

Em 1960, Araraquara marcou um importante tento para a
história intelectual do País ao receber os filósofos franceses
Jean-Paul Sartre e Simone de Beauvoir. No dia 4 de setembro,
Sartre proferiu duas palestras, uma na recém-criada Faculdade
de Filosofia, Ciências e Letras (FFCL) e outra no Teatro
Municipal. O pai do existencialismo foi acompanhado todo o
tempo pelo escritor baiano Jorge Amado.

Na ansiosa plateia, encontravam-se o casal Fernando Henrique
e Ruth Cardoso – ela nascida na cidade –, o sociólogo e
professor de Teoria Literária Antônio Cândido e o dramaturgo
José Celso Martinez Corrêa.

Aquele domingo também é lembrado na cidade pela vitória por
4 x 0 da Ferroviária araraquarense sobre o poderoso Santos de
Pelé, no estádio municipal. Após o jogo, os torcedores saíram
pelas ruas comemorando como loucos – e o vaidoso Sartre
chegou a imaginar que aquela algazarra se devia à sua presença.

Antônio Marcos Pimenta Neves admirava os existencialistas
tanto quanto era um torcedor apaixonado do time local. Dizem
os amigos que no científico chegou a atuar em partidas onde
enfrentou o craque Bazzani, da Ferroviária, negociado com o
Corinthians em 1962. Na época dos eventos filosóficos, no
entanto, Pimenta vivia na capital e o jornalismo já se tornara o
interesse central de sua vida.

José Celso Martinez Corrêa, então autor e diretor teatral em
ascensão, havia sido um dos colegas de Pimenta Neves no
Bento de Abreu. Como ele, outros que haviam frequentado
aquela escola se tornariam nomes fortes da cultura e da
imprensa nacional. Entre os mais ligados de seu círculo, Ignácio
de Loyola Brandão viria a ser cronista e romancista, Marco
Antonio Rocha, jornalista da área econômica que atuou em
canais de TV e em importantes redações de impressos, e Luiz
Roberto Salinas Fortes, professor de Filosofia e escritor.

Desse grupo de Araraquara, além de Pimenta, outro que não
havia nascido ali era Marco Antonio Rocha, cuja família viera
de Olímpia, mais ao norte do Estado. *Marquito* e Loyola
Brandão eram de 1936. Zé Celso, Salinas e Pimenta, de 1937.
Batizado em homenagem ao santo fundador da ordem dos
jesuítas, Brandão era filho de um funcionário da Rede
Ferroviária, entidade que fazia parte da vida local desde o final
do século XIX, fosse pelo ruído dos trens que iam e vinham,
fosse pelas atividades esportivas que patrocinava – que
redundaram na criação do time de futebol local, em 1950, e na
construção do estádio Doutor Adhemar de Barros, a Arena da
Fonte ou Fonte Luminosa.

Zé Celso vinha de uma tradicional família católica, cuja mãe
vestira luto desde a morte da primeira filha, ainda bebê, e nunca
mais o tiraria. O pai, por sua vez, tinha aparência de galã, vestia-
se com elegância e era chamado de Clark Gable pelos amigos,
por sua semelhança com o ator norte-americano. Pimenta
também havia sido criado em um ambiente católico, mas nunca
foi especialmente ligado às questões da fé sob o ponto de vista
religioso. Interessavam-lhe os aspectos filosóficos do
cristianismo e as discussões em torno de dogmas e preceitos.
Algumas vezes entabulava longas conversas com o pároco da
Igreja de Santa Cruz, em busca de respostas para seus
questionamentos intelectuais.

A integrante feminina mais habitual desse grupo era Cibele
Maria de Souza Rocha, irmã de Marco Antonio Rocha, que
sempre cultivou uma incondicional admiração por Antônio
Marcos, como chamou Pimenta por toda a vida. Embora
tivesse apenas seis anos quando o conheceu – e ele dez –, ela
guardou para sempre a imagem daquele encontro:

"Os Pimenta Neves ainda não viviam na cidade nessa época.
Antônio Marcos estava só passando dias na casa de um primo.
Lembro-me que estava descendo as escadarias da Igreja Matriz,
de mãos dadas com a minha mãe, e ele vinha subindo, levado

pela mãe. Elas pararam para conversar e ficamos nos olhando, sem dizer nada."

No começo dos anos 1950, o interesse pela cultura solidificou a união daquele grupo de adolescentes. A poesia, a literatura, a filosofia, as artes plásticas e – principalmente – o cinema eram os temas mais frequentes de suas conversas.

Na sala do Cine *Odeon*, de fachada *art-déco* e uma programação que fugia ao convencional, eles tomavam contato com produções do neo-realismo italiano, clássicos franceses de Jean Renoir, Marcel Carné e Jean Cocteau e até com obras do cinema japonês.

Inspirado por essas sessões, Pimenta, o mais sério do grupo, sonhava fazer filmes. Como muitos dos amantes da sétima arte, era na sala escura, diante da tela prateada, que suas maiores emoções eram vividas. Ali, a imaginação corria e as ideias tomavam forma. "Enquanto a maioria de nós ia ao cinema simplesmente para assistir e vibrar com os filmes, ele ia para conhecê-los, analisar seus aspectos técnicos, aprofundar-se em seus significados", relata um antigo conterrâneo. "Pimenta sentia e entendia o cinema de uma forma completa."

Em seus tempos de Araraquara, Pimenta teve um flerte com uma das netas de Henrique e Judith Lupo, o casal que fundou a famosa confecção de meias, na sala de casa, em 1921. Como todos os seus amores de juventude, foi um envolvimento de natureza platônica e distante.

Os amigos lembram-se de outra grande paixão vivida por ele naquele período. Não correspondido, ele carregou consigo, por anos, uma imagem da amada. O traço de sua personalidade que o inclinava a fixar-se em um objeto amoroso, e não conformar-se com a sua perda ou abandono, talvez já mostrasse aí os primeiros indícios.

Com uma estatura que não chegava a 1,70m, sem porte atlético e com um ar de certinho incapaz de provocar qualquer atração especial nas garotas da cidade, Pimenta não era exatamente popular. Para piorar, tinha a língua presa, o que lhe conferia uma forma de falar ligeiramente ciciosa. Sua timidez profunda o fazia enrubescer diante de brincadeiras picantes ou em uma situação embaraçosa, o que lhe valeu o apelido de "peru" entre os companheiros do ginásio. Quando demonstrava senso de humor, era algo expresso em comentários curtos, de uma forma irônica ou cáustica, nunca expansiva ou em anedotas elaboradas. Essas desajeitadas tentativas de fazer rir em geral não eram compreendidas pela maioria dos colegas, que interpretavam suas tiradas – talvez brilhantes, se contadas para um público mais sofisticado – simplesmente como piadas sem graça.

Cibele Rocha confirma que o amigo nunca foi carismático, mas sempre viu nele qualidades mais importantes:

"Desde muito moço era um *gentleman*, extremamente educado, profundamente culto", recorda ela. "Nunca elevava a voz acima de um tom aceitável. Se, em uma roda, alguém falava mais alto, ficava constrangido e se afastava. E nunca tratava com descortesia as pessoas humildes. Quanto mais pobre a pessoa, mais duplicava a gentileza no trato. Esse foi o Antônio Marcos que conheci."

Na idade madura, abalada pelos acontecimentos que transformaram a vida de Pimenta, Cibele escreveria um desabafo, incrédula com o destino do companheiro de infância:

"Nunca Antônio Marcos consentir em sair dos gestos controlados, contidos, supervisionados por ele mesmo. Sempre absorvendo sua tensão interna, intensificando o autocontrole, aperfeiçoando a polidez, cultivando a elegância. Meu amigo sempre deu a impressão de estar temeroso de incomodar, dono

de uma timidez que muitos confundem com arrogância. Meu
querido amigo, tão prisioneiro de si mesmo..."

II – SÃO PAULO

Em 1952, Ignácio de Loyola Brandão iniciara atividade como
crítico, ao publicar na *Folha Ferroviária* uma resenha sobre o
filme *Rodolfo Valentino*, estrelado por Anthony Dexter.
Alternando trabalhos para aquela *Folha*, para *O Imparcial* e para
o *Correio Popular* da cidade, ele também teria uma participação
nas filmagens de *Aurora de uma Cidade*, semidocumentário
dirigido por Wallace Leal, em 1953. Quando, naquele ano,
Ignácio fundou o Clube de Cinema de Araraquara, Pimenta o
apoiou como um dos primeiros sócios e também começou a
escrever resenhas sobre os lançamentos cinematográficos para
a imprensa local. Seus interesses, contudo, eram mais dispersos
e ele não estava bem certo se aquele seria o seu objetivo de
vida.

No final de 1954, o grupo de Araraquara concluiu o científico.
A ambição de todos era a de transferir-se para a capital, a fim
de ingressar na Faculdade de Direito da Universidade de São
Paulo, a mais prestigiosa do País. De todos, menos Ignácio, que
estava cada vez mais envolvido com o cinema e ainda mantinha
fortes laços com a cidade-natal. Ele decidiu ficar.

Pimenta, por sua vez, sentia-se chamado pela metrópole. O
círculo da intelectualidade interiorana já parecia não lhe bastar.
Passadas as festas de fim de ano, ele, Marco Antonio, Zé Celso,
Luiz Roberto Salinas e mais alguns colegas do Bento de Abreu
instalaram-se na capital e deram início ao seu curso superior no
Largo de São Francisco.

Em São Paulo, Pimenta engajou-se rapidamente no movimento
estudantil e filiou-se à Mocidade Trabalhista, sucedânea da Ala

Moça do Partido Trabalhista Brasileiro (PTB), só que mais à esquerda. A Mocidade havia se organizado na V Convenção Nacional do PTB, em 3 de outubro de 1952, na qual João Goulart se tornara presidente nacional da legenda.

Naquele 1955, o petebista *Jango* formaria, como candidato a vice, a chapa encabeçada pelo pessedista Juscelino Kubitschek e levaria o PTB de volta ao poder depois do grave abalo que representou o suicídio do presidente Getúlio Vargas, seu mais alto quadro.

Por esse breve momento, a política ocupou mais os pensamentos do jovem Pimenta Neves que seu antigo amor pelo futebol e o cinema. Na nova realidade, ele passou a torcer pelo São Paulo, mas o clube nunca o entusiasmaria como ocorrera antes com o seu Ferroviária do coração. Sua inclinação à militância também seria superficial, efêmera, e de um desapego o que o beneficiaria nos duros anos que estariam por vir.

A partida em peso de seu grupo de amigos acabou por convencer Ignácio de Loyola Brandão a seguir o mesmo caminho rumo à metrópole, o que fez em março de 1957.

Mas Ignácio não pensava em se tornar bacharel em direito. Sua vivência nas redações de Araraquara o havia familiarizado com o processo de fazer jornais, inclusive com as técnicas do linotipo e da paginação em chumbo. Uma certeza já o acompanhava: seu mundo seria o das letras. E conseguiu empregar-se no jornal *Última Hora*, fundado No Rio de Janeiro por Samuel Wainer em 1951, que mantinha uma sucursal em São Paulo.

Ainda na entrevista de emprego perguntaram a ele se sabia inglês, porque haviam agendado uma conversa com um industrial norte-americano que estava hospedado na cidade e não tinham quem mandar. Ignácio tinha um conhecimento do

idioma bastante razoável, aprendido com o pai de Pimenta, o *Mister* do ginásio, entre o período regular e aulas extras particulares. Um conhecimento que era exercitado nas sessões de filmes que havia visto e revisto na adolescência. Não foi difícil desincumbir-se da tarefa e sua contratação foi imediata.

Animado com o êxito do amigo, Pimenta Neves resolveu tentar uma vaga naquela redação pouco depois. Aceito, encontrou seu nicho como setorista do meio estudantil, um ambiente onde se sentia à vontade e no qual dispunha de uma rede de fontes valiosas. Como relembrou anos mais tarde Washington Novaes, que chegou a fazer um teste para revisor da *Última Hora* no mesmo ano, Pimenta "sabia de cada um dos líderes das muitas facções, prenunciava os movimentos que se seguiriam, previa dissensões e rupturas. Já era um apaixonado pela profissão – meticuloso, exigente, irônico e impaciente como seguiria vida afora".

E ali também continuou a fazer crítica de cinema. Ao saber da mudança de rumos do filho, de um futuro promissor no direito para a instável vida na imprensa, o severo professor José Pimenta o chamou para uma conversa. E deixou bem claro que não considerava aquela carreira digna de grande respeito.

– Antônio Marcos, você só poderia ser um jornalista importante se chegasse a dirigir o *Estadão*, alguma coisa desse vulto... – advertiu-lhe o pai. – Qual é a chance disso acontecer? Pense bem no que está fazendo. A carreira na área jurídica pode levá-lo a uma posição elevada, o que, trabalhando como repórter, você nunca vai ter.

– Eu vou ficar bem – garantiu o jovem, sem querer contestar o pai, mas decidido a seguir na profissão.

Além de revelar talentos, como Ary Carvalho – que mais tarde se tornaria o próspero proprietário dos veículos impressos *Zero Hora*, em Porto Alegre, e *O Dia*, no Rio de Janeiro –, a *Última*

Hora também estava se caracterizando como um reduto de profissionais oriundos de Araraquara, entre eles o primo de Ignácio, Celso de Loyola Brandão, da editoria de Esportes. Em 1958, Marco Antonio Rocha juntou-se à equipe do jornal, onde faria reportagens sobre os mais variados assuntos, como os primeiros momentos da corrida espacial, até se destacar na área de Economia.

Desta vez, quem não os acompanhou foi Zé Celso. Embora prosseguisse, como os demais, no curso de direito, ele montou, com o núcleo de estudantes do Centro Acadêmico 11 de Agosto, um grupo chamado Teatro Oficina da Mecânica Técnica, logo popularizado como Teatro Oficina. Entre esses fundadores estavam Renato Borghi, Carlos Queiroz Telles, Amir Haddad, Moracy do Val, Jairo Arco e Flexa, Ítala Nandi e Etty Fraser.

Pimenta ligou-se por um breve período a essa trupe e ficou fascinado pela experiência, a ponto de considerar, mais uma vez, a carreira artística como uma opção. Mas essa seria sua última investida no campo das artes. Aquela vida não era para alguém que tinha ambições materiais e profissionais maiores, alguém que desejava cargos de comando, tomar decisões e, sobretudo, impressionar o pai. O profissional que almejava uma carreira segura e obter muito reconhecimento venceu o artista.

De resto, o jornalismo era o meio ideal para dar vazão às suas características mais proeminentes. O humor sarcástico, o ar distante, pensativo, uma certa altivez derivada do patrimônio cultural acumulado e o espírito ferozmente crítico eram vistos pela classe como qualidades admiráveis, sem nenhum traço da estranheza que provocavam em seus círculos interioranos. Ao contrário, eram desejáveis no exercício da atividade profissional. Ele se fez notar e conseguiu vislumbrar interessantes oportunidades naquele começo de década.

III – VIDA NOVA

Em 1960, Pimenta Neves transferiu-se da *Última Hora* para *O Estado de S. Paulo*, contratado como repórter e redator de política. Ainda estava muito longe da posição sonhada pelo *Mister* José Pimenta, mas, em maio daquele ano, viveria um momento histórico, ao ser incumbido de fundar uma sucursal do *Estadão* na recém-inaugurada Brasília, acompanhado do jornalista Vlado Herzog.

Sem laços familiares na capital paulista, Pimenta embarcou na aventura com grande disposição. O colega, judeu iugoslavo que chegara com os pais ao Brasil no início da Segunda Guerra, começava a assinar suas reportagens sob o pseudônimo Vladimir Herzog. Ele acabaria a vida como a vítima-símbolo dos porões do regime militar, em 1975, e seu novo nome seria associado para sempre à causa dos direitos humanos no Brasil e no mundo. Naquele momento era apenas um jovem obscuro, com potencial ainda não realizado. Vlado e Pimenta Neves, com 22 e 23 anos, respectivamente, tinham uma diferença de idade de apenas quatro meses.

No Distrito Federal ainda pouco povoado, o trabalho nada teve de tranquilo. No período que passaram ali, eles testemunharam o final do mandato de Juscelino Kubitschek, o cometa Jânio Quadros da posse à renúncia, a adoção do Parlamentarismo e o conturbado governo de João Goulart. Os tempos eram turbulentos na vida política e também de maior competitividade entre os meios de comunicação. Em 1964, o lendário Claudio Abramo deixou *O Estado de S. Paulo*, após 15 anos na casa, onde havia sido o mais jovem secretário de redação. Havia motivos de parte a parte para a ruptura: Abramo era um crítico frequente e feroz "da elite paulista", o que azedava suas relações com os tradicionais Mesquitas. Ao mesmo tempo, estava desgostoso com o apoio da casa à derrubada de Goulart.

Depois de permanecer desempregado quase todo o ano, Abramo foi convidado para ser o crítico interno de cada edição da *Folha de S. Paulo*. O jornal passava por uma rápida renovação e expandia-se sem parar desde que Carlos Caldeira Filho e Otavio Frias de Oliveira haviam comprado a *Folha da Manhã*, dois anos antes, dando a ela o novo nome. Os dois adquiriram veículos de imprensa menores e os incorporaram, o que ajudou a diminuir os custos de distribuição. E estavam interessados em enfrentar para valer os grandes títulos do País.

Marxista da corrente do trotskismo, Claudio Abramo era neto do anarquista italiano Bortolo Scarmagnan e havia dirigido a *Folha Socialista*, publicação do Partido Socialista Brasileiro. Mas seu talento, sua criatividade e sua dedicação profissional superavam em muito a paixão pela militância política e fizeram dele um ídolo tanto dos proprietários de empresas de comunicação quanto da maioria dos colegas.

Passando rapidamente a chefe de produção e a editor-chefe, o observador Abramo compôs sua equipe de assistentes com jovens promissores, como Pimenta Neves, a quem já havia comandado no *Estadão*, Washington Novaes, Roberto Müller Filho e Alexandre Gambirasio.

Novaes havia integrado a redação da *Folha da Manhã* entre 1957 e 1959, mas depois se transferira para *O Estado de S. Paulo*. Müller Filho, membro do Partido Comunista na Baixada Santista e um ferrenho nacionalista, havia passado um período confinado no navio Raul Soares, reservado a opositores do regime militar. Natural de Ribeirão Preto e formado em Química Industrial, havia sido funcionário da Companhia Siderúrgica Paulista (Cosipa), em Cubatão, antes de se iniciar como repórter, na *Folha*. Alexandre Gambirasio – que se casaria

com a jornalista de economia Lillian Witte-Fibe –, chegaria a secretário de redação e se firmaria como braço direito de Claudio Abramo. Com esse núcleo, Pimenta formaria laços de amizade e lealdade de uma forma que só conhecera antes no seu grupo de Araraquara.

A eles juntou-se o advogado Aloísio de Toledo Cesar, colega de Pimenta no tempo da faculdade, que resolveu fazer um teste para uma vaga nessa esfera de Abramo. Simpático, extrovertido, despreocupado e namorador, Toledo Cesar tinha um temperamento oposto ao de Pimenta, mas construíra um convívio amigável com ele na turma do direito. Os dois estudavam juntos para as provas, saíam para tomar cerveja e davam passeios pelo centro da cidade, o que já era muito para o retraído jovem de Araraquara. "Pimenta nunca saía para noitadas nem tinha coragem de se aproximar das mulheres. Era um puro, que só sabia estudar e trabalhar", relembra o ex-colega.

Natural de Martinópolis, no interior, Toledo Cesar ganhara dos amigos da capital o apelido de *Paraná* por usar sempre o carro do pai, que tinha placa daquele estado. Sua passagem pela *Folha* duraria pouco, dado seu desconforto com o estilo brusco do diretor: "O Abramo era daquela esquerda escocesa, que faz discurso socialista mas só gosta de tomar uísque", afirma Toledo Cesar. "Não aguentei o mau humor dele muito tempo. No primeiro 9 de Julho que tive de cobrir, depois que fui entrevistar os descendentes do Pedro de Toledo, que iniciou a Revolução de 32 e era meu parente também, ele acabou comigo. Achou que eu estava exaltando 'essa gente paulista que não vale nada'. A ironia é que, depois de morto, Abramo virou nome de praça no Jardim Europa, reduto da alta burguesia que ele tanto desprezava..."

Pimenta Neves estava totalmente integrado à rotina da *Folha de S. Paulo* e já exercia o seu quinhão de poder no veículo quando, em uma reunião social organizada por colegas, conheceu Carole

Marolt, cientista social norte-americana que fazia um estágio no Brasil. Com uma atrofia no braço direito, afetado por uma lesão ocorrida no parto, ela era um tanto reservada. Quando falava, porém, transmitia brilho intelectual e determinação.

Nascida em 1945, no estado de Minnesota, em uma família de raízes eslavas, Carole havia sido vizinha, em Hibbing, dos Zimmermann, cujo filho Robert, um pouco mais velho que ela, passava longas horas na varanda da casa dedilhando o violão e tentando aperfeiçoar-se no domínio da gaita. Tempos mais tarde, ele deixaria a cidade e adotaria o nome artístico de Bob Dylan.

Apesar de Carole ser uma jovem de bela aparência, muito clara, de cabelos loiros, modos discretos e temperamento suave, o que atraiu a atenção de Pimenta foram, acima de tudo, seus atributos intelectuais. Ela tocou no aspecto da personalidade dele que tendia a aproximar-se de pessoas a quem admirava. Ou que precisava admirar – em amizades e relacionamentos –, fosse por já estarem prontos, fosse pelo potencial que traziam consigo.

Carole já estava pronta. Após ter passado uma vida estudantil com desempenho de alto nível, ela chegava ao Brasil com um conceito acadêmico bastante elevado. Sua carreira seguiria, a partir de então, uma ascendente nunca interrompida, por maiores que fossem os percalços pessoais. Ele sentia orgulho dela. O bom domínio do inglês que possuía ajudou ainda mais a aproximá-los.

Depois de um breve namoro, e uma ida aos Estados Unidos em que ele foi conhecer a família de sua noiva, Pimenta e Carole se casaram no final de 1966. Ela passou a lecionar na Pontifícia Universidade Católica de São Paulo (PUC-SP) e somente cinco anos mais tarde o casal teria as filhas gêmeas Andrea e Stephanie.

Menos de um ano depois da união de Pimenta e Carole, a 17 de outubro de 1967, na mesma São Paulo, mas no seio de uma família modesta da Vila Moraes, na zona sul da cidade, nascia Sandra Florentino Gomide. Era filha de João Florentino Gomide, de 29 anos, e Leonilda Paziam Florentino, de 31, que àquela altura já tinham um menino, Nilton, de três anos.

O pai de Sandra nascera em Três Corações, Minas Gerais, e passara a adolescência na capital, Belo Horizonte. O terceiro de doze filhos, era aparentado com pessoas famosas por motivos distintos, como a atriz Geórgia Gomide e o cônsul Aloysio Dias Gomide, este sequestrado pelo grupo guerrilheiro uruguaio Tupamaros, em 1970.

João Gomide chegara a São Paulo em 1959, pouco depois de dar baixa no serviço militar. Com as economias trazidas para a nova cidade, abriu uma loja e oficina de autopeças na Rua Brigadeiro Luiz Antônio, no bairro do Paraíso. Pela proximidade com as instalações do Destacamento de Operações de Informações – Centro de Operações de Defesa Interna (DOI--codi), órgão de inteligência do governo brasileiro durante o regime militar, que ficava na vizinha Rua Tutoia, ele tinha entre seus clientes o temível delegado Sérgio Paranhos Fleury, o mais famoso braço da repressão em São Paulo. O policial sempre passava pelo estabelecimento para contratar um serviço e equipar melhor o seu Volks 1500 (Fuscão) Preto.

Embora já fosse pai, a chegada da filha deixou João Gomide em um estado de felicidade como ainda não sentira antes.

IV – MARGUERITA

Naquele mesmo 1967, em abril, entrava em cena na vida de
Pimenta Neves uma personagem marcante. Seu nome era
Marguerita Bornstein, uma jovem australiana de beleza exótica,
beirando os 1,70m de altura, esbelta, de longos cabelos
castanhos, traços angulosos e olhos azul-acinzentados. Ela viera
trabalhar no arquivo da *Folha de S. Paulo* e atraiu de imediato as
atenções da redação, ainda pouco acostumada a presenças
femininas. Tinha apenas 17 anos, completados em fevereiro.

Aqueles eram os tempos 'heroicos' do jornalismo, não apenas
porque os profissionais da época precisavam suportar a
crescente repressão política e a presença dos censores nas
redações, advindas do regime militar imposto a partir de 1964.

Mas também por conta das instalações, em geral precárias, das
empresas jornalísticas. Nas redações, aglomeravam-se
repórteres, diagramadores, revisores, fotógrafos e office-boys,
em mesas e cadeiras desconfortáveis, velhas máquinas de
escrever Lexicon – para os mais desfavorecidos – ou Olivetti –
para os mais afortunados –, em meio a muita fumaça de cigarro
e a montanhas de papéis.

Trabalhava-se nessas condições cerca de dez horas por dia – às
vezes muito mais. Depois do expediente, fechada a edição, o
programa comum para muitos era comer um sanduíche ou
beber no bar mais próximo até o raiar do dia.

E havia o espírito heroico propriamente dito, dados os tempos
que seguiam, quando um jornalista considerado "de esquerda"
corria riscos consideravelmente altos. "Jornalista de esquerda",
aliás, significava quase um pleonasmo então, quando a imensa
maioria o era por convicção ou por inércia, já que a natureza de
seu trabalho fazia deles observadores compulsórios das
desigualdades sociais do País, além de conhecedores em
primeira mão dos abusos do regime militar.

Suas opiniões, e às vezes os laços com os grupos clandestinos,
os colocavam em uma situação constantemente vulnerável.
Com o tempo, não foram poucos os detidos "para
averiguações" ou mesmo presos e torturados, numa espiral que
culminaria com o episódio da morte de Vladimir Herzog,
quando ele começava como editor da *TV Cultura*, em 1975.

A figura daquela jovem e sofisticada estrangeira, portanto, não
teria como passar despercebida naquele ambiente. Ao tomar
conhecimento da presença da nova funcionária, naquela *Folha*
de 1967, Pimenta Neves foi tomado por um fascínio imediato.
Sua escassa experiência com o sexo oposto certamente agravou
sua forma de lidar com a situação. Logo ocupou-se em apurar
como aquela quase adolescente tinha vindo parar ali. Ficou
sabendo que o amigo Aloísio de Toledo Cesar, então articulista
político do *Estadão*, mas ainda com bom trânsito no jornal de
Caldeira e Frias, a recomendara para o emprego.

Aos poucos descobriu que, apesar da aparência glamorosa,
Marguerita Bornstein tinha uma história familiar marcada pela
tragédia na Europa. E era alguém que sempre combinara
intenso pendor artístico e fragilidade emocional.

Ela nascera em Sydney, na Austrália, em 1950, filha de
refugiados judeus da Segunda Guerra Mundial. Sobreviventes,
no pleno sentido da expressão: sua mãe, Maria, passara até o
último dia do conflito no campo de concentração de
Auschwitz, na Polônia, onde, em mais de uma ocasião, chegou
a estar frente a frente com o carrasco nazista Josef Mengele e
em uma diante do próprio Adolf Hitler. Seu pai, Stefan,
resistira à terrível experiência de internação em um *gulag*

soviético na Sibéria. Terminada a guerra, foram acolhidos na Austrália, onde tiveram a única filha. Com quatro anos de idade, ela migrou com eles para o Brasil, onde foi matriculada no Colégio Rio Branco, em Higienópolis, na capital paulista.

Revelando um talento precoce para desenho e pintura, Marguerita tivera seus primeiros trabalhos publicados no carioca *Correio da Manhã*, ao viver com a família no Rio de Janeiro, entre 1959 e 1961. Em 1963 passou a contribuir para o *Suplemento Literário* de *O Estado de S. Paulo*. Décio de Almeida Prado, o editor do caderno, e Delmiro Gonçalves, o principal crítico de arte, incentivavam sua vocação. Logo foi passando da criação de cartões de Natal a salões de arte e começou a expor em galerias.

Como ainda era uma adolescente, era chamada por todos no *Estadão* de "menininha". Quando encontrava Júlio de Mesquita Neto na fila do elevador, ainda na sede da rua Major Quedinho, no Centro, ele sempre fazia questão de deixá-la entrar na frente de todos. Luis Carlos Mesquita, o *Carlão*, irmão caçula do *dr. Julinho*, a tratava com simpatia e admirava-se de ver uma colaboradora tão jovem sentir-se tão à vontade no ambiente da redação. O chefe do arquivo, apostando que sua arte seria reconhecida, chegou a abrir uma pasta para catalogar seus desenhos e artigos publicados.

Inconformada com a configuração daquele universo, no qual mulheres raramente exerciam funções de destaque, constando apenas como articulistas à distância ou colaboradoras de seções femininas, a jovem Marguerita rapidamente trabalhou para deixar o espaço fechado da área de arquivo da *Folha* e obter um inédito lugar junto aos diagramadores, em plena redação.

Com o início da *Guerra dos Seis Dias*, em 5 de junho daquele 1967, ela viu essa oportunidade se apresentar. Imaginando que o conflito se arrastaria por muito tempo, foi ao diretor Claudio Abramo e ofereceu-se para reforçar a equipe. Abramo aceitou

testá-la e designou-a para a diagramação da Internacional. O responsável pela área gostou da contribuição de Marguerita e, mesmo com o rápido desfecho da crise no Oriente Médio, ficou satisfeito em mantê-la.

Apresentado a Marguerita por Aloísio de Toledo Cesar e Alexandre Gambirasio, Pimenta Neves manteve uma postura mais formal nos primeiros contatos com a funcionária, mas não conseguiu disfarçar o impacto que a jovem lhe causara. Como estava em um escalão acima, só deixava escapar pistas de seu interesse por ela aos colaboradores com quem tinha mais intimidade, como Zélio Alves Pinto, artista gráfico, irmão do cartunista Ziraldo e co-fundador do histórico tabloide alternativo carioca *O Pasquim*. Aliás, Pimenta atribuiria a si mesmo, anos mais tarde, a inspiração original para a publicação satírica que marcaria os anos de 1970 no país.

Na mesma proporção em que a redação da *Folha* se acostumava com a presença da nova diagramadora, parecia crescer em Pimenta a fantasia da possibilidade de uma relação com ela. Deixando de lado o fato de ter menos de um ano de casado e de ter quase o dobro de sua idade, ele tornou-se cada dia mais explícito em suas investidas.

Marguerita logo tentou deixar claro que não tinha interesse em um relacionamento com ele e fez transparecer que se sentia constrangida por seus avanços.

Sem se dar por vencido pela rejeição, Pimenta começou a dar vazão a um aspecto inusitado de seu temperamento. Demonstrava sua contrariedade com a frieza da moça de uma maneira diferente, e um tanto perversa: estimulando comandados a tomar atitudes inconvenientes com Marguerita. Esse comportamento abriu espaço para que, sob sua influência, um dos ilustradores do jornal passasse a deixar desenhos de órgãos sexuais masculinos e outras imagens obscenas na mesa de trabalho da colega.

Ao mesmo tempo em que era muito hábil para identificar os melhores talentos das pessoas com quem trabalhava, Pimenta Neves também sabia como poucos captar fragilidades, mesmo dos que se movimentavam um pouco mais longe de seu raio de atuação ou de influência. E percebeu que aquele tipo de provocação desestabilizava a jovem. "A atitude e os comentários dele às vezes me faziam chorar", recorda ela. "Quando isso acontecia, ele parava para observar as lágrimas rolando no meu rosto".

Marguerita também atribuía a Pimenta a origem dos crescentes boatos que circularam na redação de que ela e o diretor Claudio Abramo seriam amantes. "Se ele realmente fez isso, não havia fundamento", afirmou Marguerita anos depois, garantindo inclusive que até então nunca tivera sequer um relacionamento amoroso com qualquer pessoa.

O auge desse comportamento, que hoje motivaria facilmente uma ação de assédio moral, teria ocorrido quando Marguerita precisou passar por uma cirurgia para a retirada das amídalas. Afastada do trabalho, ela recebeu, ainda na saída do procedimento, a notícia de que um colunista social, amigo de Pimenta, havia publicado uma nota insinuando seu suposto caso com Claudio Abramo. Após o choque com a notícia, Marguerita deixou o repouso recomendado pelos médicos, vestiu-se às pressas e correu à redação da *Folha* para cobrar uma satisfação de Pimenta.

Ela relata que, ao procurá-lo em sua sala, foi recebida com uma gargalhada zombeteira: "O que faz aqui? Branca como giz!", gritou ele, segundo Marguerita. "Quer trabalhar? Então, vá rodar bolsinha!", teria prosseguido, sem parar de rir. Tentando dar um basta nas ironias e nos avanços do superior próximo, ela decidiu recorrer ao próprio Abramo.

Depois de detalhar ao diretor o que vinha se passando, ele providenciou sua transferência para o prédio vizinho, onde

Marguerita foi comandar o setor de promoções para os cinco jornais do grupo. No final do ano, porém, ela deixou a *Folha* para trabalhar no departamento de arte da editora Abril, participando da criação do protótipo da revista *Exame* e fazendo capas para outras publicações.

Apesar da evolução profissional, desde a morte de seu pai, ocorrida em setembro de 1967, Marguerita estudava a ideia de retornar à Austrália com a mãe, para tentar um espaço no mercado de artes plásticas de seu país-natal. O projeto se concretizou em 1970, com ótimos resultados.

A Bonython, a melhor galeria do país na época, convidou-a a integrar uma mostra coletiva e, pouco depois, ofereceu a ela a possibilidade de fazer uma exposição individual com seus trabalhos. O jornal *The Australian* ofereceu-lhe uma página de humor. E logo ela também iniciou uma carreira em filmes de animação, atividade cujo interesse parecia correr nas veias da família: sua mãe era prima de Max e David Fleischer, criadores de personagens célebres dos *cartoons*, como Betty Boop e Popeye.

Sua vida no Brasil estava se tornando uma imagem distante, desfocada. E as lembranças dos dissabores causados por Pimenta já não a incomodavam tanto.

V – VISÃO

Se havia algo de condenável na personalidade de Pimenta
Neves naquele momento, nada foi captado por seu círculo
profissional ou de amizades. Era uma época em que jornalistas
não viviam nos holofotes, nem alcançavam status de
celebridade em emissoras de tevê. Suas vidas pessoais e suas
personalidades não eram objeto da curiosidade pública, sendo
alvo de pouco interesse até da própria categoria. Ainda assim,
entre seus pares, poucos desfrutavam de tamanho prestígio
quanto ele.

Incansável, eficiente, culto, bem relacionado, capaz de inspirar
respeito e de obter grandes resultados de suas equipes, Pimenta
havia angariado a simpatia de colegas até nas redações em que
nunca havia trabalhado, por nunca abrir mão de determinados
princípios, especialmente quando se tratava de valores
democráticos e de liberdade de informação. "Mesmo nos
tempos mais difíceis, noticiava o que devia ser noticiado,
independentemente das pressões externas ou do comando das
redações", relembra um ex-comandado do jornalista.

Não era um homem abertamente de esquerda, como a maioria
de seus colegas, ou ligado a movimentos de inspiração marxista,
como era de bom tom entre os intelectuais da época. Em
retrospecto, os amigos o definem como "um liberal democrata
da melhor categoria, pautado pela ética".

Da mesma forma, na vida pessoal, Pimenta projetava a imagem
de um marido atencioso, amável, um pai carinhoso, um amigo
que mantinha a mesma personalidade reservada e confiável que
trouxera do interior. Era visto como alguém perfeitamente
talhado para ocupar altas posições. E em 1969, essa previsão
começou a se cumprir: Pimenta deixou a *Folha* para assumir o
cargo de redator-chefe da revista quinzenal *Visão*.

Embora tenha mantido sempre boas relações na empresa da
Rua Barão de Limeira, sua mudança de emprego não se dera
sem alguns abalos. Naquele período, Otavio Frias o havia
designado para fazer uma reforma na *Folha da Tarde*, jornal do
grupo que se ocupava mais fortemente do noticiário local e da
cobertura política regional. Eram tempos conturbados, de
manifestações estudantis que pediam o fim do recém-
implantado Ato Institucional nº 5 (AI-5) e do regime militar.
Protestos reprimidos pela Polícia do Exército (PE) e que
geralmente terminavam em confrontos e prisões. O AI-5
permitia ao regime cassar mandatos e suspender direitos
políticos de parlamentares, suprimia a garantia de habeas
corpus nos casos dos chamados crimes contra a segurança
nacional e recrudescia a ação da censura – toda a produção
intelectual no país ficava sujeita ao exame prévio e ao
julgamento de funcionários do governo.

Frias e Carlos Caldeira entendiam o período de exceção como
necessário para tranquilizar o País e não viam com bons olhos a
ideia de se abrir espaço no noticiário para os movimentos
contrários à ordem. No início da década de 1970, essa postura
chegou a provocar uma série de retaliações, sob a forma de
atentados contra veículos de entrega da *Folha de S. Paulo*, que
eram incendiados por organizações clandestinas de esquerda.

Pimenta Neves, por sua vez, começava a ver os amigos
próximos cair nas garras da repressão. Em 1968, José Celso e o
elenco do Oficina haviam sido alvos do auto-intitulado
Comando de Caça aos Comunistas (CCC). Durante a
temporada paulista de sua montagem de *A Roda Viva*, escrita
por Chico Buarque, cerca de cem integrantes do grupo
paramilitar invadiram o Teatro Galpão, onde a montagem era
encenada, agrediram o elenco e destruíram os cenários da peça,

que acabou sendo retirada de cartaz pela censura. Outro amigo de infância, Luiz Roberto Salinas Fortes, já professor de filosofia da USP, foi preso e torturado diversas vezes, tendo chegado a registrar suas experiências de cárcere no livro *Retrato Calado*.

Em 1969 entrara em vigor o Decreto-Lei 477, aplicado aos professores, alunos e funcionários das escolas, proibindo qualquer manifestação de caráter político, com o objetivo de banir o protesto estudantil. Na capital paulista, essa medida foi implementada com um agravante: vários professores da Universidade de São Paulo (USP) foram afastados das funções e aposentados compulsoriamente por suas posições socialistas. Entre eles, Bolívar Lamounier, Fernando Henrique Cardoso, Caio Prado Junior, Mário Schemberg e Florestan Fernandes.

Em dado momento, Pimenta Neves resolveu destacar uma equipe de reportagem para um dos protestos programados pelos estudantes. Porém, foi advertido pela direção da empresa de que não desse espaço ao ato público. Ele insistiu, mas seus superiores foram além: o caso estava encerrado e a cobertura, proibida. Inconformado, e fazendo aflorar os brios do antigo setorista estudantil da *Última Hora*, Pimenta não viu outro caminho senão seguir para outra empresa.

Na *Visão*, rapidamente elevado a diretor editorial, Pimenta impôs à nova redação um ritmo de trabalho intenso e deu um tom dinâmico à revista. A impressão geral era de que Pimenta, apesar de muito exigente, era justo, leal e polido. Nunca alterava a voz para criticar seus subordinados. Era afável e mantinha uma vida social muito frequente com seus colaboradores próximos. Mais que tudo, obtinha resultados: durante sua gestão, a revista tornou-se uma das publicações mais influentes do país.

É bem verdade que a concorrência nesse campo ainda era pouco expressiva. A poderosa *Veja* de anos mais tarde, que ajudaria a derrubar autoridades da República com suas reportagens investigativas, ainda dava os primeiros passos. E a *Realidade*, da mesma editora Abril, acossada pela censura e por uma certa crise de identidade, não ia nada bem das pernas.

De todo modo, a sobrevivência da *Visão* naquele período era algo quase miraculoso. Rodada em preto-e-branco, com uma orientação de esquerda, crítica do regime e da política econômica vigente em plena ditadura militar, pertencia ao mesmo tempo ao grupo editorial norte-americano Vision Inc., quando os Estados Unidos haviam apoiado o golpe que derrubou o governo de João Goulart, por julgar que ele estava conduzindo o Brasil para uma república sindical alinhada a Cuba, à União Soviética e à China. Era um ninho de socialistas financiado com capital ianque, em plena Rua Uruguai, no abastado Jardim América.

Na *Visão*, Pimenta foi se cercando de colegas de sua confiança, como Roberto Müller Filho, Luiz Weis, Rodolfo Konder, Marco Antonio Rocha e Robert Appy. Washington Novaes era o diretor da redação no Rio. Aloysio Biondi estava desde 1967 como editor de economia, e já havia recebido em seu primeiro ano um Prêmio Esso de Jornalismo na categoria Informação Econômica, pela reportagem *O Brasil no Caminho do Deserto*, sobre desmatamento. Biondi e Pimenta haviam se conhecido na *Folha de S. Paulo*, onde o primeiro – mais antigo na empresa – se tornara com apenas 21 anos subchefe de sucursais, correspondentes e representantes.

Entre os articulistas, fixos ou colaboradores, alinhavam-se Antonio Callado, Carlos Nelson Coutinho, Alberto Dines, Anatol Rosenfeld, Nelson Werneck Sodré, Perseu Abramo, Roberto Muylaert e Zuenir Ventura.

Durante parte da gestão de Pimenta, a editoria de cultura ficou a cargo de seu antigo colega, também tornado teatrólogo, Vladimir Herzog. Na função, Vlado garantiu maior espaço para as resenhas de livros e deu ênfase à defesa da liberdade para a produção cultural e à crítica à cultura de massa.

Em 1972, a revista começou a passar por uma virada radical. Após 15 anos de existência, foi comprada por seu próprio diretor comercial, o publicitário Said Farhat, que depois se tornaria ministro das Comunicações do governo Figueiredo, o último do regime militar.

A princípio, Farhat não mexeu na linha editorial e manteve certo grau de liberdade para os profissionais da redação. Mas, passados alguns meses de gestão, começou a promover alterações. Queixou-se a Pimenta e a Washington Novaes de que a *visão* havia se tornado excessivamente engajada, perdendo sua característica de publicação para homens de negócios, e que era a hora de corrigir rumos para conseguir resultados financeiros com anunciantes de peso. Avisou que dali em diante a orientação geral seria dada por um conselho editorial do qual fariam parte ele próprio, o colunista político Luiz Alberto Bahia, o economista Otávio Gouveia de Bulhões, que havia sido ministro da Fazenda do governo Castelo Branco (1964-1967), e Jorge Leão Teixeira, que já tinha sido diretor da revista.

Pimenta Neves sempre foi fiel aos veículos em que trabalhou, mas não era um diretor submisso. Prezava sua independência e não abria mão de autonomia para decidir, mesmo que isso significasse entrar em confronto com os proprietários da empresa jornalística. Nessa queda de braço, saiu perdendo. E acabou deixando a revista, em meados de 1973. Aloysio Biondi também foi demitido e Washington Novaes foi transferido para São Paulo como redator.

No ano seguinte, a *Visão* seria vendida para o grupo liderado pelo empresário Henry Maksoud e seu perfil mudaria ainda mais, ganhando impressão em cores, periodicidade semanal e, sobretudo, tendo sua linha fortemente voltada para a defesa dos valores liberais. Em 1990, descapitalizado pelo confisco do Plano Collor, Maksoud passou a publicação a Hamilton Lucas de Oliveira, dono do Grupo IBF (Indústria Brasileira de Formulários), que detinha o comando do *Diário Comércio, Indústria & Serviços* (DCI) / *Shopping News* e que havia feito fortuna com a impressão de *raspadinhas*. Lucas de Oliveira mantinha estreitas ligações com o governo de Fernando Collor de Mello e sofreu os efeitos do impeachment do presidente, em 1992. Mergulhada em problemas financeiros, *Visão* deixou de circular em 1993.

VI – ATAQUE

Embora estivesse desenvolvendo, com apenas 23 anos, uma vitoriosa carreira como designer, ilustradora, artista plástica e diretora de filmes de animação na Austrália, Marguerita Bornstein decidiu voltar ao Brasil. Maria, sua mãe, uma figura frágil, temeu se ver sozinha no país distante e preferiu acompanhar a filha nesse retorno. Elas desembarcaram em São Paulo em julho de 1973.

Poucos dias depois de regressar, Marguerita fez uma visita à redação do *Jornal da Tarde*, que estava em fase de expansão. Ali, o editor Murilo Felisberto convenceu-a a ficar e a contratou imediatamente. Na semana seguinte, porém, um encontro casual entre Marguerita e Pimenta levaria a um episódio que deixaria marcas pelas décadas seguintes nas vidas dos envolvidos.

O relato a seguir é da própria Marguerita Bornstein, enviado por ela, por escrito, ao saber da preparação deste livro:

"Eu caminhava pela Rua Augusta, nas proximidades do Centro, num fim de tarde, com minha mãe, quando avistei Pimenta Neves vindo na direção oposta. Nos cumprimentamos e percebi que ele estava abatido. Comentou que se encontrava desempregado e que não sabia ao certo onde procurar trabalho. Fiquei penalizada e até esqueci de seu comportamento anterior comigo. Dei-lhe algumas dicas e disse que no *JT* certamente estavam precisando de alguém com sua experiência. Garanti que um dos diretores teria alguma função a oferecer a ele. Nós morávamos na região dos Jardins, duas quadras abaixo da Avenida Paulista, e seguimos o nosso caminho.

Dias depois, ele me ligou no *Jornal da Tarde* para agradecer e me convidou para jantar. Veio tarde da noite me buscar.

Durante o jantar, a conversa foi tranquila e falamos principalmente de trabalho. Quando saímos, ele se ofereceu para me acompanhar até em casa, mas disse que precisava passar no apartamento de um amigo, que ficava no caminho, a fim de pegar uns livros. Concordei e fomos caminhando.

Chegamos ao prédio e subimos. Pimenta disse que o amigo tinha deixado uma chave com ele e abriu a porta. Quando entramos, ele trancou a porta. Em seguida, Pimenta me atacou.

Não tive tempo sequer de ver direito como era o apartamento. Ele me levou para uma cama e me jogou sobre ela. Dizia que há muito tempo queria fazer isso, desde os tempos da *Folha*. Fui forçada a fazer sexo com ele, sem ter como reagir.

Quando ele me deixou ir, corri e fui para casa, em choque. Aquele ataque foi uma surpresa total, uma agressão absurda...

Dias depois, descobri que ele havia me engravidado. Não sabia o que fazer.

Minha mãe, amedrontada, era mais uma filha para mim, uma amiga. Quando disse a ela o que acontecera e que precisaria fazer um aborto, teve muito medo. Finalmente, o médico dela indicou um profissional que fez o procedimento.

Depois do aborto, confrontei Pimenta Neves e ele se disse 'muito chateado'. E que, se tivesse sabido antes, teria feito tudo para que eu prosseguisse com a gravidez. Mas eu jamais poderia ter um filho concebido através de violência. Não me casaria jamais com Pimenta. Nunca senti atração por ele e nem de longe imaginava uma vida com ele. Foi um momento horrível, um trauma que nunca consegui superar."

Após o episódio, Marguerita ainda passou cerca de um ano no Brasil. Evitou fazer comentários com os colegas de trabalho e não tomou qualquer providência legal sobre o ocorrido. Porém, não tinha mais interesse em permanecer no País. Seu nome estava em evidência, principalmente porque ela havia feito as vinhetas de abertura da novela *O Rebu*, de Bráulio Pedroso, para a TV Globo. A trama se passava em uma só noite, quando, durante festa na mansão do banqueiro vivido pelo veterano ator Ziembinski, um dos convidados aparecia morto na piscina. Suas ilustrações, de forte tom satírico, corriam nos créditos de abertura e encerramento, mostrando mulheres com taças de champanhe e cigarros nas mãos, homens de smoking e mordomos circulando. Uma alegoria do mundo borbulhante, opulento e superficial dos tempos do *milagre econômico*, com seu inevitável traço de cinismo.

Quando a novela terminou, em meados de 1975, Marguerita já havia partido. Mudando-se para Nova York, ela investiu na carreira de ilustradora e artista plástica e casou-se com um cidadão norte-americano, com quem teve dois filhos.

Mais de 20 anos depois, esgotada pelas feridas morais que não cicatrizavam, quando tomou conhecimento de que Pimenta Neves estava de volta ao Brasil, e no comando do *Estadão*, resolveu agir: enviou uma série de mensagens aos editores mais graduados do jornal, relatando sua história e pedindo que não permitissem que o diretor se mantivesse no cargo. A maioria dos que receberam os emails ficou perplexa, e não soube o que fazer a respeito. Mas um editor que o conhecia de longa data resolveu abordar o assunto com ele.

Apesar do tema espinhoso, Pimenta reagiu de forma bastante controlada: "Essa é uma pessoa um tanto delirante, que já me difamou antes", respondeu, sem denunciar qualquer alteração emocional. "Nós tivemos um relacionamento, sim, mas foi tudo consensual", afirmou ao comandado.

Marguerita, por sua vez, sempre fez questão de garantir que nunca teve ou desejou ter qualquer tipo de envolvimento amoroso com

Pimenta Neves. Ela afirma que carregou o impacto do episódio por quase 40 anos. Tendo consultado seus filhos, que já entravam na idade adulta, obteve deles a aprovação para falar sobre a questão neste livro. Segundo a artista plástica, foi muito doloroso para eles também vê--la sofrer com essas memórias por tanto tempo. A quebra desse silêncio e essa catarse, mais que necessárias, seriam, segundo ela vitais para prosseguir.

Nota do autor:

O relato de Marguerita Bornstein foi comunicado à advogada de Pimenta, Maria José da Costa Ferreira, para que ela obtivesse um comentário do jornalista a respeito. Depois de uma visita a ele na Penitenciária de Tremembé, no interior de São Paulo, a advogada respondeu: "Dr. Pimenta disse-me acreditar que suas fontes estão apresentando informações fantasiosas a respeito dele e de sua vida. Portanto, preferia não responder".

A ex-mulher de Pimenta Neves, Carole, também foi informada, por escrito, do depoimento de Marguerita. Ela disse não acreditar que o episódio tivesse realmente ocorrido e que a afirmação parecia ter vindo de uma pessoa em um "estado de desequilíbrio" ou possuidora "de uma personalidade malévola". Na época dos fatos descritos, Carole e Pimenta estavam casados havia sete anos.

Os emails de Marguerita aos funcionários graduados do jornal *O Estado de S. Paulo*, relatando o ataque que afirmava ter sofrido e alertando sobre a índole violenta de Pimenta Neves foram enviados principalmente entre os anos de 1998 e 1999. Neles, ela também se queixava de que havia sido impedida de conseguir trabalhos depois do incidente com o jornalista e atribuía a ele o fato de ter encontrado subitamente tantas portas fechadas, um dos fatos que a levaram a deixar o País.

Exceto pela conversa do editor que chegou a abordar a questão com Pimenta, não houve cobranças ou providências da parte de mais ninguém. Após o assassinato de Sandra Gomide, em agosto de 2000, Marguerita voltou a escrever aos jornalistas do *Estado*, lembrando seus apelos anteriores pela destituição de Pimenta. Nos textos, ela lamentava não ter recebido a devida atenção no momento certo. "A tragédia talvez pudesse ter sido evitada", avaliou na ocasião. Uma opinião que, aliás, ainda sustenta.

Em janeiro de 2013 visitei Marguerita Bornstein em Nova York e ela me reafirmou, diante de sua família, com riqueza ainda maior de detalhes, todas as declarações feitas antes por escrito. Ela considerou as negativas de Pimenta e Carole sobre o ataque sofrido "um ultraje adicional" sobre tudo o que havia passado.

VII – WASHINGTON, D.C.

O período de baixa profissional não durou muito para Pimenta Neves, que logo foi nomeado assessor editorial da presidência da Editora Abril. Ele ficaria na nova empresa menos de um ano, mas, desta vez, sua passagem por mais uma organização jornalística se encerraria com a perspectiva de um projeto de vida muito maior: seria enviado como correspondente da *Folha de S. Paulo* a Washington, D.C., nos Estados Unidos.

Os Frias apostavam em Pimenta como o principal herdeiro de Claudio Abramo, a quem viam como o mais brilhante patrimônio de seu corpo de jornalistas, por seu intelecto, sua ousadia e seu caráter inovador. E o próprio Abramo – ainda muito ativo naquela redação – também imaginava o subordinado como potencial sucessor.

Ter um correspondente dessa qualidade na América do Norte seria para o jornal uma aquisição expressiva na competição com o poderoso O *Estado de S. Paulo*. Tradicionalmente, o *Estadão* contava com uma cobertura internacional de primeira linha, com reportagens extensas, colunistas de vasto conhecimento e análises em profundidade, que colocavam em perspectiva os fatos mundiais e ofereciam aos leitores um rico panorama das questões globais. A *Folha* carecia, portanto, de um profissional como ele na capital norte-americana, se quisesse ter um noticiário internacional igualmente relevante.

Apesar do status do cargo, Pimenta também esperava precariedades no sistema de trabalho. Na época havia muita lentidão nos meios de envio de material. Os informes eram transmitidos por telex, às vezes como notas curtas, nem sempre como material consolidado e pronto para a publicação. Em alguns casos, para o jornalista tornava-se mais fácil telefonar para a redação no Brasil e ditar o texto a um datilógrafo.

Decidida sua situação, Pimenta, Carole e as meninas mudaram-se para a capital norte-americana em 1974, no momento em que o escândalo Watergate, envolvendo o presidente Richard Nixon, entrava em cheio nos noticiários.

Enquanto Pimenta ganhava acesso à Casa Branca, ao Congresso e junto aos representantes diplomáticos brasileiros na Massachusetts Avenue (onde ficava a embaixada do Brasil), Carole destacava-se como consultora para o governo norte-americano e para respeitadas organizações do país. Pimenta, Carole e as filhas estabeleceram-se em Reston, distrito de Fairfax, Virginia, a 15 minutos de Washington D.C.

O município da região metropolitana era uma área urbana planejada, fundada em 1964, onde havia anteriormente uma extensa propriedade familiar. A localização não poderia ser mais conveniente, pois ficava a meio caminho entre o centro da capital e o aeroporto Dulles, e próximo ao grandioso Tysons Corner Mall, naquele momento o maior shopping center do mundo, com 350 mil m². Como opção cultural nas redondezas estava o Wolf Trap, um original anfiteatro montado em uma antiga fazenda, que apresentava de concertos eruditos a shows de nomes de peso da canção norte-americana e musicais vindos da Broadway.

Correspondentes dos grandes jornais no exterior também faziam as vezes de embaixadores da imprensa. Recebiam visitantes destacados, jornalistas ou não, no escritório do veículo ou em roteiros pela cidade onde viviam. Reali Jr. – para lembrar o exemplo mais emblemático dessa qualidade de profissionais – foi um grande anfitrião de colegas, parlamentares, artistas e empresários nos 38 anos em que ficou baseado na capital francesa a serviço do *Estadão*. Em seu

apartamento às margens do Sena, Reali criou, com a esposa Amélia, suas quatro filhas, e ofereceu almoços e jantares a figuras tão diversas como Elis Regina, Leonel Brizola, Glauber Rocha, Luiz Fernando Veríssimo, ex-presidentes como Jânio Quadros, João Goulart e José Sarney e presidentes em exercício, como Fernando Henrique Cardoso e Lula.

Conscientemente ou não, Pimenta tentava seguir um modelo semelhante, guardadas as proporções. Washington não tinha o mesmo trânsito de celebridades que Paris naquele período, mas havia sempre uma autoridade brasileira, econômica ou política, de passagem. Além de colegas em férias ou a serviço de seus veículos, como Robert Appy e Washington Novaes, e amigos como Ignácio de Loyola Brandão e o publicitário Enio Mainardi.

O jornalista econômico Klaus Kleber, ex-redator da *Visão*, que se tornaria editor-chefe da *Gazeta Mercantil*, lembraria mais tarde, com gratidão, a plena disponibilidade de Pimenta ao receber colegas: "Em Washington, como pude constatar mais de uma vez, servia de companheiro, anfitrião, guia e até de motorista para os amigos brasileiros."

Admirador das artes, um dos programas que mais apreciava fazer com os visitantes era ir até a National Gallery de Washington. Ali, não se cansava de mostrar as obras dos mestres da arte flamenga, de renascentistas, impressionistas e pós-impressionistas, no prédio Oeste, construído em estilo neoclássico, ou marcos do modernismo, como o móbile de Alexander Calder, no Prédio Leste do museu, de arquitetura arrojada. Se o clima permitisse, guiava um passeio pelo Jardim das Esculturas. E sempre havia tempo para uma refeição no Garden Café ou no sofisticado Cascade, do próprio museu, e para admirar as cerejeiras ao longo do rio Potomac.

O visitante mais disposto poderia acompanhar os Neves a um concerto ou espetáculo de dança no Kennedy Center e depois jantar em Georgetown, bairro que abriga a importante universidade e que, pela efervescência estudantil, nunca dorme.

Em agosto de 1978, Pimenta recebeu a notícia da morte súbita de seu irmão Newton, que acabara de completar 52 anos. Seguindo e honrando o exemplo do pai, ele havia feito uma respeitável carreira como educador na cidade paulista de Capivari, onde se casou e passou a maior parte da vida. Lecionou no Instituto Fabiano José Moreira de Camargo, na Faculdade de Administração de Empresas e na Escola Técnica de Comércio de Capivari. Também como o pai, Newton sentiu-se atraído pela carreira política e foi eleito vereador pela UDN para o quadriênio 1956-1959. Em 1981, por decreto legislativo aprovado a partir de projeto apresentado pelo deputado estadual Almir Pazzianotto – seu ex-aluno e ministro do Trabalho entre 1985 e 1988 –, a Escola Estadual do Parque Universitário de Campinas passaria a denominar-se Escola Estadual de Primeiro Grau Professor Newton Pimenta Neves. Um de seus três filhos, Newton Pimenta Neves Júnior, formou-se em Física pela Universidade de São Paulo (USP), obteve mestrado e doutorado pela Universidade Estadual de Campinas (Unicamp) e tornou-se um destacado pesquisador.

A tarefa de lecionar é uma vocação recorrente entre os parentes de Pimenta Neves. Sua irmã Isabel graduou-se em filosofia, fez mestrado e doutorado na USP e radicou-se em São José do Rio Preto, onde responde pela disciplina de História da Filosofia Moderna em uma instituição de ensino superior. Vilma foi docente do Ginásio Estadual Senador Vicente Prado, em Itapuí.

Pimenta nunca foi professor, mas sempre se mostrou preocupado em aprimorar sua formação acadêmica. Nos Estados Unidos fez mestrado em Políticas Públicas Internacionais no campus da Universidade Johns Hopkins de Washington D.C., estudou jornalismo, política e economia no MacCalester College, na Universidade de Harvard e na Universidade George Washington.

VIII – "BAMBI"

Em 1982, João Florentino Gomide mudou-se com a mulher e os filhos para a casa que ele havia construído na Rua França Pinto, na Vila Mariana, próximo ao Parque do Ibirapuera. Desde o final dos anos de 1960 ele havia transferido sua oficina para ali e aproveitou uma parte do terreno para erguer a nova moradia da família, que até então vivia na Vila Moraes. Espaçosa, a casa tinha três quartos, edícula e até uma garagem com porta automática, acionada por controle remoto.

Ao final da adolescência, Sandra havia se tornado uma jovem atraente, de corpo bem feito, cabelos negros, um ar divertido no rosto, ligeiramente dentucinha e de personalidade marcante, apesar de seu tipo *mignon*, que não chegava a 1,60m de altura. Ela mantinha um relacionamento afável e respeitoso com a mãe, mas com o pai havia um amor incondicional. Falava de João para os amigos com admiração e sempre tinha alguma história sobre ele para contar. O sentimento era recíproco. O pai não conseguia esconder a predileção e deixava claro o orgulho da filha, que sempre tirava boas notas e revelava uma sede insaciável de conhecimento.

Durante a infância, o traço mais marcante de Sandra era o amor pela leitura, fosse uma obra de ficção, um dicionário ou um atlas com o qual se permitia sonhar com lugares para onde pretendia viajar um dia. Às vezes pegava um livro, sentava-se em uma poltrona, com os pés para cima, apoiados em um pufe, um móvel ou uma mesa – um hábito que levaria até para as redações em que trabalhou – e só se levantava ao final da última página.

Sempre atraída pelas letras, ela começou o curso de Comunicação da Faculdade Cásper Líbero, na Avenida Paulista, em 1986. Naquele mesmo ano, como prêmio, recebeu dos pais ajuda para comprar um carro. O valor reunido só permitiu a aquisição de um Volkswagem 1300, o antigo *Fusca*, do ano de 1968, na cor azul-piscina. Não era lá um grande carro, mas representava uma conquista. Ela havia atingido a maioridade e o veículo lhe permitia um pouco mais de independência, embora os pais nunca tivessem sido rígidos ou controladores.

O fusquinha foi mantido em ótimo estado e nunca a deixou na mão até ela vendê-lo para comprar um Gol. Como o comprador nunca transferiu o registro do carro para o próprio nome, Sandra descobriu mais tarde, por uma notificação do Detran, que o veículo havia sido inteiramente destruído em um acidente quase fatal para o novo proprietário.

No segundo ano da faculdade, ela conseguiu um estágio na assessoria de imprensa da multinacional de processamento de dados IBM, cuja sede ficava na região em que morava, na avenida 23 de Maio. Era tão próximo de sua casa que podia ir a pé até o trabalho, sempre que quisesse.

Mal começou a receber os primeiros pagamentos, Sandra alugou um apartamento na mesma rua de seus pais. Apesar de ser um *dois quartos* bem pequeno, ficava em um prédio agradável e lhe permitia mais privacidade. Nele, ela montou um escritório, com uma escrivaninha, e acomodou muitos livros.

Iniciante na IBM, cabiam a ela as tarefas mais enfadonhas do processo da assessoria de imprensa: a leitura das revistas e jornais e a clipagem (recorte, colagem e fotocópia) de notícias relacionadas à computação ou que se referissem à própria empresa. Às vezes ela divagava e, lendo o material, seu interesse transferia-se para diversos assuntos que não eram o foco de sua função. Em consequência, o trabalho atrasava.

Uma de suas superiores na empresa, a consultora de comunicação Vany Laubé, se tornaria amiga e seria sua confidente por muitos anos. Ela recorda: "As revistas se acumulavam e eu lá no pé dela... Durante esses puxões de orelha, ela me jogava um olhar de bichinho indefeso. Como a Sandra tinha um espaço grande entre os olhos e um narizinho pequeno na ponta, ela ficava a cara do Bambi do desenho de Walt Disney. E aí passei a chamá-la sempre de *Bambi*".

IX – BANCO MUNDIAL

No início da década de 1980, Pimenta deixou a *Folha* para ser o correspondente da *Gazeta Mercantil* na capital norte-americana. Sua rápida passagem pelo veículo especializado em economia foi interrompida depois que, em um congresso internacional, ele encontrou seu antigo patrão, Otavio Frias.

Os dois iniciaram uma conversa que acabou levando a uma proposta da parte de *Seu Frias*, como era chamado na empresa, para que o antigo funcionário voltasse, mais uma vez, a trabalhar com ele. Já organizando a sucessão que definiria mais tarde – tendo o filho Luís como responsável administrativo e o filho Otávio Frias Filho, *Otavinho*, como o chamavam os mais próximos, no comando da parte editorial –, Otavio Frias pediu-lhe que conduzisse uma reforma modernizadora no jornal. Mesmo sabendo que sua mulher, Carole, e as filhas não o seguiriam na mudança para o Brasil, por estarem com as vidas totalmente organizadas nos Estados Unidos, Pimenta aceitou o desafio e semanas depois estava desembarcando em São Paulo.

Com a mente arejada pelos anos no exterior, Pimenta Neves ocupou-se principalmente de desvincular a *Folha* do ranço adquirido nos tempos em que mantinha um alinhamento com o regime militar. E também tratou de renovar a redação com talentos emergentes, uma característica que ele repetiria em outras empresas. Sua reformulação começou pela *Ilustrada*, o caderno de cultura e variedades, onde abriu espaço para conteúdos alternativos, atraindo o interesse de um público mais jovem.

Com o crescimento das manifestações em favor da plena democratização do País, *Otavinho* e Pimenta colocaram o jornal em sintonia com a campanha das *Diretas*. Naquele momento, o regime permitia apenas o voto popular para senadores e deputados, não para cargos do Executivo. E a sociedade se mobilizava por eleições livres. Em consequência dessas ações, o jornal teve um significativo reforço nas vendas e passou com sucesso pelo que se poderia chamar de reposicionamento de imagem.

Foi um grande feito em um curto período, mas Pimenta estava cansado de ficar longe da família e não conseguia esconder sua preferência pelo estilo de vida que levava nos Estados Unidos.

No final de 1984, ele retornou a Washington como correspondente do *Estadão*. Instalou-se no escritório que o jornal dividia com o espanhol *El País* no National Press Building, na 14th Street, próximo à Pennsylvania Avenue e a duas quadras da Casa Branca. No mesmo prédio, funcionava um centro de imprensa que recebia briefings ao vivo da Presidência e do Departamento de Estado, o que tornava seu trabalho muito mais cômodo. Não era preciso sair dali sequer para almoçar, já que no andar térreo funcionavam vários restaurantes e lanchonetes *fast food*.

No período como correspondente em Washington, Pimenta teve como colegas Sergio Motta Mello, a serviço da *Rede Globo* na capital norte-americana entre 1982 e 1986, Flávia Sekles, que ali atuou pela *Veja* de 1985 a 1995, e tantos outros.

Os melhores laços de amizade foram estabelecidos com Edgardo Costa Reis, que fora correspondente do jornal *O Globo* por um breve período e em meados dos anos de 1980 tornou-se porta-voz da Organização dos Estados Americanos (OEA). Costa Reis faria carreira na entidade e se tornaria chefe de missões internacionais em diversos países latino-americanos.

Além de enviar reportagens e relatórios, Pimenta produzia textos que lia pelo telefone, eram gravados e levados ao ar pela *Rádio Eldorado*, emissora do Grupo Estado. Apesar de seus informes serem sempre de conteúdo relevante e até permeados de seu humor peculiar, os editores paulistas queixavam-se de sua imprevisibilidade. Pimenta não respeitava os horários agendados para os flashes radiofônicos nem se submetia ao cronograma dos fechamentos do impresso. De fato, ele sempre teve dificuldades em subordinar-se às chefias e aos ditames das redações. Sua rebeldia nesse aspecto não se manifestava por meio de atritos, confrontos abertos ou longas polêmicas. Quando se julgava com a razão, ele simplesmente agia de acordo com a própria vontade, sem considerar mais nada.

De todo modo, sua passagem pelo Grupo Estado seria bem mais curta desta vez, já que suas antigas articulações para conseguir um posto no Banco Mundial (Bird) finalmente deram resultado. No começo de 1986, ele comunicou sua decisão a Júlio de Mesquita Neto e explicou ao diretor responsável do *Estado de S. Paulo* que não tinha como recusar a proposta. De fato, era uma situação de status, de poder, que se anunciava.

Ao passar do *Estadão* para o Banco Mundial, Pimenta foi substituído por Moisés Rabinovici, conhecido por todos na imprensa como *Rabino*. Ele vinha de uma carreira iniciada na *Última Hora*, estivera no *Jornal da Tarde* desde sua fundação, em 1966, fora correspondente em Jerusalém e cobrira conflitos internacionais como a invasão de Israel ao Líbano, a Operação Litani, em 1982. Agora era do corpo editorial do *Estado*.

O novo representante do Bird recebeu o substituto num sábado. Informou que havia deixado à sua disposição praticamente tudo o que estava nos arquivos – de *papers* com estudos econômicos e documentos estratégicos do governo norte-americano a reportagens redigidas para as redações do Brasil – e se despediu. Na segunda-feira seguinte, ele se instalaria na sede do banco, a oito quadras do National Press Building, e começaria sua atividade na instituição.

Criado nas Conferências de Bretton Woods, em 1944, o Bird teve como missão inicial financiar a reconstrução dos países devastados durante a Segunda Guerra Mundial. Posteriormente, pôde voltar-se para a luta contra a pobreza, por meio de financiamentos e empréstimos aos países em desenvolvimento.

O Brasil havia assegurado um lugar rotativo no Banco Mundial, como porta-voz de língua portuguesa, e, naquele momento, o diretor-executivo da instituição era Pedro Malan, engenheiro formado na Pontifícia Universidade Católica (PUC) do Rio de Janeiro, com doutorado em Economia pela Universidade de Berkeley, na Califórnia. Pimenta tinha bom entendimento com ele e era especialmente bem relacionado com Paulo Tarso Flecha de Lima, então secretário geral do Itamaraty. A conjuntura era extremamente favorável.

Mais do que um porta-voz, ele seria também conselheiro sênior do Banco Mundial para assuntos públicos da América Latina e do Caribe. E, além de tudo, passaria a uma faixa de remuneração bem superior.

X – OAKTON

Na década de 1980, Pimenta e Carole chegaram a ter juntos uma renda anual que em valores atualizados passaria a cifra de meio milhão de dólares. Ele usufruía de sua posição no Banco Mundial e ela integrava a National Academy of Public Administration, ligada ao Conselho de Segurança da Casa Branca, tendo sido responsável pelo esboço da legislação que exigia dos ex-integrantes de órgãos do governo um intervalo de seis meses antes de assumirem qualquer cargo na iniciativa privada. A prática, que passou a ser conhecida como *Porta Giratória*, visava evitar o uso de informações públicas privilegiadas por empresas.

Bem sucedidos, eles haviam adquirido uma bela propriedade em Oakton, 30 minutos a oeste da capital, rodeada de árvores, pássaros e esquilos. O distrito de 25 mil quilômetros quadrados, no município de Fairfax, na Virgínia, tinha pouco mais de 30 mil habitantes e renda per capita quatro vezes superior à média nacional. Ali, as meninas foram matriculadas em uma escola de prestígio e cresceram cercadas de conforto, segurança, oportunidades, assim como de amizades de alto nível cultural e econômico.

A casa principal, em estilo colonial, tinha quatro amplos salões, seis dormitórios, um escritório-biblioteca, além de uma ala para os criados. E o mais importante: estrebarias que permitiriam a Pimenta realizar o antigo sonho de criar e cavalgar cavalos de raça nos seus próprios domínios. O gramado em torno da casa estendia-se por tal distância que só era possível apará-lo com o uso de um pequeno trator provido de lâminas.

Uma medida do padrão de vida dos Neves em Oakton pode ser dada pelo grau de conforto com que vivia sua criadagem: uma de suas empregadas mantinha um automóvel Peugeot hidramático na garagem da casa, e chegou a emprestá-lo a visitantes da família mais de uma vez.

Com o tempo, eles também trataram de arranjar uma casa em Middleburg, a uma distância maior do Distrito de Colúmbia, mas com atrativos importantes: considerado a capital do cavalo, da caça e da pesca, o pequeno povoado, que ainda hoje mal chega a mil habitantes, lembrava um lugarejo campestre da Inglaterra vitoriana, cuja biblioteca local abriga nada menos do que 17 mil volumes dedicados à cultura de esportes equestres e de campo.

Entre os eventos anuais mais marcantes figuram uma programação de corridas de primavera e outono e um tradicional desfile de Natal, no primeiro sábado de dezembro. Este inclui uma tropa de gaitistas de fole vestidos a caráter, com os kilts, chapéus e toda a indumentária trazida do Reino Unido.

Nessa região, Pimenta e as filhas dedicaram-se ao hipismo com grande prazer, tendo adquirido selas, arreios e demais equipamentos de montaria da melhor qualidade possível, em geral de procedência inglesa. Das duas meninas, Andrea foi a que demonstrou maior espírito competitivo, e chegou a figurar entre os 800 melhores em um ranking de 5.000 da United States Equestrian Federation.

Por esta época, Pimenta Neves também aderiu a um hábito bastante americano: o de manter uma arma em casa. Adquiriu um revólver calibre 32 em uma loja especializada da região de Oakton, e passou a frequentar o *stand* de tiro localizado nos fundos do próprio estabelecimento para praticar a pontaria.

Em um dos Natais de sua longa temporada norte-americana, Pimenta retornava com Carole dos festejos em casa de amigos, nas cercanias de Washington, quando foi abordado em seu carro por ladrões, que levaram seu dinheiro e as joias que Carole usava no momento. Ele lamentou não estar armado naquela noite, e comentou com a mulher que, se estivesse com o revólver, teria atirado na direção deles para evitar o roubo. A partir dali, passou a levar a arma no automóvel com mais frequência.

XI – DECANO

Com as novas atribuições no Banco Mundial, Pimenta passou de transmissor a fonte de notícias. De seu quartel-general, abastecia com informações jornalistas como Fernando Silva Pinto, correspondente da *Rede Globo* entre 1986 e 1990, Manuel Francisco do Nascimento Brito, o *Kiko*, e Rosental Calmon Alves, do *Jornal do Brasil*, entre 1987 e 1990, Paulo Sotero, a serviço do *O Estado de S. Paulo* de 1989 a 2006, Osmar Freitas Jr., da *Istoé*, entre 1990-1991, e o próprio Moisés Rabinovici, que ali atuou para todo o Grupo Estado, de 1986 a 1992.

Mesmo Paulo Francis, que ficava no escritório da *Rede Globo* em Nova York, costumava ligar para ele para saber quando um ministro da Fazenda brasileiro chegaria e a quantas andavam as negociações da dívida brasileira com o FMI.

Assuntos não faltavam. A partir do calote mexicano de 1982, os países latino-americanos foram assombrados pela falta de liquidez e pela possibilidade de terem suas economias tuteladas pelo Fundo Monetário Internacional. Uma série de planos criados dentro (como o Plano Cruzado) e fora (como o Plano Baker) do Brasil tentaram, sem sucesso, quebrar o ciclo de endividamento combinado a inflação descontrolada, juros altos e especulação no mercado financeiro.

Somente em 1989, com o Plano Brady, a situação começou a ficar gerenciável para os países em desenvolvimento e o Bird passou a atuar como fornecedor de empréstimos alavancados, de maior risco, mas, naquele momento, necessários para reforçar o capital daquelas nações.

O diretor-executivo do Banco Mundial, Pedro Malan, desempenhou um papel fundamental no equacionamento das finanças externas do Brasil e seus vizinhos, tendo inclusive sentado à mesa de negociações com o FMI e o Tesouro norte-americano que levaram ao chamado Consenso de Washington, pacote de medidas em busca de saídas para o endividamento latino-americano. Não por acaso, acabaria sendo chamado para presidir o Banco Central no governo Itamar Franco e para assumir a pasta da Fazenda no governo Fernando Henrique Cardoso.

O jornalista econômico Alcides Ferreira conheceu Antônio Pimenta Neves em Washington nesse período. Em sua carreira, Alcides alternou posições em empresas jornalísticas, como Folha de S. Paulo e Agência Estado, com postos importantes em instituições financeiras, como o Deutsche Bank e a Bolsa de Mercadorias e Futuros de São Paulo (BM&F), além de ter atuado na consultoria Tendências, do ex-ministro da Fazenda Maílson da Nóbrega. Contratado pela *Folha* em 1988, ele foi enviado em janeiro do ano seguinte à capital americana, como bolsista de um programa do jornal que também designou o jovem repórter Zeca Camargo para Nova York.

Sua impressão sobre o representante do Banco Mundial foi a melhor possível: "Pimenta Neves era uma espécie de decano dos correspondentes em Washington e continuou como uma referência depois de passar ao Bird. Embora eu não fosse um correspondente de fato, tínhamos bastante contato e ele me ajudava muito. Pimenta acolhia muito bem as pessoas por lá."

Segundo Alcides Ferreira, o apoio de Pimenta Neves aos profissionais baseados em Washington era ilimitado. Não se restringia a fornecer informações econômicas, a indicar fontes e a abrir portas nos meandros do poder norte-americano. "Ele frequentemente ajudava financeiramente os que estavam necessitados", diz o ex-bolsista da *Folha*. "Temos de lembrar que, naquela época, os meios de pagamento no exterior eram

restritos, os salários dos jornalistas atrasavam e não era comum
entre eles o uso de cartão de crédito. Para piorar, pelos
problemas com a dívida externa brasileira, o Banco Central de
vez em quando bloqueava as remessas de dinheiro para o
exterior. Sempre que o salário de alguém demorava a chegar,
Pimenta Neves era 100% acessível; adiantava o dinheiro e
auxiliava no que fosse preciso."

Assim, estabelecido em um patamar privilegiado, não seria
exagero dizer que Pimenta Neves atingira o ápice de sua
carreira no início da década de 1990. O que se seguiria, porém,
seria uma série de altos e baixos, pessoais e profissionais, que
redundariam em uma queda brutal.

XII – PERDA DE CONTROLE

Em 1986, o embaixador do Brasil em Washington, Sergio
Corrêa da Costa, foi substituído por Marcílio Marques Moreira.
Este fato não teve consequências imediatas para Pimenta
Neves, mas, com o tempo, determinaria um ponto de inflexão
em seu período na capital norte-americana.

Enquanto pôde contar com seu bom relacionamento com o
secretário-geral do Itamaraty, Paulo Tarso Flecha de Lima,
Pimenta manteve-se bem informado e em dia com as
movimentações do comércio exterior brasileiro, com cada
passo das negociações da dívida, com as idas e vindas de
ministros brasileiros e do que tratavam essas visitas.

Em 1990, no entanto, Flecha de Lima foi designado para a
embaixada do Brasil em Londres. Em consequência, Pimenta
começou a depender mais de Marcílio para obter informações
exclusivas e manter-se em contato com as autoridades
econômicas. Marcílio e Pimenta nunca haviam se entendido
bem e agora o embaixador brasileiro o mantinha ainda mais
afastado.

Enquanto Flecha de Lima era um homem do mundo
econômico, comercial, Marcílio era um *Itamarataca*, como se diz
dos diplomatas de formação e estirpe. Vinha de uma família de
embaixadores, viveu na Suíça na infância e aprendeu português
com Clarice Lispector, que era casada com o cônsul em
Zurique, Maury Gurgel Valente.

Deliberadamente ou não, o fato é que Marcílio não abastecia
Pimenta com dados relevantes, não o prestigiava como

representante e preferia levar às reuniões do Banco Mundial o secretário Pedro Luiz Rodrigues, que se tornaria o porta-voz do Itamaraty no governo Lula e chegaria a embaixador em 2009.

Quando Malan deixou o Banco Mundial para presidir o BC brasileiro, em 1993, Pimenta Neves não vivia seu melhor entendimento com o superior. Conta-se que uma das recepções que organizou em sua propriedade, por exemplo, teria sido boicotada por subordinados e amigos de Malan, com quem Pimenta tivera um desentendimento dias antes. Aparentemente, eles desaconselharam os convidados a comparecer e o evento fracassou. O banquete encomendado foi consumido pela família e pelos empregados. O restante foi jogado fora.

Apesar do convívio desgastado com Pedro Malan – um profissional em geral reservado, mas de bom trato –, Pimenta, de certa forma, ficou órfão com sua saída. Seu desafeto Marcílio havia deixado Washington em 1991, quando foi convidado para ser ministro da Fazenda de Fernando Collor de Mello, mas os estragos provocados pelo isolamento que o diplomata lhe impusera haviam sido significativos. Com a ausência de Malan, redobrava sua luta para recuperar o tempo perdido, ganhar trânsito junto ao novo embaixador brasileiro, Rubens Ricúpero, e reativar seu acesso às reuniões econômicas de Washington.

A mudança profissional não foi o único revés daquele período, mas marcou o início de uma época especialmente negativa em sua vida. Essa má fase chegou ao seu ponto mais agudo com a notícia, no final de 1994, de que sua filha Andrea havia sido diagnosticada com um câncer de útero.

Por ser gêmea univitelina, de constituição física idêntica à da irmã, Stephanie também foi enviada para uma bateria de exames médicos. E o resultado confirmou os temores da família: assim como a irmã, ela também estava com essa forma de câncer, embora em estágio menos avançado. Os gastos com o tratamento das meninas foram astronômicos. Não tivesse ele uma posição tão alta no Banco Mundial, dificilmente o jornalista teria podido arcar com as despesas médicas que se seguiram.

Pimenta Neves reagiu à soma das frustrações profissionais e pessoais da pior forma possível. Não externava suas emoções ou temores com os colegas de profissão, e na intimidade tratava Carole de forma truculenta.

Havia algum tempo, Pimenta vinha tendo um comportamento agressivo com a mulher, descontando nela as decepções do trabalho e sua insatisfação existencial. Mas a violência física começou a se tornar um componente habitual na relação com Carole.

Sofrendo em duas frentes no plano familiar – com a doença das filhas e os abusos do marido –, Carole, a princípio, recolheu-se. Mesmo sendo uma alta funcionária do serviço público norte-americano, passou a não participar das recepções oferecidas em casa por Pimenta e era pouco vista com ele em eventos sociais.

Com o tempo, não conseguiu mais esconder seus problemas dos amigos próximos. Em mais de uma ocasião, desabafou sobre os maus tratos sofridos.

Os que ouviram suas confidências ficaram perplexos. Jamais imaginariam que aquele casal elegante, bem posicionado, gentilíssimo com os hóspedes e que havia criado duas filhas de forma impecável, estivesse passando por conflitos daquela natureza.

Os episódios de agressão teriam se tornado mais frequentes e mais graves, a tal ponto que Carole acionou advogados para assessorá-la em um processo de divórcio. O casamento estava terminado – e precisava terminar, antes que houvesse consequências ainda mais sérias.

Nota do autor:

Carole Neves mantém uma atitude de discrição sobre o tempo vivido com Pimenta Neves. Durante a preparação deste livro, fiz diversos contatos telefônicos e por mensagens com ela. Toquei no assunto das agressões e pedi que me confirmasse se os fatos ocorreram da forma como eu ouvira de pessoas que conviviam com o casal na época. Ela foi atenciosa, mas declarou: "Não quero discutir em público aspectos de minha vida particular".

Sempre se expressando em inglês, e sem nunca mencionar diretamente as razões do fim de seu casamento, Carole compreendeu minha necessidade de esclarecer esses pontos.

Ela também parecia reconhecer que a exposição era inevitável: "Eu entendo que você está fazendo o que precisa. Se não escrever essa história, outra pessoa o fará", disse em uma das mensagens. Seu firme propósito, porém, parecia o de levar sua vida sem ser ainda mais atingida pelos atos do ex-marido e de preservar a privacidade de suas filhas, o que é bastante razoável. "Não tenho condições de comentar essa tragédia e não me sinto confortável em compartilhar minhas experiências pessoais."

Carole Neves concordou apenas em esclarecer que não pediu à Justiça norte-americana a adoção de medidas que restringissem entrada de Pimenta nos Estados Unidos, como chegou a ser noticiado. Ou de *restraining orders* que evitassem sua aproximação dela ou de suas filhas. "Posso lhe garantir que jamais tentei impedir Pimenta Neves de voltar aos Estados Unidos. Ele esteve no país outras vezes após a nossa separação e nunca foi proibido de entrar. É importante separar os fatos da ficção nesses relatos", declarou.

XIII – DE VOLTA

O tumultuado quadro familiar precipitou a decisão de Pimenta de deixar o Banco Mundial, onde se encontrava isolado e com poucas funções. Não que ele corresse o risco de perder o emprego de porta-voz. Como lembrou um ex-colega dele, "o Banco Mundial não demite; deixa os funcionários em baixa encostados, fazendo boletins internos".

Com o fim do casamento, ele permanecia no escritório ainda mais tarde que de costume. Algumas vezes chegava a dormir por lá mesmo, em um sofá, sem voltar para casa.

Naquele momento, mais que um novo posto, ele buscava uma posição no Brasil, longe da crise que atravessava. Para sua sorte, o presidente da *Gazeta Mercantil*, Luiz Fernando Levy, estava à procura de um diretor que tornasse a publicação mais moderna e lucrativa, ao mesmo tempo em que tentava uma solução urgente para os problemas financeiros pelos quais o jornal passava. Estava cogitando ir à China para obter um aporte de recursos, ainda que isso implicasse em uma sociedade com empresários daquele país. Antes que isso chegasse a ser levado à frente, as coisas se resolveram a contento para ambos depois de um encontro na capital norte-americana. Como representante do Banco Mundial, Pimenta intermediou um empréstimo de US$ 20 milhões a Levy e, após o acerto, o empresário fez dele seu novo diretor de redação.

Em setembro de 1995, Pimenta Neves desembarcou em São Paulo, sem a família. Levado à nova e suntuosa sede da publicação em Santo Amaro, próximo à Marginal Pinheiros, com andares de 1.300 metros quadrados, ele conheceu a ampla sala onde passaria a despachar, no décimo andar. A empresa também deu a ele um automóvel corporativo da marca alemã BMW.

Depois de uma breve pesquisa no mercado imobiliário, Pimenta comprou uma casa de dois andares em 900 metros quadrados de terreno na Rua São José, na Chácara Santo Antônio, entre o Alto da Boa Vista e a Granja Julieta. O endereço lhe oferecia uma série de conveniências: o local era tranquilo e arborizado, ficava a cerca de 15 minutos de carro da redação da *Gazeta* e a algumas quadras do Clube Hípico de Santo Amaro. O equilíbrio perfeito entre morar bem, próximo ao trabalho e à sua forma de lazer favorita.

Embora fosse respeitado como o diário econômico de maior prestígio da América Latina e permitisse esse alto padrão ao seu corpo de executivos, a *Gazeta Mercantil* continuava passando por uma sangria financeira sem precedentes, que o aporte obtido nos Estados Unidos não conseguira estancar. Aos 75 anos de existência, com tiragem de 140 mil exemplares, a maioria destinada a empresas assinantes, a *Gazeta* vinha perdendo leitores e vendas em bancas a cada ano. Seu público, fiel, mas em grande parte de idade avançada, estava – literalmente – morrendo, sem que houvesse um interesse por parte dos mais jovens capaz de garantir a renovação de sua carteira.

Logo Pimenta Neves precisou enfrentar um desafio de grandes proporções: a empresa anunciou que não conseguiria pagar nem os salários de dezembro nem o 13º salário dos funcionários em dia. Como diretor de redação, ele ainda não se inteirara suficientemente da situação administrativa ou comercial do jornal, com as quais, inicialmente, fazia questão de não se envolver. Aquele não era o primeiro atraso nos pagamentos. Ao contrário, a prática vinha se repetindo de forma intermitente nos últimos doze anos. De todo modo, ele decidiu intervir. Sua primeira medida a respeito foi exigir uma

explicação e um pedido de desculpas da área financeira à redação. Mesmo sem conseguir a liberação dos pagamentos, ele cobriu do próprio bolso os salários daqueles que estavam em situação mais grave, como os que tinham filhos pequenos sob o risco de ficar sem alimento. A atitude angariou-lhe muita simpatia entre os subordinados. E ao longo de 1996, ao contrário do que ocorrera nos anos anteriores, os salários dos funcionários foram pagos pontualmente, graças à insistência de Pimenta Neves junto à presidência da empresa.

XIV – MUDANÇA DE PERFIL

A *Gazeta Mercantil* começara a entrar em declínio a partir do lançamento do Plano Real, que coincidiu com o surgimento dos serviços noticiosos de tempo real da Reuters e da Bloomberg, e o aparecimento da *Broadcast* da Agência Estado.

Com a estabilidade da moeda, as empresas brasileiras começaram a lançar ADRs (American Depositary Receipt), papéis de participações no mercado norte-americano, e o interesse por informações econômicas globais tornou-se muito mais intenso.

Os serviços online tomaram dela – com a vantagem adicional de serem mais ágeis – a exclusividade nessa fatia de mercado, que também incluía as cotações, de moedas estrangeiras à da arroba do boi, circulares, portarias do Banco Central e indicadores que a *Gazeta* tradicionalmente publicava.

Com a concorrência nos calcanhares – e, em alguns casos, na dianteira –, público e anunciantes minguavam. Era preciso mudar para sobreviver.

O projeto de reestruturação do jornal pensado por Pimenta Neves previa algo na linha do britânico *Financial Times*, deixando de tratar primordialmente da cobertura de governo para se tornar mais focado nas empresas, nos negócios... e na cultura.

Com esta preocupação em mente, ele levou para a redação nomes novos como Luiz Antonio Giron e Daniel Piza, que se mostravam antenados com o público jovem. Daniel Piza foi uma das aquisições que mais trouxeram satisfação a Pimenta Neves. Formado em direito, como Pimenta, ele havia passado pelo *Estadão* ainda iniciante, por pouco mais de um ano, no início da década de 1990. Transferiu-se para a *Folha*, onde seu talento precoce ganhou mais visibilidade e conquistou a admiração do veterano caçador de polêmicas Paulo Francis.

Pimenta Neves estava em busca de um editor jovem para o seu sonhado caderno cultural *Fim de Semana* e Piza foi apontado por Francis como a escolha ideal. Tinha, segundo o amigo, uma extraordinária erudição, texto refinado e – melhor do que tudo, a seu ver – não seguia a corrente geral quando se tratava de formar opiniões sobre este ou aquele escritor, este ou aquele músico, uma obra incensada e assim por diante.

Visto como um possível sucessor do próprio Francis, ele era, porém, mais contido e capaz de maior frieza e menos virulência em suas observações. A principal semelhança estava em tratar de praticamente tudo. Produzia com o mesmo prazer um comentário sobre filosofia alemã, literatura brasileira do século XIX, música pop e futebol. Quando Paulo Francis morreu, em fevereiro de 1997, Piza redigiu uma elegia ao mentor, em cujo final assinalava: "meu afeto por você jamais se encerrará" (evocando o livro de memórias de Francis, *O afeto que se encerra*).

O caderno *Fim de Semana* seria um dos projetos mais bem sucedidos da imprensa na época, sem mencionar a sua contribuição para um substancial aumento nas vendas da *GZM*.

"O *Fim de Semana* oxigenou um jornal que antes era lido por gente de 60, 70 anos", recorda Carlos Franco, repórter de economia da *Gazeta* entre 1997 e 2000.

Durante a gestão de Pimenta, o caderno foi ganhando mais e mais páginas, um movimento que seria revertido após sua saída da direção até deixar de circular no ano 2000.

A repórter Kátia Zero, radicada em Nova York e autora de dois guias da cidade para brasileiros, recebeu espaço para uma coluna semanal com dicas de gastronomia, roteiros de compras e curiosidades sobre a metrópole norte-americana. Ela e Pimenta haviam se conhecido 15 anos antes, quando seu então marido, Paulo Zero, trabalhava para a *Rede Globo* em Washington. O casal foi convidado para um jantar na casa dos Neves e na ocasião iniciou um forte vínculo de amizade com o jornalista.

Em sua volta ao Brasil, Pimenta Neves foi muito festejado pelos antigos companheiros dos tempos passados, fossem da própria *Gazeta*, como Roberto Müller Filho, fossem amigos de Araraquara ou colegas de outras redações. Ele também foi convidado a juntar-se a um grupo de ex-correspondentes da *Folha de S. Paulo*, que se reunia mensalmente na churrascaria *Rodeio* da Rua Haddock Lobo, nos Jardins. Tudo seguia a favor e parecia formar o quadro perfeito de um retorno triunfal.

Nesses contatos, porém, os mais próximos começaram a notar mudanças acentuadas nas atitudes do jornalista. Era possível perceber nele um certo ar de onipotência que antes não havia se manifestado. E suas opiniões haviam se tornado mais extremadas. "O Pimenta que eu conhecia era um sujeito muito gente boa. Era cordato, manso", analisa Carlos Soulié do Amaral, que havia sido seu colega na *Folha*. "Ele se modificou".

Para a amiga de infância Cibele Rocha, a impressão foi além e o reencontro, mais dramático: Pimenta simplesmente não a reconheceu. "Não fazia tanto tempo que estávamos sem nos ver, mas, quando fui falar com ele, o Antônio Marcos perguntou quem eu era", recorda. "Fiquei muito chocada. Mesmo depois de ter me identificado, ele demonstrou o constrangimento característico de alguém que continuava não ligando nome à pessoa, e só disse que se lembrava para evitar o mal estar".

Cibele teve a impressão de que Pimenta aparentava sofrer de algum distúrbio de comportamento ou que estava sob efeito de alguma medicação forte. "Ele tinha um ar vago, distante, não parecia a mesma pessoa que eu conheci e com quem convivi por tantos anos."

Com alto conceito em sua categoria profissional, Pimenta mal havia tomado posse como diretor de redação quando foi chamado a integrar a comissão julgadora do Prêmio Esso de Jornalismo de 1995, da qual fariam parte ainda Marcelo Pontes, do *Jornal do Brasil*, Merval Pereira, de *O Globo*, Nelson Merlin, da *Folha de Londrina*, e Pedro Cafardo, de *O Estado de S. Paulo*. O Grande Prêmio, entregue em dezembro daquele ano, saiu para jovem Rebeca Kritsch, do *Estadão*, pela reportagem *A Vida nas Ruas*, sobre sua experiência de cinco dias entre os sem-teto da capital paulista. Por ter sido dos que mais se bateram pelo trabalho de Rebeca nas discussões da comissão, Pimenta afirmaria mais tarde, já no comando do *Estado de S. Paulo*, ao ver a jornalista passar pela redação: "Ela deve a mim aquele Prêmio Esso..."

Sintomas de megalomania à parte, Pimenta Neves sempre fora um entusiasta do trabalho dos repórteres, embora ele mesmo tivesse pouca vivência nessa atividade específica. Era fascinado por aqueles que saíam em campo e traziam as grandes histórias, o que é, de fato, a força motriz das grandes publicações.

Coerente com essa filosofia, uma medida de impacto que adotou na redação da *Gazeta* foi a de assinar as reportagens mais destacadas do dia na primeira página. Até esse período, só assinavam manchetes diariamente – e quase com exclusividade – jornalistas como Ângela Bittencourt, Maria Clara R. M. do Prado e Maria Helena Tachinardi. As três eram então conhecidas pelos colegas como *as grandes damas da redação*. A partir daí, os repórteres de qualquer status passaram a ter seus nomes abaixo dos títulos, na capa do jornal, quando o destaque se justificasse.

E Sandra Gomide passou a assinar também.

Ela havia entrado na *Gazeta Mercantil* em 1989, como estagiária de Legislação, pouco depois de se formar na Faculdade Cásper Líbero, vinda de uma breve passagem pela *Folha de S. Paulo*, após o final de sua experiência na IBM. Sua primeira chefe foi a editora Teresa Navarro.

No começo era natural que alguém como Sandra, recém-formada, fosse designada para um tipo de função um tanto longe dos holofotes, e de onde dificilmente saíam pautas que renderiam uma manchete. Ela cuidava de informes sobre mudanças na lei e questões ligadas ao imposto de renda, assuntos de pouca repercussão dentro do noticiário. Depois de cinco anos, porém, Sandra, apesar de contratada e estável, sentia-se marcando passo, sem vislumbrar qualquer possibilidade de crescimento profissional naquele setor. Seu salário era de R\$ 1.700, um ganho equivalente a pouco mais de US\$ 20 mil anuais.

Em suas idas à redação, Pimenta Neves começou a prestar atenção nela. Algo lhe dizia que a moça era atilada, tinha inteligência para aprender rápido e poderia fazer coisas bem melhores, muito além de seu desempenho daquele momento. Achava que ela estava desperdiçada.

Não se passou muito tempo de sua chegada até Pimenta chamar Sandra à sua sala para uma conversa. Nervosa, ela atendeu ao chamado.

"Cada vez que alguém da redação, no sexto andar, era chamado para subir até a sala do diretor, tinha certeza que, das duas, uma: ou era promoção, ou demissão", recordou em artigo Cesar Valente, editor de um dos cadernos especiais criados na gestão de Pimenta.

Antes de falar, o diretor a observou demoradamente. Viu uma moça baixinha, de rosto juvenil e expressão divertida, olhos amendoados e brilhantes, nariz arrebitado, cabelos negros e lisos, pele azeitonada, bonita de corpo. Pimenta explicou que pretendia lhe dar maiores responsabilidades.

Perguntou se ela se sentia preparada. Sandra respondeu que sim.

– Você me parece uma jornalista cuidadosa e equilibrada – prosseguiu. Sandra agradeceu.

Pimenta falou a ela sobre os cadernos especiais que estava criando e revelou que pretendia nomeá-la repórter especial de um deles. Sandra abriu um enorme sorriso.

XV – PIGMALIÃO

Tudo indicava que uma ótima fase se anunciava para Sandra Gomide. Além da perspectiva de reconhecimento profissional, sua família também vivia um momento feliz. O irmão, Nilton, estava casado com Isabelle, francesa de nascimento, com quem tivera duas filhas, Maylá e Kristel. Seus pais, depois de muitos anos de sacrifícios, haviam atingido uma boa situação financeira. Na *Gazeta*, tendo caído nas graças do diretor, ela começava a vislumbrar a oportunidade de ter seus esforços e seu interesse pelo trabalho reconhecidos.

No dia 13 de fevereiro de 1996, os funcionários da redação organizaram uma comemoração do 59º aniversário de Pimenta Neves. Em meio aos parabéns e aos cumprimentos, ele e Sandra trocaram brincadeiras, iniciando um flerte.

Menos de um mês depois, Pimenta Neves foi chamado a acompanhar o presidente Luiz Fernando Levy a um importante evento econômico no Uruguai. Ele não se acanhou em convidar Sandra para ir também. Ela o seguiu na viagem na qualidade de editora. Entre os compromissos profissionais, os dois fizeram passeios pela capital, Montevidéu, e Pimenta comprou--lhe um casaco de lã e luvas. Havia um clima de encantamento mútuo: ele, um homem que já não esperava da vida grandes emoções e romantismo, de repente se via alvo do interesse de uma mulher 30 anos mais jovem; ela, uma jornalista iniciante, parecia encantada pelo status e pela vivência dele.

Poucos dias depois, Pimenta anunciou que compareceria ao Fórum Nacional, organizado no Rio de Janeiro pelo Ministério do Planejamento, e designou os jornalistas Roberto Baraldi e Sandra Gomide para acompanhá-lo na cobertura do evento. Os três ficaram hospedados no mesmo hotel. Durante a estada na cidade, após um jantar, ao se despedir, Sandra tomou a iniciativa e beijou o diretor.

Apesar de expansiva e autoconfiante, Sandra não havia tido muitos relacionamentos naqueles seus 28 anos. Algum tempo antes tivera um namoro com o jornalista Luiz Henrique Amaral, repórter de Política *da Folha de S. Paulo,* que havia sido seu colega de faculdade. Embora tivesse o ideal de se casar e ter filhos, não tinha uma natureza romântica. Essas pretensões pareciam ser mais um objetivo do que propriamente um sonho. Cultivava ambições profissionais, mas mantinha hábitos simples. Gostava de tomar sopa na Ceagesp (Central de Abastecimento Agrícola) tarde da noite e suas saídas eram para ir ao cinema ou beber chope com amigos. Tudo iria mudar.

No começo, nem Pimenta nem Sandra falaram muito na redação sobre o relacionamento, mas não há como guardar segredo sobre esse tipo de situação em um ambiente de jornalistas, no qual tão importantes quanto as notícias a serem publicadas são os lances da vida de cada colega de trabalho.

Aquele início parecia radioso. Pimenta dizia aos amigos que havia descoberto "a melhor repórter de economia do País". Sandra compartilhava o entusiasmo com as amigas e, entre confidências, lhes perguntava repetidas vezes se não achavam o namorado velho demais para ela.

Tão grande quanto a sede de conhecimento de Sandra era a consciência de suas limitações, e a frustração que elas lhe causavam. Sabia que sua magra folha corrida não lhe permitiria ombrear-se com Márcia Raposo ou Cida Damasco, editoras experientes com quem havia sido nivelada por decisão do diretor. Para tentar superar as deficiências de sua formação,

matriculou-se em um programa de pós-graduação na Fundação Instituto de Pesquisas Econômicas (Fipe).

Por seu lado, Pimenta dedicou-se a empreender um processo intensivo de transformação da garota de família modesta e pai mecânico, sem sofisticações, em uma importante jornalista, de gostos refinados. "Ele estava nitidamente querendo construir uma pessoa, alguém que ele imaginava ao seu nível social e cultural", definiu um ex-colega de ambos. "Era a bonequinha de luxo de um Pigmalião."

Uma das primeiras providências de Pimenta Neves nesse sentido foi a de fazer com que Sandra estudasse inglês. E para ele não bastava que ela aprendesse a se comunicar; queria que se tornasse fluente. Ansiosa por agradar ao namorado e benfeitor, Sandra se esforçava.

Em seguida, fez com que ela se interessasse pelo hipismo. Sandra nunca havia tido qualquer inclinação pelos esportes, mas Pimenta começou a levá-la ao Jockey Club e incutiu nela a ideia de ser amazona, ter cavalos e acompanhar as corridas. E estimulou Sandra a tal ponto que ela acabou por comprar um cavalo, *Oceano*, um belo mangalarga castanho escuro, de crina vasta, com manchas brancas no focinho, nas patas e na fronte.

Pimenta havia adquirido um sítio de três alqueires em Mailasqui, pacato vilarejo próximo de São Roque, a 63 quilômetros de São Paulo pela rodovia Castelo Branco, onde abrigava seus cavalos. Mas, por sugestão de Sandra, os dois alugaram um alojamento no Haras Setti, em Ibiúna, a pouco mais de 20 quilômetros dali e próximo à espaçosa chácara que os pais dela mantinham na região. Ali, *Oceano* foi acomodado e ficou aos cuidados da equipe de Deomar e Marlei Setti, o casal proprietário, que morava no local. Dois meses depois, o namorado levaria seu mangalarga *Quecé* para uma cocheira no mesmo estabelecimento e os dois tornariam frequentes as cavalgadas por suas cercanias. Mais tarde, Sandra compraria a

égua *Platina*, também mangalarga, e passaria a gastar R$ 1.600 por mês para manter os animais abrigados e tratados.

Deomar, conhecido pelos usuários do haras como *Gaúcho*, e Marlei formavam um casal afável e comunicativo. Por mais de uma vez, eles receberam Pimenta e Sandra em sua casa.

Jovem criada na agitação da cidade, Sandra comprou uma picape S10 verde, com reboque, para transportar os animais. Os colegas de trabalho se divertiam quando ela chegava para trabalhar em plena Marginal Pinheiros com todo aquele aparato rural. Embora parecesse apenas um capricho, o contato com os cavalos a deixava genuinamente feliz. Os melhores momentos de sua vida dali em diante seriam aqueles em que cavalgaria *Oceano* pela região de Ibiúna, com ou sem a companhia de Pimenta, em contato com a natureza, esquecida das pressões e dos aborrecimentos, tanto profissionais quanto de relacionamento. Assim como haviam sido os livros, os cavalos nunca a decepcionavam.

Para Pimenta, esse era apenas o começo do processo de educação, por assim dizer, de Sandra. Ele aproveitou uma viagem de trabalho a Roma para levá-la consigo de primeira classe, às expensas do jornal. Nas primeiras férias que os dois tiraram, ele a levou à Inglaterra e à França, expondo-a a doses maciças de história e artes. Também fizeram muitas compras, principalmente de roupas.

As calças jeans, as camisetas e os agasalhos de moletom foram substituídos por conjuntos de seda, sempre acompanhados de joias ou bijuterias de qualidade. Ela também começou a ostentar o relógio Omega de ouro que Pimenta lhe dera de presente. Os cabelos estavam mais bem cortados e o rosto, antes apenas lavado, passou a trazer uma discreta maquiagem.

Curiosamente, enquanto a maioria das mulheres não poupa cuidados para manter-se o mais jovem possível, nesse período

Sandra esforçava-se no sentido de aparentar mais idade e não mostrar um contraste tão marcante com a faixa etária do namorado. Chegava a tingir alguns fios de cabelo de cor mais clara, tentando criar um efeito precoce de grisalho. Ele, por sua vez, modernizou o guarda-roupa e passou a ir com ela às praias do litoral paulista.

XVI – GANGORRA

Sandra Gomide não demorou a perder o acanhamento com a posição adquirida e operou-se rapidamente uma mudança em sua personalidade, assim como na forma de agir com os companheiros de trabalho. Ela expunha suas inseguranças a Pimenta, mas ele a orientava a manter-se firme: "Não importa o que pensem, você tem de se impor", aconselhava.

A jornalista de economia Cláudia Bergamasco, hoje designer de interiores, trabalhou na *Gazeta Mercantil* entre 1991 e 2000. Ela acompanhou de perto a chegada de Sandra à empresa, assim como a de Pimenta Neves, e as transformações por que passaram. Suas recordações daquele tempo não são positivas:

"Sandra era uma menina simples, que não parecia especialmente brilhante, mas se dava bem com o pessoal do trabalho. De repente, ela se modificou. Começou a esnobar, a passar a imagem de que era a poderosa do momento, porque, afinal, estava namorando o diretor de redação. Passou a se relacionar bem apenas com pessoas de quem poderia tirar algum partido. Os outros, rejeitava e até ameaçava ('Sabe que eu posso te demitir, não é? Vou falar com o Pimenta sobre isso')."

"Nunca julguei o relacionamento dos dois", prossegue Cláudia. "Nem se um superior podia ou não namorar uma subordinada. O que me chateava, e acho que a toda a redação, era a atitude da Sandra, de se achar a tal. Uma vez falou que se ela podia viajar para a Ásia, como fez uma vez, qualquer empregada doméstica também poderia. Porque nós, repórteres, editores, também não íamos na onda dela? Sempre que podia, me irritava, criticando minhas roupas, joias e bijuterias, sapatos. Um dia ela tirou do meu braço uma pulseira de ouro que havia acabado de ganhar do meu pai, de aniversário, e disse que queria para ela. Em outro, tirou um brinco da minha orelha 'só para ver'. Eu ficava muito, muito brava com isso."

Além de demonstrar um comportamento menos simpático e menos humilde, Sandra passou também a usufruir, sem muita cerimônia, dos privilégios que o relacionamento lhe trazia. Cumpria o expediente conforme sua conveniência, permitia-se horários de almoço mais longos que os dos colegas e exercia poder sobre os esquemas de folgas em feriados.

Ao final de cada ano, é comum as redações dividirem as equipes em escalas de Natal e ano novo, trocando uma semana de trabalho em um dos períodos festivos por uma semana inteira de descanso. E em dezembro de 1996, Sandra foi procurada pela coordenadora de sua área e recebeu a notícia de que havia sido incluída entre o grupo dos que fariam plantão durante a semana de ano novo. Ela não reagiu bem: "Eu planejei passar o réveillon fora de São Paulo", disse.

A jornalista lembrou a Sandra que ela já havia pedido para ser dispensada outras vezes e, mesmo em prejuízo de outros colegas, fora atendida. No rodízio, sem dúvida, seria a sua vez de ficar com a semana menos cobiçada. Sandra manteve-se irredutível.

Quando a argumentação de parte a parte começou a se esgotar e a conversa caminhava para um impasse, a subordinada jogou uma carta pesada para pôr fim à questão. "Se é assim, acho que esse problema vai ter de ser levado para as instâncias superiores", sentenciou.

A mensagem era clara: "Instâncias superiores" significava deixar a decisão para Pimenta Neves. E, dado o histórico, já se

podia adivinhar o desfecho. Até porque seria com ele que Sandra passaria as festas. Caso encerrado.

"Era a namorada do chefe", recordou tempos depois o ex-secretário de redação da *Gazeta* Cesar Valente. "Quem entrasse em atrito com ela, não teria vida longa por ali".

Mas os atritos entre Sandra e Pimenta começaram a se tornar mais frequentes que os ocorridos entre ela e os colegas – e às vezes se davam publicamente. Eles estavam juntos havia poucos meses quando começaram os primeiros rompantes, ora por algum assunto levantado por Sandra, ora provocados pelo comportamento obsessivo do diretor, que vigiava cada passo da namorada, profissional ou pessoal, e remoía-se com qualquer demonstração de intimidade ou brincadeira dela com os companheiros de redação.

– Saí com os dois algumas vezes e sempre havia incidentes – atesta o amigo de Pimenta Aloísio de Toledo Cesar, que havia se afastado do jornalismo por uma carreira vitoriosa no Judiciário, primeiro como juiz de direito, depois como desembargador.

Quando estavam em uma fase de bom relacionamento, Sandra tratava o namorado por *Pi*. Se haviam tido algum desentendimento, chamava-o de *Antônio*.

Na redação, os telefonemas de Sandra não eram muito discretos e a falta de privacidade permitiu que colegas de trabalho ouvissem ligações em que fazia confidências a amigos. Como ela recorria com frequência ao ex-namorado Luiz Henrique Amaral, para falar de seus progressos profissionais ou das refregas com Pimenta, muitos imaginaram ali que ela estava retomando o relacionamento, em paralelo. Os mexericos logo chegaram a Pimenta, que, tomado pelo ciúme, redobrou a vigilância.

Em uma ocasião, em uma viagem para o litoral paulista, Sandra
desconfiou que estava sendo seguida. Parou o carro em um
posto de combustíveis, simulando que iria abastecer. Quando o
carro que vinha atrás também parou, ela foi falar com o
motorista. Ele acabou admitindo que trabalhava na *Gazeta
Mercantil* e que Pimenta o havia incumbido da tarefa. Ao voltar,
Sandra confrontou o namorado e avisou-o de que estava
rompendo o relacionamento. Ele a puniu com o rebaixamento
para uma função destinada a aprendizes. Ela recusou o cargo e
tirou férias. Ele também saiu. Os dois viajaram, acertaram as
diferenças, e na volta estava ungida a editora do novo caderno
Empresas e Carreiras.

A decisão repercutiu muito mal na redação. Mesmo os mais
próximos dela estranharam a promoção, porque não a
consideravam adequada ao cargo, fosse pelo pouco
conhecimento da área, fosse por sua inexperiência em posições
de comando. Mas não ousavam criticá-la abertamente.

A gangorra no relacionamento se refletia constantemente na
disposição de cargos do jornal, geralmente de forma negativa.
Certa vez, Pimenta quis punir Sandra e determinou sua
transferência de coordenadora de caderno para subeditora do
suplemento *Por Conta Própria*, um encarte semanal – função que,
por sinal, já tinha ocupante. A subeditora anterior passou a
repórter da editoria de Nacional. Quando a irritação de Pimenta
amainou, Sandra voltou a responder pelo *Empresas e Carreiras*, e
o *Por Conta Própria* se viu sem subeditora por algum tempo.

XVII – ESTADÃO

Em meados de 1997 a lua de mel de Pimenta Neves com a
direção da *Gazeta Mercantil* já havia terminado. Atritos com a
área comercial e choques com os editores regionais, que
tradicionalmente tinham força e voz ativa com Luiz Fernando
Levy, estavam minando sua situação. Para complicar o quadro,
as promoções baseadas em relacionamentos pessoais, cujo caso
mais ostensivo era o de Sandra Gomide, haviam causado uma
impressão negativa em várias esferas da empresa. Além do
mais, o processo de endividamento estava se agravando. O
jornal que era visto como referência na cobertura de gestão de
negócios não conseguia sair do atoleiro administrativo. Até o
final da década a circulação cairia para a metade, reduzindo-se a
70 mil exemplares.

A jornalista Nora Gonzalez recordou essa fase em artigo para o
boletim eletrônico *Jornalistas & Cia.*, que circula entre os
profissionais da categoria: "Trabalhei lá (na *Gazeta Mercantil*)
durante 12 anos, em dois períodos. Sempre balizei meu
orçamento particular pelo vão debaixo da porta da cozinha:
quando o porteiro do prédio conseguia passar o jornal por
debaixo dela, era sinal de poucas páginas, portanto, poucos
anúncios e vacas magras. Quando eu própria tinha de abrir para
recolhê-lo sobre o capacho, era sinal de que o pagamento seria
depositado no banco na data acordada – vá lá, mais ou menos...
Para quem não trabalhou lá, a lógica pode soar estranha, mas
havia muitas coisas que compensavam os desgostos financeiros
que, verdade seja dita, não eram poucos."

Um dos fatos mais graves relacionados a essa conjuntura foi a
morte de Elpídio Marinho de Mattos, quando Pimenta e Sandra

estavam em viagem à Itália. Jornalista fortemente ligado à antiga direção, Elpídio havia aderido a um programa de demissão voluntária, mas em vez de aproveitar as vantagens que este tipo de iniciativa pressupõe, como uma substancial bonificação, teve uma profunda decepção: apenas uma pequena parte dos pagamentos a que teria direito por todos os anos de serviço lhe foi paga. Imerso em dívidas e com a família na penúria, ele atirou contra a própria cabeça com uma espingarda que mantinha em casa.

Em meio à tempestade que se formava, Pimenta Neves dava mostras de um preocupante distanciamento da realidade. Sua capacidade de julgamento e de tomar decisões no trabalho parecia seriamente comprometida, fosse por seu envolvimento cada vez mais problemático com Sandra, fosse por algum distúrbio psicológico que pudesse estar em marcha.

Durante uma reunião com integrantes da família e membros do conselho administrativo, por exemplo, ele chegou a ousar o impensável: sugeriu que Luiz Fernando Levy se afastasse do comando do grupo. Dias antes, ele já havia produzido um enorme atrito com o superior, ao publicar uma edição com o projeto gráfico inteiramente modificado, com a capa em seis colunas em vez das tradicionais oito, e uma manchete garrafal, totalmente fora dos padrões da Gazeta, sem que Levy tivesse sido ao menos notificado de que a aparência do jornal – que se mantivera imutável por décadas – sofreria mudanças radicais. Sua permanência à frente da *GZM* se tornava a cada dia mais difícil.

O amigo de infância e agora editorialista do *Estadão* Marco Antonio Rocha, o *Marquito*, iniciou imediatamente uma campanha para levá-lo para a redação da Marginal Tietê. Desde que assumira a direção, após a morte do irmão, Julio Neto, Ruy Mesquita buscava um nome de peso para capitanear o jornal e devolver a ele o prestígio que o período de concorrência desenfreada com a *Folha de S. Paulo* estava arranhando. *O Estado*

de *S. Paulo* não deveria perder a nobreza de seus melhores tempos nem ter ofuscada a elegância que caracterizava os textos preparados por seu corpo de eruditos por manchetes que seguiam a corrente geral ou pela profusão de encartes e brindes – os chamados anabolizantes de vendas – com que área comercial estava recheando cada vez mais suas edições, especialmente as dominicais. O comandante dessa correção de rumos deveria ser alguém que combinasse a capacidade de um editor brilhante, com vivência internacional e inquestionável porte intelectual. Pimenta Neves era alguém que, em suas reminiscências, reforçadas pelas vozes sopradas cada vez mais insistentemente, reunia como poucos essas qualidades.

Defensores da manutenção do diretor de redação Aluizio Maranhão sondavam cautelosamente se Ruy Mesquita estava insatisfeito com a gestão em curso. *Doutor Ruy* comentava que o auxiliar não produzia crises, administrava bem e era um homem de grande competência e responsabilidade. "Mas eu gostaria de ter um pensador no comando", sinalizava. O que não dizia em público era que, a seu ver, Maranhão nem sempre seguia à risca suas determinações, algo que julgava fundamental para confiar em um condutor do seu jornal.

Outro fator que contribuía para reforçar sua inclinação por Pimenta Neves era o modelo aplicado na publicação de Luiz Fernando Levy. Ruy Mesquita estava encantado com a nova *Gazeta*. Queria fazer uma reformulação em moldes semelhantes no *Estado* e estava convicto de que Pimenta seria o agente dessa mudança.

Ruy Mesquita chegou a consultar-se com o amigo, e teoricamente rival – embora suas relações sempre tivessem sido boas –, Otavio Frias de Oliveira. Este lhe deu as melhores referências de Pimenta Neves.

Quem também incentivou a contratação foi Carlos Soulié do Amaral, integrante da primeira redação do *Jornal da Tarde* e repórter especial do *Estadão* desde 1996: "*Doutor Ruy* me contou que havia decidido contratá-lo e eu lhe disse que considerava esta uma excelente decisão", recorda ele. Soulié e Pimenta se conheciam desde que haviam trabalhado na equipe de Claudio Abramo, na *Folha*, mais de 30 anos antes. Os casais Soulié do Amaral e Pimenta Neves saíam juntos desde então, ofereciam jantares um ao outro e partilhavam interesses culturais.

Sete anos mais jovem que o amigo, Soulié sempre preferiu se definir como poeta, crítico de arte e repórter do que como editor ou articulista. Ele também havia flertado com o teatro engajado, nos primeiros tempos do Arena.

Depois de um período de convívio mais próximo entre meados dos anos de 1960 e o início da década de 1970, eles se distanciaram quando Pimenta se mudou para os Estados Unidos. Mas ninguém foi tão incisivo na recomendação de Pimenta quanto Marco Antonio Rocha.

Mais seguro, Ruy Mesquita tornou público o convite a Pimenta Neves e obteve sem grandes dificuldades a aprovação de seu nome pelo conselho administrativo, que presidia naquele momento e tinha como diretor-superintendente seu sobrinho Francisco Mesquita Neto.

Em agosto de 1997, Pimenta deixava a direção da *Gazeta Mercantil* e preparava sua chegada ao *Estado* com os cuidados de um César que retornava a Roma, disposto a iniciar uma série de reformas gerenciais – não necessariamente populares e nem sempre providas de algum sentido.

"Esta conquista tem um gosto especial para mim", confidenciou ele aos amigos. "Meu pai dizia que eu só seria mesmo importante na profissão se chegasse a diretor do Estadão", lembrou emocionado. "E não é que eu consegui?". No entanto, o *Mister*, o professor *Zé Pimenta*, não estava mais vivo para ver o feito alcançado pelo filho.

O jornal que Pimenta Neves chegou para dirigir era um reverenciado veículo de mais de 120 anos, dos quais quase um século sob a administração da família Mesquita. Ocupava um complexo de sete andares na Marginal Tietê, inaugurado em 1976, a partir de projeto do arquiteto Roberto Cerqueira César. No sexto andar, onde ficavam as redações do *Estado* e do *Jornal da Tarde*, localizava-se a ala da diretoria, com os gabinetes de Ruy Mesquita e dos editorialistas ligados por uma ampla antessala acarpetada, uma biblioteca e uma sala de reuniões. Das paredes de seus corredores pendiam grandes retratos do primeiro Júlio Mesquita e de Júlio de Mesquita Filho, assim como pinturas que retratavam as sedes anteriores do jornal.

A proximidade dos donos da empresa não era algo intimidador ou preocupante. Apesar do ar aristocrático que os caracterizava, permitiam comemorações ruidosas de aniversários nas redações, mesmo nos finais de tarde, quando a temperatura dos fechamentos já começava a se elevar. Nos finais de ano, alugavam algum espaço para eventos a fim de promover uma confraternização entre os funcionários, e compareciam em peso, participando dessas festas com entusiasmo igual ou maior que o de seus contratados.

Todos os Mesquitas haviam começado pelas mesas de edição ou pelos setores administrativos do grupo. Eram, em sua maioria, capazes de rapidamente redigir ou copidescar um texto, quando preciso, ou de tomar a iniciativa de, em férias, mandar um boletim sobre uma estrada congestionada ou sobre os efeitos de um temporal. Eram homens – e também algumas mulheres – de imprensa, apaixonados pelo que faziam.

Além de suas posições políticas explícitas e independentes, que o puseram em choque com Getúlio Vargas, em 1932 e 1937, e com o regime militar em 1968, o jornal também se notabilizaria pela descoberta e a promoção de grandes nomes da literatura, como Euclides da Cunha – que começou publicando versos em 1894 e tornou-se correspondente da guerra de Canudos três anos depois, com artigos que dariam origem ao clássico *Os Sertões*. Ou Monteiro Lobato, contratado depois de enviar uma carta à redação cuja qualidade chamou a atenção dos editores.

Ao se despedir da equipe da *Gazeta*, Pimenta omitiu os embates com a direção, economizou na modéstia e sinalizou que pretendia levar muitos de seus subordinados para a nova redação. "Vocês vão chorar, vão sofrer muito, mas dentro de um mês tudo vai se resolver, podem acreditar."

E o que seria feito de Aluizio Maranhão? A resposta para esse dilema não viria do senso comum, que recomendaria afastá-lo para dar passagem ao novo diretor. Para surpresa até do próprio Maranhão, sua posição não seria tocada, pelo menos por um tempo. O que significava que a redação teria, a partir dali, dois comandantes – e o jornal produzido seria fruto, ao menos no início, de duas filosofias de trabalho bem diferentes.

Havia outros indícios de que as discordâncias não se manteriam apenas nos limites da redação do *Estado*. Dias antes do anúncio oficial de sua escolha, Pimenta saiu para jantar com o diretor da *Agência Estado* Rodrigo Mesquita, acompanhado de Sandro Vaia e do ex-colega de Washington Alcides Ferreira. Pimenta e Rodrigo discutiram asperamente durante a refeição e logo ficou claro que tinham visões completamente opostas sobre os rumos do jornalismo nos novos tempos. Entre outros aspectos levantados, Rodrigo defendia uma forte guinada para o mundo virtual, enquanto o novo diretor de redação do *Estado* acreditava que ainda havia um longo caminho para o impresso e a forma tradicional de se fazer coberturas. Ao final da noite, porém, apesar dos exaltados embates, não restaram sentimentos feridos. Todos se despediram cordialmente e voltaram aos seus respectivos universos profissionais.

Sacramentada sua ascensão, Pimenta fez alguns pedidos ao dr. Ruy Mesquita. Um deles foi o de receber um automóvel. Ganhou uma Blazer, da GM, mas logo revelou-se

decepcionado porque constatou que o veículo não era dotado de *overdrive*, uma comodidade à qual havia se habituado nos Estados Unidos, que permitia ao carro desenvolver uma velocidade maior com menor consumo de combustível.

Após uma rápida visita à redação, decidiu esperar algum tempo para tomar posse. Expressou o desejo de que sua sala de diretor ficasse maior que a prevista para sua ocupação e que ela tivesse um banheiro privativo. Até então, mesmo os diretores compartilhavam o banheiro da redação ou o próximo aos corredores da área da diretoria. Esse privilégio não havia sido pensado antes por antecessores seus, como Miguel Jorge – diretor entre 1977 e 1987, ministro da Indústria e Comércio no segundo governo Lula – e Augusto Nunes – cuja gestão se deu entre 1987 e 1992.

Por essas razões, Pimenta só começou a trabalhar efetivamente no jornal a partir de outubro de 1997. Com base nas informações que circulavam no mercado, sua chegada foi precedida de dois sentimentos principais e conflitantes entre o corpo editorial: parte esperava o jornalista brilhante, de carreira excepcional, e parte esperava um gestor polêmico, deflagrador de conflitos. Dias antes, alguns repórteres decoraram suas mesas com ramos de pimenta vermelha presos a cartões que diziam coisas como "Vai ser ardido..."

A entrada de Pimenta Neves em cena no *Estado* foi de uma discrição quase exibicionista, envolta em uma atmosfera peculiar. A reunião de editores, que sempre tinha lugar em uma sala envidraçada no centro da redação e contava com a presença de Maranhão, havia começado pouco depois das 16h quando ele começou a percorrer lentamente as mesas de cada editoria. Não se dirigiu a nenhum dos profissionais, nem os encarou. Passou os olhos pelo material empilhado, como um visitante faria, e roçou os dedos por papéis e revistas deixados por ali. Por alguma razão desconhecida, deteve-se demoradamente diante da máquina de fax.

A reunião dos editores prosseguia, mas nenhum deles conseguia se concentrar nas pautas colocadas em discussão. As atenções estavam voltadas para a figura de Pimenta, movendo-se lentamente, com ar vago, daqui para ali, no campo de visão dos participantes.

O grupo parou o que estava fazendo e ficou em silêncio quando Pimenta aproximou-se, girou a maçaneta da porta e entrou na sala. "Continuem, continuem", disse ele fazendo um gesto com as mãos para que não o cumprimentassem, como se recomendasse que não dessem atenção à sua presença e continuassem a reunião normalmente.

Os editores que ainda precisavam anunciar os assuntos apurados no dia em suas áreas o fizeram de forma bastante constrangida, tentando disfarçar sua reação à presença intimidadora de Pimenta, que se manteve calado quase todo o tempo. "A dubious honor..." (uma honra algo duvidosa), murmurou ele em inglês quase ao final, quando se tratou de um recorde de investigações obtido por um político suspeito de corrupção.

Sorrisos protocolares foram seguidos de suspiros de alívio quando foi decretado o fim dos trabalhos. Como ninguém sabia como agir diante do novo diretor, que não fez qualquer autoapresentação, formal ou informal, cada um foi se retirando lentamente da sala.

Nos dias seguintes, Maranhão continuou a presidir as reuniões das 16h, sem denunciar qualquer desconforto. Às vezes Pimenta entrava daquela mesma forma; às vezes não comparecia. E o antigo diretor continuava cuidando da maior parte dos procedimentos administrativos.

Nenhum representante da empresa conversou com os editores para esclarecer a quem eles deveriam se reportar ou para explicar como ficaria a situação hierárquica dali em diante.

Maranhão tampouco discutia a situação constrangedora com seus auxiliares. Nunca se queixava, nem dava indícios de que iria jogar a toalha e pedir demissão. Nunca fora um homem de rompantes, tinha um temperamento conciliador e na profissão já tinha convivido com situações mais desagradáveis.

Nascido no Rio de Janeiro e formado como aluno exemplar no Colégio São Bento – instituição que ainda hoje é contumaz campeã do Enem –, Maranhão teve de suportar a ação de censores nos jornais cariocas em que trabalhou e testemunhou a prisão de Tito Ryff, ex-assessor de imprensa de João Goulart, em plena redação do *Jornal do Brasil*. O estresse não parecia ter lugar em seu cotidiano, talvez porque, sempre que possível, dava uma escapada noturna a lugares como o Barnaudo Lucrécia, no bairro paulistano do Paraíso, para uma roda de samba em que mostrava suas incríveis habilidades ao violão.

Ele e Pimenta se falavam com formalidade e um sempre tomava o cuidado de pedir aos subordinados que consultassem o outro em caso de decisões que pudessem dar margem a algum mal-entendido. A convivência civilizada não escondia o clima carregado que o duplo comando conferia à redação. Talvez o agravasse, em função da latência do conflito. Enquanto Maranhão não transpirava a insólita divisão de poder, Pimenta criticava as decisões do co-diretor com a equipe sempre que tinha uma oportunidade.

O período de transformações, porém, não tardaria.

XVIII – DESMANCHE

Poucas semanas depois de sua posse efetiva, Pimenta Neves apresentou-se no auditório do *Estado* para uma plateia formada pela quase totalidade da redação. Havia muita expectativa por seu pronunciamento, previsto para indicar a nova linha de trabalho e medidas que possivelmente afetariam a todos.

Houve um certo anticlímax. Pouco de relevante foi dito na maior parte do tempo. De concreto, o novo diretor avisou que estavam proibidas as viagens de jornalistas a convite de empresas interessadas em divulgar seus produtos – uma prática eticamente discutível, mas comum nas redações do País. Fez mais alguns informes protocolares, pediu a colaboração de todos e expressões de tédio já se formavam nos rostos dos presentes quando, subitamente, Pimenta tocou no assunto que dominava todas as conversas de cafezinho na empresa:

– Eu queria deixar claro que não pretendo trazer nenhuma pessoa do meu relacionamento para a redação.

Era uma resposta direta às especulações de que logo arranjaria alguma função para Sandra no jornal. Três meses depois da saída dele da redação da *Gazeta*, ela fora demitida. Com dificuldades para conseguir uma nova colocação, Sandra ingressou em um curso de pós-graduação em Economia na Universidade de São Paulo (USP). Mas não estava satisfeita. E esperava que Pimenta lhe desse uma oportunidade no *Estadão*.

A apresentação foi encerrada em meio ao burburinho que a última afirmação havia provocado. A impressão geral era a de que, apesar das negativas, Pimenta Neves dificilmente manteria o propósito de resistir por muito tempo à ideia de empregar a namorada.

Não demorou para que, sem esperar por uma eventual saída de Maranhão, Pimenta começasse a tirar de seu caminho aqueles que considerava obstáculos ou que poderiam abrir vagas bem remuneradas para seus antigos comandados da *Gazeta Mercantil*.

Além de editorialistas e editores experimentados que estavam na empresa por décadas e davam a ela uma feição específica, o *Estadão* mantinha um considerável corpo de colunistas, que proporcionavam inteligência, humor, reflexão e, às vezes, informações em primeira mão. Com eles, ao longo dos anos, os leitores haviam estabelecido uma relação de empatia, quase familiar.

Um dos colaboradores mais caros ao público leitor do jornal era o astrólogo Oscar Quiroga, argentino naturalizado brasileiro, cuja seção diária no *Caderno2*, desde 1986, trazia não apenas previsões e conselhos, mas pensamentos que iam do psicológico ao esotérico em uma linguagem a um tempo refinada, profunda e afetiva. Seus textos constavam nos levantamentos internos como dos mais lidos do *Estadão*.

Em janeiro de 1998, Pimenta Neves decidiu que poderia prescindir de Quiroga e adotar uma solução mais econômica. Pagaria menos contratando os serviços do norte-americano Sydney Omarr, representado por uma agência que nos Estados Unidos distribuía sua coluna para 200 publicações.

O editor do *Caderno2* na época, Evaldo Mocarzel, foi avisado por Pimenta da decisão e deu a notícia a Quiroga, aparentando uma certa contrariedade. Nada comparável à reação dos leitores, que desencadearam uma campanha de cartas e telefonemas pedindo a volta do colunista. Informado do que se passava, o diretor manteve-se irredutível.

O amigo Carlos Soulié do Amaral chegou a apontar a Pimenta o equívoco de sua decisão. O diretor rebateu: "Sei que a primeira coisa que os leitores procuram no jornal é o horóscopo. Não importa. Fiz isso para todo mundo saber que quem manda aqui sou eu."

Quiroga foi convidado a trabalhar na *Ilustrada* da *Folha de S. Paulo* mas, ao contrário do que ocorria no *Estado*, seu estilo ali não funcionou: logo verificou-se uma intensa rejeição do público do jornal à sua coluna. O astrólogo foi remanejado por um tempo para o portal UOL, mas acabou deixando a empresa em março de 2000. Ele seria chamado de volta ao *Estadão* em setembro daquele mesmo ano, após a saída de Pimenta, e se manteria prestigiado pelos leitores nos anos seguintes.

Em retrospecto, Quiroga comentaria em novembro de 2011: "Depois da tragédia que Pimenta Neves provocou, deu para perceber que o cara andava desequilibrado havia muito mais tempo, pois esse tipo de atitude não acontece do dia para a noite. Eu devo ter sido apenas um grãozinho de areia numa praia enorme de maldades e insanidades do cara".

De fato, Quiroga foi a primeira de uma série de baixas que dizimaria grande parte do corpo editorial por quase três anos seguidos.

Entre os veteranos, uma das vítimas dessa política de desmanche foi o ex-companheiro de Washington Moisés Rabinovici, com mais de 30 anos de Grupo Estado e fortes vínculos de amizade com os Mesquitas. Ainda nos Estados Unidos, *Rabino* soubera dos episódios de agressão a Carole e Pimenta sentia-se desconfortável no ambiente de trabalho com alguém que conhecia esses aspectos de sua vida privada. Mas o processo de fritura seguiu caminhos tortuosos.

Em março de 1998, Pimenta enviou Rabinovici ao Oriente Médio para iniciar uma cobertura dos 50 anos de criação do Estado de Israel, que seriam comemorados dois meses depois. *Rabino* passou a receber uma pauta por dia, vinda da redação de São Paulo, mas nada diretamente relacionado ao objetivo de sua viagem – que era montar um vasto material ligado à efeméride. Ao final de duas semanas, o jornalista queixou-se da situação, por email. Lembrou que precisava realizar entrevistas e editá-las para inclusão no caderno especial.

Pimenta determinou, então, que ele voltasse ao Brasil.

Surpreso, *Rabino* informou que ainda não tinha podido fazer nada do que havia sido combinado, por estar às voltas com as outras pautas. O diretor garantiu que não havia problema. "Pode voltar assim mesmo", insistiu.

Ao retornar, porém, Pimenta cobrou-lhe o material sobre a data comemorativa de Israel. Rabinovici lembrou que já havia dito que nada havia sido apurado, por absoluta falta de tempo livre, em função das reportagens paralelas que lhe haviam sido pedidas. Mas ofereceu-se para telefonar às autoridades israelenses e conseguir as informações, já que seus contatos naquele país continuavam atualizados.

Dias depois, *Rabino* foi surpreendido com uma ligação de Rodrigo Mesquita, diretor da Agência Estado, em tom indignado. O motivo era a queixa, feita por Pimenta a seu pai, Ruy Mesquita, de que Rabinovici supostamente estaria "cavando" uma demissão, para ter acesso ao Fundo de Garantia e a outros benefícios acumulados durante sua permanência no Grupo do Estado. "Ele tem sido insubordinado e está me hostilizando", teria dito Pimenta ao *doutor Ruy*.

Rabino negou e lembrou que já havia recebido o FGTS e outros pagamentos havia mais de um ano, quando se aposentara. "Não tenho esses benefícios a receber, Rodrigo", explicou. "Nem vontade de deixar a empresa."

Ruy Mesquita entendeu que havia uma intriga ali e tentou contornar a contrariedade de Pimenta, oferecendo a Moisés Rabinovici uma posição mais independente, que qualificou de "repórter da empresa". O jornalista perguntou quem editaria o material. "O *Estado*", respondeu o *dr. Ruy*. Para Rabinovici, isso significava manter-se na mira de Pimenta Neves. O impasse persistiu.

Famoso pelas tiradas geniais e por seu gosto por piadas e jogos de palavras, *Rabino* teria cunhado o epíteto de "O Abominável Pimenta das Neves", que agora começava a significar algo mais verdadeiro. "Eu costumava chamá-lo diretamente desta maneira, em tom de galhofa, mas não sei se fui eu quem inventou o apelido", desconversou mais tarde. "Acho que ele não devia gostar muito, claro."

Embora fosse um repórter destemido, de incrível faro, apaixonado pelas coberturas de guerra e de catástrofes, capaz de produzir textos criativos, elegantes e quase sempre impregnados de humor, Moisés Rabinovici percebeu que não havia perspectivas de a situação melhorar. E decidiu deixar o grupo. Para sua sorte, surgiu a possibilidade de transferir-se para a Editora Globo e integrar a equipe de sua nova revista de informação semanal, inspirada nos moldes da *Focus* alemã, a *Época*, cujo primeiro número chegaria às bancas na última semana de maio de 1998. O primeiro diretor de redação, José Roberto Nassar, fez a ele uma proposta irrecusável:

– Soube que você está pensando em sair do *Estadão* e queira te oferecer uma posição de correspondente – disse-lhe Nassar.

– Onde? – perguntou *Rabino*.

– Paris – respondeu Nassar.

– Saí – declarou Rabinovici, com uma gargalhada.

Rabino voltaria dois anos mais tarde para comandar a integração das áreas de internet da *Agência Estado*, do jornal *O Estado de S. Paulo* e do *Jornal da Tarde*, que deu origem ao *Portal Estadão*.

Afastado Moisés Rabinovici, as atenções de Pimenta se voltaram para o responsável pela edição de Domingo, Carlos de Oliveira, que havia feito carreira na *Folha de S. Paulo* antes de se estabelecer na editoria de Geral do *Estado*.

Aluízio Maranhão havia incumbido *Carlinhos*, como era chamado pelos colegas, e o editor-chefe de arte, Anélio Barreto, de editar o caderno da Copa do Mundo, que seria realizada na França entre 10 de junho e 12 de julho daquele 1998. Para apoiá-los, foi montada uma editoria "de emergência", com integrantes das áreas de Esportes e Geral. Terminado o Mundial, *Carlinhos* lembrou a Maranhão que estava com férias programadas para aquele mês e perguntou a ele se poderia manter o descanso previsto.

O diretor garantiu que, de sua parte, não via problemas, mas pediu que consultasse Pimenta Neves, para saber se o outro responsável pela redação tinha alguma objeção. Pimenta recebeu o editor, perguntou se ele já havia falado com Maranhão e, diante da afirmativa, disse que estava tudo bem.

Carlinhos agradeceu e fez menção de se despedir, mas Pimenta quis saber mais: "Você vai viajar?" O editor fez que sim. "Para onde?", indagou o diretor. "Para Buenos Aires." Pimenta fez um comentário simpático: "Você que tem filho pequeno deveria ir para uma praia do Nordeste, que é mais quente..."

Três dias depois, quando ainda se encontrava em São Paulo, Carlinhos recebeu um telefonema em casa, com a notificação de que havia sido demitido.

Uma versão muito discutida para essa decisão de Pimenta Neves, conta que o diretor havia convocado à sua sala outro

editor, apresentando a ele uma proposta insólita e eticamente
desafiadora:

– Vou precisar demitir você ou o Carlos – teria adiantado
Pimenta. – Quem você acha que eu devo mandar embora?

A princípio, o editor teria achado que era uma brincadeira e
dado uma risada. Mas Pimenta teria se mantido imperturbável.

– Bem, se é isso mesmo, demita o *Carlinhos* –

Respondeu o editor. – Afinal, eu estou aqui, trabalhando...

E Pimenta prosseguiu:

– Então está bem, você fica.

Embaraçado, o editor ia saindo da sala, quando Pimenta,
segundo o relato, teria completado:

– Faça um favor para mim, dê você a notícia a ele.

XIX – PLENOS PODERES

Mais de um ano após a chegada de Pimenta, o resistente
Aluizio Maranhão deixou a empresa. Com habilidade e
pragmatismo, ele conseguiu manter sua posição no *Estado*
enquanto negociava uma saída honrosa – e sobretudo vantajosa
– daquele inusitado impasse. O surgimento de um convite da
Editora Globo para ajudar a comandar a nascente revista *Época*
foi providencial no momento em que o *dr. Ruy*, finalmente,
decidiu por sua dispensa, encerrando aquele espinhoso capítulo.
Após se despedir do alto comando e do corpo de repórteres do
Estado, ele assumiu o cargo de diretor-adjunto da revista. Seu
editor-chefe, Pedro Cafardo, que estava no *Estado* havia 12
anos, foi para o jornal *Valor Econômico* como editor-executivo.

Pimenta agora era o único no comando da redação, e usaria
dessa prerrogativa da forma mais ampla e ostensiva possível.

O jovem repórter especial Lourival Sant'Anna, que já havia sido
correspondente em Londres e editorialista, tornou-se editor-
chefe. E foram nomeados quatro editores-executivos:

José Maria Mayrink, mineiro, ex-seminarista que nunca se
distanciou de suas convicções cristãs, detentor de um Prêmio
Esso, repórter em diversos veículos como *Correio de Minas*, O
Globo, Jornal do Brasil, a revista Veja e o Jornal da Tarde, no
qual cobriu conflitos internacionais, como a queda de Salvador
Allende no Chile, em 1973; Roberto Gazzi, paranaense,
anteriormente editor de Cidades, que havia começado como
"foca" de Claudio Abramo e Mino Carta no extinto *Jornal da
República* e passara pelo Diário do Grande ABC e pela Folha
de *S. Paulo* antes de ingressar no *Estadão* em 1990; Eleno

Mendonça, ex-editor de Economia e então na Primeira Página, formado em jornalismo e publicidade, com passagens pelo *Globo*, *Diário* Comércio e Indústria & Serviços (DCI), Folha e Jornal do Brasil; e, finalmente, Daniel Piza, a quem Pimenta tirou da *Gazeta Mercantil*.

Da *Gazeta Mercantil*, Pimenta também foi trazendo sucessivamente outros profissionais, como William Salasar, Luiza Pastor, Vera Brandimarte, Carlos Franco e a colunista Kátia Zero, que ganhou uma bela página dominical com roteiros de Nova York.

Apesar das declarações em contrário de Pimenta, era líquido e certo que em algum momento Sandra Gomide também seria trazida para a redação. O diretor debatia-se com a ideia. Além de não querer voltar atrás em sua palavra diante dos comandados, ele não dispunha de uma vaga no quadro de funcionários que estivesse à altura da capacidade que via na namorada. Por mais que tivesse poder, não podia criar um cargo novo mediante um ato de vontade, sem uma justificativa plausível junto ao departamento de Recursos Humanos. Ainda mais para favorecer alguém com quem mantinha um relacionamento.

No início do segundo semestre de 1999, ele decidiu criar a oportunidade iniciando mais uma fritura. Comunicou ao editor da Primeira Página, Luiz Vita, que estava planejando transferir o fechamento daquela área para a sucursal de Brasília. "Quero que você se mude para lá', avisou. Vita teve um choque. Em parte porque não via qual era a lógica daquela decisão e em parte porque, a se consumar o fato, teria de mudar de cidade, sendo casado e tendo sua mulher uma vida profissional estabelecida em São Paulo. Não via outro sentido naquilo senão o de estar sendo forçado a pedir demissão. O editor recorreu aos seus amigos que eram próximos de Pimenta, pedindo que intercedessem em seu favor. Eles conseguiram do diretor uma concessão: ele concordou que Vita desse os plantões de fim de semana em São Paulo.

Como o subordinado suportou o teste por mais de um mês, sem se queixar, dando mostras de que talvez se adaptasse à situação, Pimenta finalmente pediu a um de seus auxiliares que dissesse a ele que o jornal não tinha mais interesse em sua permanência.

Vita passou a ser, então, mais um veterano do *Estadão* a reforçar o expediente da revista *Época*, graças a um convite do então diretor Augusto Nunes. Sua saída abriu a desejada vaga para Sandra Gomide, que foi contratada na mesma semana como repórter especial.

Em sua gestão no *Estado*, Pimenta Neves desenvolveu como nunca um dos aspectos mais desagradáveis de sua personalidade: a capacidade de alimentar intrigas. Ele aparentava uma satisfação especial em manipular pessoas – não só as sob seu comando, mas até mesmo as que estavam acima – e observar suas reações quando as crises se instalavam. Ao final, com seu humor sempre cortante, cáustico, costumava comentar os efeitos das diatribes que provocara com absoluta serenidade e com um certo ar de superioridade.

Quando este comportamento foi se tornando mais patente para seus comandados, chegou a circular entre eles uma comparação com um personagem da série de histórias em quadrinhos *Asterix, O Gaulês*: Tullius Detritus.

Para quem não se recorda do tipo criado pelo francês Gosciny, Marcus Tullius Detritus surgiu no livreto *Asterix e a Cizânia*. Era o agente da discórdia, o semeador de desavenças enviado por Júlio César aos gauleses, a fim de "dividir para conquistar". O problema era que isso não constituía uma estratégia do grupo, mas um traço pessoal que vinha se convertendo em estilo de administrar.

Em setembro de 1999, por exemplo, em pleno período de crescimento da "bolha da internet", ele decidiu interferir em um território bastante sensível na empresa, que era o dos seus produtos online.

No *Estado*, o diretor Júlio Cesar Ferreira de Mesquita, *Julinho*, mantinha um site próprio, a *NetEstado*, sob o comando de

Luciano Martins Costa, que cuidava de transpor o jornal para a web e desenvolvia produtos especiais, quase sempre de cunho experimental, testando novas linguagens, com recursos sonoros e de animação. E já tratava da digitalização de todas as edições, um projeto que só seria finalizado em 2012. Rodrigo Mesquita, diretor da *Agência Estado*, havia criado os serviços online mais inovadores do País e comandara as primeiras coberturas via internet no Brasil durante a conferência ambiental Rio-92, utilizando uma linha emprestada por instituições norte-americanas. Rodrigo defendia a unificação dos produtos web da empresa em um portal, mas ainda não havia vendido essa ideia de forma conclusiva a seus primos e irmãos.

Fernão Mesquita comandava uma edição online do *Jornal da Tarde* e João Lara Mesquita havia criado uma página para a *Rádio Eldorado*.

Mesmo sabendo que decisões estratégicas eram tomadas por escalões mais altos de cada setor da organização, em que todos compartilhavam o mesmo sobrenome, Pimenta resolveu se aventurar por essa seara, onde seu antecessor, Aluízio Maranhão, sempre se limitara ao papel de facilitador ou de executor das políticas da casa, nunca o de protagonista.

Na época, ainda em sigilo até internamente, estava em curso uma negociação com a Terra Networks, que tinha interesse em firmar um acordo de fornecimento de conteúdo pelo Grupo Estado ao portal de informações e serviços que estava desenvolvendo no Brasil. O comando dessa negociação estava com Rodrigo Mesquita e ele havia pedido expressamente para ser comunicado de todo passo dado por qualquer uma das áreas em termos de novas parcerias na web, para que se evitasse qualquer possibilidade de ruído no acordo.

Procurado pelo grupo norte-americano Lycos, Pimenta não considerou o pedido de bênção. Contra todos os conselhos das equipes envolvidas, fechou um acordo-relâmpago de troca de conteúdos, sem consultar as instâncias superiores. Não apenas fez isso como decidiu noticiar o acerto na edição do jornal do dia seguinte. "Essa decisão cabe a mim", insistiu. Informados da transação pelo próprio jornal, os diretores do grupo agiram rápido e a operação foi abortada imediatamente.

Evitou-se assim, o mal maior, o naufrágio das conversas com a Terra, empresa, aliás, também então interessada em uma fusão com a Lycos, que seria concretizada no ano 2000, pouco depois de selada a parceria com o Grupo Estado. Se levado adiante, o atropelo de Pimenta poderia ter comprometido a negociação triangular em vários níveis.

"Pimenta era muito bom em criar intrigas. Era muito hábil nisso", avalia o ex-editor de Geral do *Estado*, Carlos de Oliveira. "Ele falava mal de uma pessoa para um, falava bem dessa pessoa para um desafeto dela e assim por diante. O fato é que nesse jogo, muitos até então tidos como bons companheiros de trabalho, bons colegas, revelaram suas verdadeiras índoles. Naquele período, a gente passou a ver adulação a qualquer preço."

Um executivo da redação chegou ao ponto de, certo dia, elogiar os calçados de Pimenta, quando ele passava pelo corredor entre as redações do *Estado* e do *Jornal da Tarde*. "Sapato bonito, Pimenta!", disse em tom bajulador. "Você tem muito bom gosto". Três funcionários que estavam próximos e presenciaram a cena passaram a apelidar o colega, sem que ele nunca soubesse, como *Sapato Bonito*. "Olha lá *o Sapato Bonito*", cochichavam em tom de chacota, quando o avistavam na redação.

Esse tipo de incentivo não parecia causar um grande efeito em Pimenta, que aparentava ver nos comentários apenas um reconhecimento justo das qualidades que via em si mesmo. Mas incomodava-lhe a frieza dos que claramente não lhe eram simpáticos nem se esforçavam para simular aprovação ao seu

comportamento. "Você não ri das minhas piadas", observou ele uma vez a um subordinado, em uma reunião de editores. "Acha que elas não têm graça?", fustigou. "Que nada, algumas até que têm", saiu-se o editor, esquivando-se do confronto.

Como consequência desse novo clima, a redação que antes se caracterizava por uma harmonia quase familiar, de leveza e camaradagem – mesmo não sendo um ambiente livre de inevitáveis picuinhas –, tornou-se tensa. O lugar onde os profissionais, além de melhor pagos que a média do mercado, recebiam o que chamavam de "salário-ambiente", passou a ser um lugar de disputas internas, em que se começava a olhar com desconfiança para os vizinhos de mesa, onde se opinava sobre a situação geral em voz baixa e já não se podia confiar inteiramente na discrição do colega de cafezinho e fumódromo. O clima passou a ser de muita insegurança.

O repórter Marcus Lopes viveu uma situação singular ao ser chamado pelo diretor após ter publicada uma matéria sua para a área de Cidades. "Ele me disse que não tinha gostado da reportagem e queria que a reescrevesse", conta Lopes. "Eu me atrevi a perguntar a ele se não gostava da matéria ou se não gostava de mim, porque o texto era só uma notinha simples, dessas que entram no final de fechamento. Parecia uma implicância, uma afirmação de poder." Pimenta insistiu que a nota fosse reescrita e republicada na edição seguinte.

Aborrecido por ter de refazer uma notícia banal e agora já ultrapassada, Marcus Lopes chegou a pensar em se demitir, mas foi convencido pelo editor-executivo Roberto Gazzi a fazer o que lhe fora pedido. Quando o repórter levou o novo texto a Pimenta, este pareceu não entender do que se tratava e depois deu uma risada. "Ah, isso? Não, eu não estava falando sério. Não precisava refazer", afirmou ao espantado funcionário.

Para alguns mais crédulos, otimistas ou pragmáticos, dependendo do caso, a presença de Pimenta Neves na redação havia introduzido um elemento novo, que talvez pudesse trazer resultados positivos para o nível de excelência buscado pela empresa. Na avaliação desses, com sua tendência a tirar os jornalistas de sua zona de conforto, Pimenta poderia induzi-los a buscar a superação de seus limites. Ocorre, porém, que o ambiente tranquilo e favorável nunca foi um fator de acomodação nem afetou negativamente a qualidade do jornal, que sempre contou com profissionais absolutamente engajados nas suas respectivas áreas de trabalho. E até então as grandes coberturas costumavam ser o resultado de decisões em colegiado, conversadas em todos os níveis hierárquicos. Funcionava bem assim.

Um ou outro mais suscetível tentou tirar proveito do clima propício às puxadas de tapete, buscando um esquema de "delação premiada" ou aproveitando-se de méritos alheios.

Um editor conta que, em abril de 1998, preparou o projeto de um caderno especial de Ciências e o propôs ao diretor Aluízio Maranhão. Esse editor foi enviado para cobrir a Expo 98 em Portugal e deixou o modelo do caderno trancado no armário de sua sala. Enquanto estava fora, um colega, sabedor do projeto, teria forçado a porta do armário, retirado o material, e o apresentado como seu ao diretor Pimenta Neves.

Ao retornar e descobrir o que havia ocorrido, o jornalista teve um confronto verbal bastante agressivo, em pleno fechamento de uma edição, com o suposto usurpador de seu trabalho. O bate-boca alcançou decibéis que ecoaram por toda a redação e os dois só não se atacaram fisicamente porque um editor-executivo que estava presente comandou o *deixa-disso*. "Pimenta incentivava isso, ele gostava de ver atritos", diz o editor cujo trabalho teria sido "pirateado".

Um repórter especial veterano reforça esse aspecto da personalidade de seu então diretor, recordando que, certa vez, os dois saíram da redação tarde da noite e resolveram dar uma

passada na lanchonete *Ponto Chic*, famosa por seu sanduíche Bauru, na Avenida Paulista. Estavam esperando por seus pedidos quando uma discussão entre dois homens em uma mesa próxima começou a tomar aspectos mais graves. "Pimenta, vamos sair daqui, isso não vai acabar bem", aconselhou o repórter.

O diretor ignorou a recomendação e mostrou-se interessado em saber aonde aquela briga ia parar. Em seguida, um dos homens puxou uma arma e a apontou para o outro, ameaçador. O repórter voltou a inquietar-se: "Vamos, Pimenta, ele está armado", insistiu. "Não importa, eu também estou com uma arma", revelou Pimenta, cada vez mais fascinado, para o terror do colega. Felizmente, os ânimos acalmaram e o episódio terminou sem maiores consequências.

"Era um mitômano, uma pessoa tremendamente megalômana. Achava que sabia tudo, que era o único a quem se devia agradecer se o jornal saísse bom no dia seguinte, o único que evitava que fossem publicadas grandes bobagens", diz um editor, sobre o tempo que trabalhou sob as ordens de Pimenta. "Nesse clima, e no afã de garantir seus empregos – só posso interpretar dessa forma –, colegas com bastante tempo de casa revelaram facetas de comportamento que talvez fossem desconhecidas até para eles mesmos. Havia jornalistas graduados que iam fazer compras no supermercado para o Pimenta. Iam ao Carrefour, que fica em frente à sede do *Estadão*, traziam o carrinho cheio de mantimentos e os acomodavam direitinho na traseira da picape Blazer do diretor. Outros levavam o Pimenta para cortar o cabelo. E havia até um editor que o abastecia de comprimidos de Viagra."

Tímido em outras épocas, Pimenta já não fazia questão de ser discreto a respeito de sua vida particular. E não fazia segredo sobre o consumo do estimulante do desempenho sexual. O citrato de sildenafila havia sido uma das grandes descobertas farmacológicas do final do século XX. Patenteado em 1995 e aprovado nos Estados Unidos em 1998, para uso nos casos de disfunção erétil, o medicamento batizado como Viagra tornou-se rapidamente popular até mesmo entre aqueles que não apresentavam problema físico algum, mas pretendiam prolongar as relações ou adicionar a elas um fator extra.

Durante o fechamento de uma edição, parecendo se divertir, Pimenta contou a um grupo de editores que dias antes havia tomado uma dose do medicamento. Mas, prosseguiu ele, como foi rejeitado pela namorada Sandra, ficou perambulando nervosamente pela casa durante toda a madrugada. Na reunião de pauta da tarde seguinte, ele repetiu a história, com riqueza de detalhes maior ainda, para constrangimento dos presentes.

Às vezes, diante da equipe, atendia o telefone celular e assumia um tom de intimidade com Sandra que provocava desconforto entre os que trabalhavam à sua volta no momento. "Você vai ver quem é xarope, você vai ver quando eu chegar aí...", disse em uma dessas oportunidades.

A imagem de homem distinto e aristocrático estava virando coisa do passado. Com o passar do tempo, seus arroubos não se limitaram mais a Sandra Gomide. Extasiado com a posição que ocupava, e certamente impulsionado pela medicação, Pimenta começou a demonstrar um comportamento entre o eufórico e o inconveniente. Buscando uma aparência mais jovial, vestia camisas com listras em cores berrantes. Com as funcionárias, passou dos galanteios desajeitados ao assédio ostensivo.

"Certa vez ele veio à minha mesa e cochichou que tinha contratado a *Tiazinha* (personagem da atriz Suzana Alves) para fazer um show sexy na redação e que, se ela não viesse, ia me pedir para substituí-la", conta uma ex-jornalista *do Estado*, que era bem jovem na época. "Fiquei irritada com a grosseria dele. E o Pimenta agia assim com várias subordinadas".

Uma editora relata que preferiu deixar o jornal, após oito anos de casa, depois que ele adquiriu o hábito de apalpá-la pelas costas quando ela estava trabalhando. "Algo que me dá agonia até hoje é lembrar das mãos dele no meu ombro quando passava atrás de mim", disse ela, ao ser consultada para este livro. "Eu não gostava dele. Não confiava em quem gostava dele. Não gostava das decisões dele. Como já estava me sentindo no risco de virar peça do mobiliário do jornal – o que para muitos era uma boa perspectiva de vida estável, mas para mim era sinal de fracasso – aproveitei a chegada do Pimenta para fechar o pacote e procurar trabalho em outras paragens. Jamais me arrependi do que fiz. O *Estadão* foi um dos melhores lugares onde trabalhei, mas pressentia que a passagem do Pimenta por lá não deixaria pedra sobre pedra."

Outra funcionária, menos impressionável, admite ter encontrado uma forma de tirar proveito das investidas do diretor. Casada e com filhos, ela encontrou no comportamento de Pimenta Neves um meio de melhorar sua situação – e a de seus colegas próximos:

"Nunca tive nada com ele. Para mim, era um velho babão, meio reprimido, que parecia inofensivo, com suas cantadas baratas. Mas quando percebi o quanto ele era fácil de manipular, comecei a aproveitar para fazer pedidos, que nunca recusava. Aumento de salário para mim, para os colegas de editoria, para o editor, mais espaço nas edições, cor para uma página nossa que estava prevista para ser em preto-e-branco e assim por diante... Bastava jogar um charme, dar um sorriso, alguma esperança, que ele autorizava tudo", diverte-se ao recordar.

Esta funcionária conta que, quando foi necessário um corte em sua área, seu chefe colocou para Pimenta dois nomes como passíveis de dispensa. O dela própria e o de um funcionário mais antigo e experiente. Pimenta optou pela demissão do homem. "Fui beneficiada porque ele não resolveu as coisas segundo um critério profissional, eu sei."

Como nunca se conectou de fato com a redação que encontrou no *Estado*, ele parecia determinado a empreender um processo de eliminação da equipe anterior, para substituí-la por outra com a qual tivesse mais familiaridade. A cada demissão de peso o diretor repetia que aquela baixa não faria falta: "Eu faço esse jornal até sozinho", comentava com os auxiliares próximos.

Os aspectos da soberba de Pimenta Neves se agravavam mês a mês e transpareciam cada vez mais claramente à medida que se sentia mais seguro de seu status. Ruy Mesquita chegava a se referir a Pimenta algumas vezes, em tom de brincadeira, como 'Napoleão', numa dupla referência à baixa estatura e ao autoritarismo do subordinado. Por esta época, o diretor do *Jornal da Tarde*, Fernão Mesquita, transmitiu um pedido de sua mulher a Pimenta, solicitando a publicação de uma nota no *Estado*, e recebeu dele uma forte reação. "Não vamos publicar", respondeu. "Quem manda neste jornal sou eu". Fernão preferiu não insistir e deixou por isso mesmo. "Ele agia com arrogância, mas se era para respeitar as regras, a gente acatava as decisões", justifica Fernão. O problema é que a conduta inflexível do diretor com os demais – inclusive com os próprios acionistas da empresa – não era aplicada a ele próprio, no que se referia a favorecer a namorada Sandra, por exemplo.

Com um usufruto de poder maior a cada dia, em viagem a Chicago com o diretor de marketing de *O Estado de S. Paulo* e do *Jornal da Tarde*, Guilherme Sztutman, ele chegou a declarar ao colega: "Esses Mesquitas têm sorte mesmo. Contrataram o único cara capaz de salvar o *Estadão*".

O fato era que, sob sua direção, o jornal realmente estava obtendo bons resultados. As vendas em banca aumentavam, assim como a carteira de assinaturas. E ações junto aos anunciantes, como a oferta de publicidade em 3-D, faziam o faturamento crescer.

"A mudança de qualidade que ele procurou para o jornal foi visível. Talvez tenha sido o melhor momento de sua carreira. Pimenta tinha uma rara qualidade que era a vivência do outro lado, um conhecimento do mundo das finanças e de assuntos internacionais de uma forma que ninguém mais tinha, o que para o *Estado* contava muito", avalia Fernão Mesquita.

XXI – "DESEQUILIBRADO"

Trabalhei no *Estadão* em dois períodos diferentes, entre julho de 1991 e outubro de 2003, com o intervalo de um ano passado no Grupo Folha. Nesse tempo, estive sob as ordens de quatro diretores de redação: Augusto Nunes, Aluizio Maranhão, Pimenta Neves e Sandro Vaia.

Em meados de 1994, por conta de uma formação prévia em informática no exterior, fui convidado a deixar a área de Política, na qual atuava havia alguns anos, para participar da implantação dos produtos de internet na redação do *Estado*. Embora na prática meu conhecimento adquirido na área – linguagem COBOL – pouco servisse para o que se anunciava, trazia a vantagem de me manter imune ao temor dos efeitos da revolução tecnológica que assolava as redações naqueles tempos. Quando os primeiros computadores ligados à web foram instalados, um em cada editoria, um pânico silencioso tomou conta dos profissionais do papel. Poucos eram os que se atreviam a adentrar àquela rede, um universo de possibilidades que se abria, mas que também, potencialmente, ameaçava seus empregos, ao menos na forma como haviam sido até então.

À frente do projeto de implantação estava o editor-executivo Luciano Martins Costa, um espírito inovador e visionário, com mais de uma década de casa, que por um bom tempo deu um tom leve, criativo, às primeiras páginas do jornal.

Era secundado pelo editor Jorge Gomes Guimarães, que já alimentava no *Estadão* um pequeno BBS (Bulletin Board System, tipo de serviço online sem interface gráfica, apenas texto, antecessor dos websites) e vinha estudando de forma apaixonada todas variáveis dos novos meios – de seus aspectos técnicos aos estratégicos e de linguagem.

Logo na largada, com a criação do site *NetEstado* em dezembro de 1994, passamos a transmitir as principais notícias do dia, inauguramos uma área especial de cinema em primitivos moldes de um IMDb (Internet Movie Database), uma pioneira seção de arte digital, com trabalhos de artistas plásticos criados diretamente para o meio virtual e com técnicas específicas para ele, além de uma "revista" voltada a atrair o público feminino, já que, naquele começo, as mulheres representavam uma parcela ínfima dos que acessavam a internet.

Três anos depois, Jorge Guimarães deixou a empresa, mas Luciano prosseguiu em sua filosofia de conciliar a produção dos serviços noticiosos com o experimentalismo e a exploração dos aspectos lúdicos que o meio proporcionava. Como seu editor imediato, e com a participação de uma entusiasmada e talentosa equipe, o auxiliei na construção de projetos especiais e na concretização de algumas de suas ideias desafiadoras, como o cubo de informações, um aparato capaz de girar ao toque do mouse e conduzir o internauta, a cada clique, a uma área diferente de notícias. Os recursos tecnológicos de hoje permitem que isso seja feito por programas relativamente simples. Mas, na época, nem eu, nem os técnicos comandados por Josefina Pérez Álvarez ou o designer Acelmar Marchezi, encarregado de produzir o cubo, tínhamos a segurança de que a meta seria concretizada. Apesar disso, tanto esta quanto outras empreitadas tornaram-se igualmente realidade na tela.

Sempre que criava produtos especiais, a NetEstado tornava-se um laboratório para a busca de novas linguagens, com dispositivos sonoros e de animação. Os recursos eram limitados e os resultados de acabamento nem sempre perfeito, mas havia espaço de sobra para a ousadia e mesmo para o erro. Até porque em internet tudo estava para ser feito. Não havia verdades estabelecidas.

Em quase todo o seu primeiro ano de gestão, Pimenta Neves praticamente ignorou a operação da NetEstado. Mas, a partir de seu décimo primeiro mês na empresa, quando já imaginávamos estar definitivamente fora de seu campo de interesse – e, portanto, com alguma estabilidade – começou a interferir pesadamente. "Na época em que se discutia uma reforma do portal, ele já havia mentido, durante uma reunião do conselho, dizendo que um amigo dele, de Washington, fazia restrições ao meu projeto. Rodrigo Mesquita o desmentiu na frente de todo mundo, pois sabia que o projeto havia sido feito num computador sem conexão com a rede, trancado na minha sala", lembra Luciano Martins.

Não muito tempo depois, e apesar dessa relação cada vez mais conturbada, Pimenta tomou uma atitude surpreendente: anunciou a Luciano que pretendia torná-lo diretor-adjunto. O subordinado estranhou, mas em seguida as coisas ficaram um pouco mais claras: "Ele me disse que, como diretor-adjunto, minha primeira missão seria 'detonar' os editores executivos", recordou Luciano Martins anos depois. "Ponderei que seria mais correto ele demitir quem quisesse, e depois nomeasse o diretor-adjunto. Ele comentou que gostava de fritar os condenados, forçando-os a sair. A essa altura eu tinha decidido que nunca trabalharia com ele."

No dia seguinte, Luciano Martins foi à sala do diretor da Unidade Estado, Júlio César Ferreira de Mesquita, e pediu que o demitisse. Julinho tinha muito apreço por Luciano e apostava em sua visão para a web. Mas, diante dos argumentos, acabou concordando com o pedido. O editor-executivo demissionário despediu-se dos colegas e ficou de voltar outro dia para buscar o que havia deixado em sua sala. Pimenta, porém, apressou-se em anunciar que a saída de Luciano havia sido uma decisão sua.

As caixas contendo o material de trabalho de Luciano ainda estavam empilhadas no setor de internet, quando recebi um chamado do diretor. Imaginei imediatamente que seria

comunicado de minha demissão também. Respirei fundo, um tanto conformado, coloquei o paletó e fui para a diretoria, onde a secretária Leila avisou que eu já poderia entrar para falar com Pimenta Neves. "Ele está te esperando", disse.

O ambiente era de penumbra. As janelas estavam com as cortinas fechadas e as luzes do teto apagadas. Pimenta estava sentado à sua mesa, com os olhos fechados. Fiquei de pé por alguns segundos e, como ele não dissesse palavra, imaginei que não havia se dado conta da minha presença. Falei:

"Pimenta, você mandou me chamar?" Ele abriu os olhos e indicou uma poltrona de couro que estava um pouco distante da mesa.

"Pode se sentar", pediu no seu tom de voz habitualmente baixo.

Obedeci e fiquei esperando pelo que ele tinha a dizer. Mas voltou a fechar os olhos e ficou mais algum tempo em silêncio, cobrindo o rosto com as mãos. Era uma situação inusitada e bastante desconfortável para mim, a quem, naquele momento, só cabia especular o que estava se passando. Finalmente, ele tirou as mãos do rosto e falou: "Eu queria te avisar que você vai ficar como editor-executivo no lugar do Luciano. A internet fica sob seu comando a partir de agora. Eu o estou promovendo".

Fui apanhado por uma certa surpresa porque, apesar de ser o funcionário imediatamente abaixo de Luciano Martins, eu poderia estar incluído em uma lista de demissões na área, caso a vaga do responsável pelo setor estivesse sendo pensada para alguém de seu relacionamento. Só consegui dizer:

"Obrigado, Pimenta".

Estava confuso e mal esperava para ser liberado, poder colocar as ideias no lugar e voltar ao trabalho.

Ele voltou a ficar em silêncio. E o intervalo demorou mais que na primeira vez.

– Quer saber por que eu demiti o Luciano? – perguntou, de repente, repisando ideia de que a decisão havia sido unicamente sua.

– Quero. Por quê?

– Você sabe que ele era um bom profissional, mas infelizmente eu não podia mantê-lo aqui.

– Houve algum problema?

Pimenta deu uma resposta que me deixou completamente desconcertado, tanto pela falta de nexo quanto pela sensação de incerteza que aquela explicação indicava sobre o que nos esperava dali por diante:

"Ele tem sérios problemas psicológicos. É completamente desequilibrado."

XXII – ANIMAIS NA CAPA

Muito distante do homem de imprensa com discernimento e capacidade de julgamento absolutamente confiável que deixou o Brasil na década de 1970, Pimenta Neves, em sua passagem pela redação de *O Estado de S. Paulo*, sempre pautou suas decisões editoriais por idiossincrasias.

Pouco depois de sua chegada ao jornal, por exemplo, ele proibiu a equipe da Primeira Página de publicar imagens de Gustavo Kuerten, o tenista brasileiro que meses antes havia conquistado um feito histórico, ao sagrar-se campeão em Roland Garros, na França, e vinha em uma escalada de vitórias no esporte. Indiferente às façanhas do atleta, ao seu carisma e à simpatia que ele despertava junto à população, Pimenta sentenciou: "Ele é muito feio, tem cabelo de estopa. Nada de fotos do Guga na capa, por favor".

Com o tempo, também decretou vetos semelhantes ao escritor José Saramago, ao poeta Manoel de Barros e a outras figuras destacadas com as quais não simpatizava.

Pouco afeito às sugestões de seus subordinados, Pimenta costumava descartar quase tudo o que lhe era proposto, de pautas a nomes a serem entrevistados. E quase sempre começava o dia folheando o jornal, com indisfarçável mau humor. "Isso aqui está um lixo", resmungava, enquanto passava os olhos pelas páginas. "Isso aqui também ficou um lixo", mostrava a outro auxiliar.

– Para ele, tudo era "um lixo" – recorda Luiz Vita, que foi editor de Primeira Página por dois anos sob a gestão de

Pimenta Neves. – Ouvíamos dele essa expressão quase todos os dias. Outra característica de Pimenta era sua rejeição ao sistema editorial Hermes implantado no *Estadão* pela subsidiária italiana da Unisys. Na verdade, a aversão não se devia a um conceito concreto que ele tivesse sobre o programa. Ele simplesmente não se interessava em acessá-lo e acompanhar o fechamento do jornal pelos recursos que o software oferecia. Sempre que desejava ler um texto já editado, ver uma foto ou uma página diagramada, pedia a uma secretária ou a um editor que imprimisse o material e o levasse até sua sala.

Algumas vezes, era capaz de selecionar uma imagem, mandar imprimi-la e entregá-la ao editor de fotografia cheia de dobraduras, quase como um origami, para indicar de que forma gostaria que ela fosse cortada.

A primeira página era um dos alvos preferidos das interferências de Pimenta, que quase sempre alterava o conteúdo e o posicionamento de manchetes, chamadas e ilustrações preparadas pela equipe, não raro minutos antes de o material seguir para a gráfica. Nada demais, já que, como diretor de redação, cabia a ele responsabilidade de traçar as diretrizes do que deveria ser destacado na vitrine do impresso.

A questão é que, para desconforto tanto dos gestores da empresa quanto dos funcionários encarregados da edição, o diretor atropelava quase diariamente as regras de diagramação, e subvertia o projeto gráfico, cuidadosamente construído sob a orientação dos mais requisitados consultores de design, como o cubano naturalizado norte-americano Mario Garcia, autor de projetos para o *The Wall Street Journal*, o *Miami Herald*, o *Die Zeit* e a revista *Paris Match*.

Longe de ser um componente fútil, a preservação da identidade visual de uma publicação é fator determinante para um diálogo contínuo com o leitor. Qualquer interrupção ou mudança, sem que haja um estudo que lhe sirva de embasamento, pode levar a uma rejeição, mesmo que inconsciente, e comprometer a aceitação do veículo.

Ainda que já fossem iniciativas temerárias, essas ações pontuais começaram a se mostrar insuficientes para o gosto do diretor.

No final do ano de 1999, foi feita uma reunião para tratar de assuntos relativos à redação, à qual compareceram membros da família Mesquita que respondiam pelos mais diversos setores da empresa. Estavam ali Júlio César de Mesquita, diretor da Unidade Estado, Roberto Crissiúma Mesquita, diretor comercial, Rodrigo Lara Mesquita, da *Agência Estado*, Fernão Mesquita, do *Jornal da Tarde*, Fernando Mesquita, presidente da *OESP Mídia*, entre outros. Pimenta Neves também fez questão de estar presente.

Foram discutidos alguns assuntos de ordem prática e tudo corria sem grandes novidades quando Pimenta tomou a palavra e anunciou que pretendia executar uma grande mudança na programação visual do *Estado*. "A começar do logotipo", prosseguiu. "Ele tem um desenho velho, ultrapassado", opinou. "Quero fazer essas mudanças o mais rápido possível."

Houve um momento de silêncio geral. Ninguém se exaltou ou contestou a afirmação. Mas era evidente que havia um mal estar na sala. Em mais de 100 anos de existência, o *Estadão* havia mudado pouco, e isso na empresa não era considerado um demérito. Ao contrário, uma expressão de sua coerência e de sua impermeabilidade aos modismos. As mudanças, quando ocorreram – inclusive a muito debatida introdução da cor em 1992 –, foram fruto de discussões com o alto comando do grupo, pesquisas entre os leitores, estudos e tomadas de provas que levaram meses ou mais de um ano.

Como o silêncio se manteve por mais tempo ainda, Pimenta não avançou na proposição. Um dos presentes sugeriu que a proposta fosse anotada para futuras discussões. Era uma boa saída para que a polêmica não ganhasse mais corpo e ao mesmo tempo, para os bons entendedores, a senha para dar o assunto por encerrado.

Não foi tão fácil. Indiferente às consequências, na mesma semana Pimenta chamou o encarregado-geral da Diagramação e mandou mudar a paginação do jornal, assim como as fontes de títulos e textos da primeira página. Apesar de atônito, o chefe do setor fez conforme ordenado. No primeiro dia em que o jornal circulou com uma primeira página totalmente desfigurada e em descompasso com o restante, as reações internas e externas foram de estupefação. Coube ao diretor Ruy Mesquita anular a decisão autocrática de seu comandado e determinar o restabelecimento da aparência anterior do jornal. Pimenta ficou contrariado, mas obedeceu.

Naquele tempo, as manias de Pimenta já ultrapassavam o âmbito da redação. Quando viajava de avião, ele sempre insistia em ocupar a poltrona 9F, não se sabe se por superstição, por julgá-la mais cômoda ou por comportamento obsessivo-compulsivo. Sua preferência por aquele assento era de tal forma intransigente que, em dada circunstância, ao ser informado pela secretária de que não seria possível conseguir o lugar específico em um voo para Nova York, por já estar ocupado, tentou mobilizar a editoria de Turismo na tentativa de pressionar a companhia aérea a mudar o passageiro de lugar. Mas não foi atendido pelos jornalistas do setor.

Uma editora recorda o impacto que a mudança do estilo sereno de Aluízio Maranhão para o do turbulento Pimenta Neves significou para o ambiente de trabalho:

"Quando aquela figura baixinha, roliça e com cara malvada adentrou a redação, passamos a ter dois diretores, mas ficou claro, ao menos para mim, que quem mandaria agora seria o Pimenta. Ele começou a mudar algumas coisas. Ou melhor, ele começou a mandar. Não me lembro dele, nas reuniões, pedindo ou sugerindo. Ele mandava. 'Cidades fará isso, Economia isso, sucursal aquilo'. Uma das mudanças que fez foi obrigar a primeira página a publicar diariamente fotos de animais. E lá se foi o *Estadão* a publicar bichinhos na capa."

Colocar fotos-legenda de animais diariamente nas edições, por mais irrelevante que isso parecesse, era um ponto de honra para o diretor. Ele dedicava horas de seu tempo buscando histórias pitorescas e fotografias de criaturas exóticas para ilustrar a primeira página. Certa vez, voltou suas atenções para um crocodilo de água salgada. Era um exemplar do grupo *crocodylus porosus*, que media cinco metros e meio, o maior de sua espécie em cativeiro. Vivia no Reptile Park, da Austrália, e seu nome era Eric. Pimenta queria publicar a foto desse animal na primeira página a qualquer preço, mas estava tendo dificuldades em obter uma fotografia de banco de imagens que tivesse boa qualidade para a impressão. Finalmente, depois de muito tempo, para alívio da equipe mobilizada para ajudá-lo na tarefa, conseguiu uma que julgou satisfatória e lavrou o título "Eric, o monstro".

Em outra ocasião ele escolheu como animal do dia a imagem de uma taturana suspensa por uma pinça. Ao verem nas provas da capa a lagarta negra e peluda manejada pelo acessório, alguns dos jornalistas que se encontravam na redação no horário tardio do fechamento batizaram o inseto de "taturana depilada".

Um pouco de humor ainda restava em meio ao clima pesado e confuso daqueles tempos.

XXIII – CAVALOS

Nenhum animal, porém, ocupava tanto as atenções de Pimenta
Neves a ponto de desviar seu foco principal de interesse dos
cavalos. Sua ligação com o tema continuava tão forte que, em
alguns dias, ele chegava a circular pela redação em botas de
montaria. Desde que fora dirigir o *Estado*, ele alimentava o
sonho de criar uma revista, um encarte, ou ao menos um
suplemento que tratasse do mundo equestre.

A ideia não era fora de propósito, pois se havia uma publicação
da grande imprensa com terreno propício ao enfoque no
assunto era *O Estado de S. Paulo*. A família Mesquita sempre teve
um apreço especial pelas atividades equestres. A seção de turfe
tinha um espaço diário no caderno de Esportes e até o final da
década de 1990 mantinha uma equipe com seis profissionais
especializados sob contrato. Sócios e frequentadores do Jockey
Club de São Paulo, alguns membros da família também eram
criadores de cavalos puro-sangue, como o diretor comercial
Roberto Crissiúma Mesquita.

O próprio selo centenário do *Estado* trazia o francês Bernard
Gregoire em um cavalo mangalarga, segurando sua corneta em
uma das mãos e um maço de jornais em outra. O rapaz que
vendia jornais de porta em porta pelas ruas de São Paulo sobre
o animal tornou-se um símbolo do órgão de imprensa,
perenizado pelo pintor paulistano José Wasth Rodrigues (1891-
1957).

A idealização do projeto já aproximara Pimenta do editor José
Carlos Cafundó de Moraes, titular do *Suplemento Agrícola* do
Estadão desde sua criação, em 1983. Chamado pelos colegas de
redação de *Zeca* Cafundó, ou simplesmente de 'Cafundó', ele
estava na empresa desde o início da década de 1970 e contava
com a ampla confiança dos Mesquitas. No final de 1998,
Pimenta Neves incumbiu Cafundó de organizar o novo
suplemento, e os dois passavam grande parte do dia – e quase
sempre os almoços – discutindo detalhes e a forma de torná-lo
viável, embora não houvesse ainda recursos financeiros para tal.

No começo do ano seguinte, Pimenta decidiu cortar verbas da
seção de Informática e pediu que o editor despedisse um dos
seus repórteres. Com o valor, somado a mais alguns itens
remanejados para abastecer o centro de custos, foi garantido o
orçamento do caderno.

O amigo Carlos Soulié do Amaral o presenteara pouco tempo
antes com duas éguas alazãs (castanho-avermelhadas) da raça
mangalarga, com registro e *pedigree*. Na verdade, uma era
destinada a Pimenta e a outra a *Zeca* Cafundó. "Eu estava
vendendo uma fazenda e resolvi distribuir os animais que criava
entre os amigos que tinham propriedades rurais", relatou
Soulié. "Encomendei o transporte e pedi que uma fosse
entregue no sítio de Pimenta, em Mailasqui, e a outra a
Cafundó, em Sorocaba. Como levaram a égua para Pimenta
antes, ele acabou ficando com as duas e dispensou o caminhão.
Ele me disse que iria entregar o animal ao Cafundó mais tarde,
mas nunca cumpriu a promessa", conta, divertido. "Chegou
até a colocar a imagem de uma delas na capa do seu dileto
suplemento."

Cavalos passou a circular de 15 em 15 dias, com noticiário sobre
criação de animais de raça, leilões e competições esportivas
equestres, mas não chegou a entusiasmar nem os leitores
comuns nem os proprietários de haras ou fazendas. Com
poucos anunciantes, o suplemento sucumbiu após cerca de um
ano, para a decepção de Pimenta Neves e dos envolvidos em
sua produção.

XXIV – APRESENTAÇÃO AOS PAIS

O relacionamento entre Pimenta e Sandra já ia completar três anos, mas ela sempre adiava a decisão de contar a João e Leonilda que estava namorando um homem mais velho que o seu próprio pai. Preocupada com uma reação negativa, não falava dele com os parentes e relutava em apresentá-lo à família.

Pimenta também não parecia ter pressa em que isso acontecesse.

Certo dia, porém, um funcionário da oficina de João Gomide avistou o jornalista e chamou o patrão para vê-lo passar pela rua França Pinto. "Seu João, aquele é o namorado da Sandra", apontou o indiscreto empregado.

João Gomide não levou o comentário a sério e respondeu com displicência: "Não, aquele deve ser o pai do namorado dela..." Mas o funcionário garantiu que já havia visto os dois saírem juntos, de mãos dadas, do prédio onde ela morava.

"Será possível?", duvidou João Gomide, que não consegui acreditar no que via. A filha mal passara dos 30 anos. Aquele homem era velho demais para ela. E porque Sandra não havia lhe dito nada?

Mais tarde, quando ela telefonou para os pais, como fazia religiosamente todas as noites, João a interpelou: "Minha filha, você está namorando aquela coisa?", perguntou sem rodeios e sem esconder a irritação.

Sandra, que amava o pai, mas tinha gênio forte, reagiu mal ao ter o seu segredo revelado.

– Pai, você não tem por que se meter com a minha vida. Eu me sustento e faço o que julgo ser o melhor para mim –disse. – Fica tranquilo, ele é uma ótima pessoa. Vou marcar um dia para vocês o conhecerem.

Finalmente, um jantar foi marcado na casa dos Gomide. E, apesar dos esforços da filha, João não teve uma boa impressão inicial do jornalista. A seu ver, o visitante manteve todo o tempo uma atitude altiva e não foi especialmente cordial com eles. Mas decidiu respeitar a vontade da filha. As visitas seguintes tiveram o mesmo padrão, com Pimenta mantendo-se educado, mas distante. E nunca houve um convite dele para que fossem à sua casa.

XXV – BUG DO MILÊNIO

O ano de 1999 terminou precedido de uma grande expectativa mundial, pelo temor de que ocorresse o chamado "bug do milênio". Imaginava-se que, por conterem apenas os dois dígitos finais de cada ano, os bancos de dados de milhões de computadores em todo o planeta seriam apagados na passagem daquele 31 de dezembro para 1º de janeiro, quando entrariam na data 00.

As previsões dos especialistas citavam a possibilidade de contas bancárias deixarem de existir, semáforos desligarem, aeroportos sofrerem um apagão generalizado – inclusive no controle de tráfego aéreo –, dados sobre funcionários em empresas estatais e privadas simplesmente desaparecerem e equipamentos de hospitais pararem de funcionar. "O mundo vai acabar?", chegaram a especular algumas manchetes naquele dia.

Na redação do jornal e na *Agência Estado*, foram organizados esquemas de plantão especial para lidar com os imprevistos que porventura ocorressem. Os funcionários escalados foram autorizados a levar suas famílias à empresa e um serviço de buffet foi contratado para garantir as comemorações e os brindes com champanhe à meia-noite. No final das contas, alguns pequenos ajustes feitos previamente pelas empresas evitaram os contratempos e nenhum fato grave em decorrência da mudança de data foi registrado no planeta.

Na sexta-feira, 31 de dezembro, os jornalistas que não haviam sido incluídos no plantão foram deixando a redação a partir do fim da tarde. Já era noite quando Pimenta deixou o prédio do *Estado*. Apesar do clima festivo reinante, ele estava sério e carrancudo. Algumas pessoas chegaram a desejar um feliz ano novo ao diretor, que respondeu com um resmungo:

"Vou para casa dormir". Aborrecida com ele após uma briga, Sandra iria festejar, sozinha, com a família e os amigos.

Irritação à parte, o fato é que o ano havia sido produtivo para Pimenta na redação do *Estado*. Conseguira impor seu estilo, afastar os profissionais com quem não tinha afinidade, trazer novos ou promover os que admirava e fazer prevalecer seus pontos de vista até mesmo sobre a área comercial – sem se importar se eles ficariam satisfeitos ou não. Além do mais, ele havia obtido sucesso ao estabelecer Sandra em uma situação proeminente, apesar dos murmúrios de contestação e de o relacionamento estar em franco declínio.

Se tudo isso era verdadeiro, 2000 começou com indícios bastante sombrios. Suas oscilações de humor haviam se tornado tão frequentes que já deixavam de ser alterações de comportamento para se tornar uma forma de agir rotineira. Ficava cada vez mais tempo na redação e, não raro, deixava de ir para casa, preferindo passar a noite deitado no sofá do gabinete.

Durante o dia, mal dormido, tirava cochilos em plena tarde na sala de trabalho. Chegou a ordenar a instalação de um chuveiro em seu banheiro privativo para não precisar sair do jornal para nada. Vez ou outra aceitava o convite de um amigo para jantar fora, mas quase sempre retornava, tarde da noite, ao refúgio da diretoria. Às sextas-feiras mandava buscar, invariavelmente, uma pizza de pepperoni na filial da Pizza Hut que ficava ao lado da entrada do *Estadão*, na avenida Celestino Bourroul.

Encastelado no sexto andar, preferia retirar grandes quantidades de dinheiro do banco e levá-las nos bolsos para fazer os pagamentos do dia a dia. Quando queria dar uma "caixinha" aos funcionários, tirava um enorme maço de notas e jogava uma ou duas delas sobre a mesa, como recorda um dos contínuos da empresa. "Nem mesmo nesse momento era gentil com as pessoas.

Ele literalmente jogava o dinheiro para apanharmos. Era muito diferente do Aluízio Maranhão, que nos tratava bem."

Outro contínuo comparou o comportamento de Pimenta ao do antecessor, avaliando que a mudança havia sido um choque para os que tinham de servir ao novo diretor: "Maranhão era muito humano, e até para reclamar era educado. Uma vez, fui agredido fisicamente por um assinante do jornal, que não aceitou que eu usasse o caixa dos *office boys* no posto bancário do *Estado*, e ele não só me acalmou, como me dispensou do trabalho por uns dias. Já o Pimenta nos intimidava e sempre tinha alguma piadinha, algum comentário sarcástico para fazer sobre alguém. O fato de sermos contínuos não era a questão. Ele também destratava os editores. Soube que ele chamou um deles de 'burro, idiota, incompetente' em plena redação, na frente de todo mundo. E uma vez uma secretária da diretoria passou o dia chorando depois de levar uma bronca bem grosseira dele."

Paralelamente, o ano 2000 marcava uma reviravolta no mercado jornalístico brasileiro. A movimentação nas redações era intensa e havia desfalques de profissionais em todas as áreas, em função do assédio das empresas online que emergiam. Além da bolha da internet, que fazia com que os novos sites acenassem com propostas mirabolantes, o surgimento do jornal *Valor Econômico* movimentou todo o mercado.

Na época, Cida Damasco, coordenadora do primeiro caderno da *Gazeta Mercantil*, ironizou a situação dizendo que até *trainee* era levado pelos chefes para almoçar no Transamérica, para ter sua permanência no jornal negociada. Delmo Moreira, então chefe de redação da *Gazeta*, teria dito que sofria de TPV – Tensão Pré-*Valor*.

Foram meses de efervescência nas redações. Os profissionais, experientes ou nem tanto, eram disputados a tapa. Uma publicação chegou a brincar com a tendência, afirmando que quem não recebesse duas ofertas para mudar de emprego num único mês deveria recorrer à terapia para recompor o ego. Mas no *Estadão* as demissões prosseguiam, a pedido ou não.

No plano pessoal, as coisas se tornavam menos serenas ainda para Pimenta Neves. Logo no início do ano, durante uma cavalgada, ele se desequilibrou e sofreu uma queda sobre arbustos cujos galhos feriram gravemente um de seus olhos. Após examinar os ferimentos, os especialistas constataram que o nervo ótico havia sido atingido e advertiram sobre a possibilidade do comprometimento da visão, embora ainda não pudessem avaliar se as sequelas seriam superficiais ou permanentes.

As intensas dores do começo, que lhe davam a sensação de ter um ferro em brasa no globo ocular, foram gradualmente amenizadas por compressas com pomadas, lavagens com colírios antibióticos e o uso de fortes analgésicos. A capacidade de enxergar, no entanto, continuava prejudicada. A desorientação provocada pelo uso de praticamente uma vista só, o tornava mais irritadiço que o habitual. Foram feitas aplicações a laser sobre o ferimento e uma cirurgia abrangente chegou a ser considerada, mas os médicos a cada dia ficavam menos otimistas quanto a uma total reversão do quadro.

Para agravar seu estado, uma nova má notícia o atingiu de forma ainda mais aguda. A filha Andrea foi informada que o câncer do qual se imaginava curada estava ressurgindo – agora como linfoma. Naquele momento, em pleno processo de remissão, sua gêmea Stephanie começava a exercer a atividade de cirurgiã no Children's Hospital de Filadélfia.

Sandra parecia indiferente aos problemas de Pimenta e, desconfiava ele, andava muito mais voltada a conquistar seus próprios objetivos do que dedicada a um melhor convívio entre eles. Um ponto de atrito constante era a insistência dela em ter filhos. Ela já abordara o assunto com ele várias vezes, mas o namorado deixara claro que era algo fora de questão. Ela passara dos 30 anos e estava começando a sentir a urgência da maternidade. Era muito apegada às filhas do irmão Nilton, mas gerar suas próprias crianças era um ideal do qual não pretendia abrir mão. Em uma das conversas com Pimenta sobre o assunto chegou a dizer que o deixaria se ele não concordasse com o projeto de vida mais caro a ela.

O tema foi desgastando o relacionamento e Pimenta desconfiava que Sandra estava, com isso, indicando que seria capaz de se relacionar com outros homens para conseguir a sonhada gravidez.

As suposições ganharam novo vulto quando, por sentir uma inflamação no órgão sexual durante algumas semanas, ele imaginou que o problema poderia ter sido causado por uma moléstia venérea, adquirida de Sandra. E que ela, por sua vez, a teria contraído de um possível outro parceiro. Em uma das muitas brigas daquele período, o assunto foi levantado, mas ela negou que o estivesse traindo.

Psicologicamente à deriva, Pimenta Neves decidiu buscar ajuda na psiquiatria. Ele já fizera uso de antidepressivos antes, mas desta vez sentia que precisava de cuidados mais intensos. Procurou o acompanhamento do psiquiatra Marcos Pacheco de Toledo Ferraz. Formado e doutorado pela Universidade Federal de São Paulo, Toledo Ferraz possuía vasta experiência em farmacologia e realizara estudos sobre sintomas depressivos em pacientes acometidos de doenças graves, como o câncer em suas diversas formas. Também era membro da Comissão de Justiça e Paz da Arquidiocese de São Paulo.

Apesar da brilhante folha corrida, Toledo Ferraz vinha de um episódio profissional grave, nunca totalmente esclarecido: o da morte do filho do advogado Cláudio Lembo, este várias vezes secretário municipal de São Paulo e governador do Estado entre março e dezembro de 2006. O engenheiro Cláudio Salvador Lembo Filho morrera aos 37 anos, em fevereiro de 1999, por insuficiência hepática, na capital paulista, após receber tratamento do psiquiatra e da filha dele, Tânia Correa de Toledo Ferraz Alves, também médica. Lembo Filho sofria de transtorno bipolar (maníaco-depressivo) e chegou a ser internado, mas o quadro agravou-se dias depois, ao voltar para casa.

Marcos e Tânia Toledo Ferraz lhe haviam prescrito o medicamento Depakene, o que teria causado um choque no paciente. Quando Lembo Filho perdeu a consciência e já não respondia mais a estímulos, os pais resolveram procurar outro médico, que determinou a suspensão imediata do uso do remédio e afirmou que o engenheiro sofria de hepatite medicamentosa por causa do Depakene. Ele foi internado no hospital Oswaldo Cruz e, em seguida, transferido ao Sírio Libanês, onde morreu pela evolução do quadro.

Após denúncia do Ministério Público, o laudo apresentado acusou morte causada por necrose hepática submaciça, compatível com a hipótese da reação medicamentosa. A bula do remédio determinava a realização de testes em pacientes no início do tratamento, o que não ocorreu. Alertava ainda para a possibilidade de insuficiência hepática e de óbito em pacientes com esta predisposição.

Os médicos foram condenados a um ano e quatro meses de detenção, cada um, pela 25ª Câmara Criminal de São Paulo. O juiz Marco Antonio Pinheiro Machado Cogan entendeu que o médico e a filha foram negligentes ao ministrar o medicamento, indicado para problemas psiquiátricos. Contudo, concedeu aos dois réus a suspensão condicional da pena por três anos, que seria cumprida em regime aberto, impedidos apenas de frequentarem determinados locais e com a obrigação de se apresentarem mensalmente à Justiça. Em recurso ao Tribunal de Justiça de São Paulo, o caso foi novamente analisado. Os desembargadores do extinto Tribunal de Alçada Criminal da capital absolveram os médicos por falta de provas.

Após examinar Pimenta Neves, Marcos Pacheco de Toledo Ferraz diagnosticou um quadro de estresse profundo e receitou-lhe dosagens de Lexotan e Frontal. Também o aconselhou a seguir um processo regular de psicoterapia, que previa pelo menos quatro sessões mensais. Pimenta restringiu-se à medicação e pouco compareceu às sessões recomendadas.

O medicamento conhecido no Brasil como Lexotan é a substância química Bromazepam, que possui propriedades específicas de ansiolítico, hipnótico, relaxante neuro-músculo-esquelético e sedativo. Seu uso combinado com o consumo de álcool é contra-indicado e as dosagens devem ser reduzidas nos pacientes de idade avançada. As bulas costumam advertir que seu uso prolongado pode vir a causar dependência, bem como síndrome de abstinência na eventual descontinuação abrupta. Entre os efeitos colaterais possíveis estão a alteração de memória, alterações visuais, descoordenação motora e confusão mental.

O Frontal (alprazolam) é indicado para pessoas com transtornos de ansiedade, fobias, crises de pânico e até psicoses. As reações adversas mais comuns são as de sonolência, tontura e vertigens. As bulas advertem que deve ser ministrado com extremo cuidado para evitar insuficiência renal ou hepática e que, sobretudo, não pode ser consumido com bebidas alcoólicas.

Ao que indicam os relatos de pessoas próximas, do trabalho ou do círculo de amigos, Pimenta Neves não deixou de consumir bebidas, principalmente uísque, mesmo eventualmente, embora não se enquadrasse no perfil de pessoas com problemas de alcoolismo. Também não teria deixado de fazer uso de Viagra

após ter iniciado o tratamento. A tempestade perfeita estava se formando.

Em um fim de semana em Ibiúna, quando Sandra e Pimenta jantaram na chácara dos Gomide, os pais de Sandra ficaram perturbados com o grau de agressividade entre a filha e o namorado. Sandra havia acabado de se reconciliar com Pimenta após uma violenta ruptura e ele agia de forma cada vez mais estranha. Os traços de sobriedade e polidez que demonstrara nas primeiras visitas iam se apagando para dar lugar a um comportamento imprevisível.

Pouco depois de chegar, Pimenta se dirigiu a Sandra a uma distância suficiente para ser ouvido pelos pais dela e disse: "Você tem quinze minutos para decidir se quer casar comigo". O pedido de casamento nada tinha de romântico. Era praticamente um ultimato.

João Gomide estava preparando uma dose de uísque para o jornalista, quando a cena ocorreu. Foi até Pimenta Neves e estendeu-lhe o copo. Pimenta pegou a bebida, tomou um gole e contou: "Pedi a Sandra em casamento e dei quinze minutos a ela para se decidir". Um tanto irritado, João respondeu:

"É, eu escutei."

Pimenta não se fez de rogado e pediu a opinião do sogro.

– O que a minha filha decidir eu apoio – devolveu João, secamente.

O clima amenizou um pouco durante o jantar, mas, depois de se levantarem da mesa, Pimenta e Sandra voltaram a se desentender. Embora os dois tivessem ido para a varanda, no lado de fora da casa, João e Leonilda podiam ouvi-los. E escutaram as ofensas que o namorado da filha dirigia a ela:

"Você não presta! Não vale nada!"

O sangue subiu à cabeça de João Gomide.

Como ele se atrevia a falar assim com a sua filha, dentro da sua própria casa? Nilda pediu que ele se acalmasse.

João chamou a filha e lhe disse: "Eu vou dar um corretivo nesse sujeito". Mas ela o conteve: "Não se meta, pai, isso é problema meu. Tenho 32 anos e sei me cuidar".

Depois que Pimenta e Sandra se despediram, João Gomide comentou com a mulher: "Temos que dar um basta nisso, Nilda. Esse cara já passou dos limites".

XXVI – JAIME MANTILLA

Em abril de 2000, numa clara tentativa de melhorar seu relacionamento com a namorada, Pimenta elevou Sandra à condição de editora, dando a ela o comando de uma equipe numerosa, de cerca de 30 integrantes, todos com grande bagagem profissional. Ela substituiria Antonio Carlos Godoy, que estava à frente da Economia havia menos de um ano e viera para o *Estado* após dirigir por muito tempo a revista *Pequenas Empresas & Grandes Negócios*, da Editora Globo. A decisão pegou a redação de surpresa e foi recebida com indisfarçável contrariedade.

"Chegamos para trabalhar, no começo de uma tarde e Sandra convocou a equipe para uma reunião. Anunciou que Godoy passaria a ser editorialista do caderno e fechador das edições de fim de semana", relata um dos profissionais que integravam a seção na época. "Ficamos sabendo ali que ela seria a nova titular. Sandra fez questão de dizer que ia mudar isso, que ia mudar aquilo, e só nos restou ouvir e concordar."

Nas semanas que se seguiram, por mais que Pimenta exaltasse seu potencial, e por mais que ela se esforçasse para estar à altura do cargo, Sandra fracassava em obter o respeito de seus subordinados, frustrados por ver no comando uma profissional sem experiência e pouco afinada com a filosofia do jornal.

No começo de maio, Pimenta decidiu enviar Sandra a Quito, capital do Equador, para realizar uma reportagem sobre a crise na companhia Ecuatoriana de Aviación. A empresa aérea contava desde 1995 com 49% de participação acionária do brasileiro Wagner Canhedo, também proprietário da Vasp desde setembro de 1990. Com o colapso da economia equatoriana, o empresário decidira vender sua participação e sair do mercado daquele país.

O repórter especial Lourival Sant'Anna já havia sido enviado a Quito, em janeiro, para traçar um quadro das mudanças econômicas então em curso: a partir de um pacote de medidas que tentava reduzir o déficit público, o governo estancara a emissão de moeda e, por meio de um processo de dolarização, condicionara a liquidez do país ao ingresso de divisas. Mas Lourival não havia tratado especificamente do caso da Ecuatoriana.

Uma das fontes que Sandra procurou para sua matéria foi Jaime Mantilla Anderson, presidente executivo do Grupo Hoy, detentor do terceiro jornal do país, de um canal de TV UHF e de uma emissora de rádio, além de ser membro do comitê executivo da Sociedad Interamericana de Prensa (SIP). De cabelos claros e olhos azuis, já chegando à faixa dos 50 anos, gentil e refinado, Mantilla despertou de imediato uma atração em Sandra, embora tenha comentado que fosse casado e que tivesse filhos. Ao longo da entrevista, os dois descobriram uma afinidade em comum, o gosto por cavalos. E ficaram de conversar mais.

Durante a estada, o empresário teria aberto espaço em sua movimentada agenda para ciceroneá-la e Sandra começou a acreditar na possibilidade da ligação com um homem tão ou mais poderoso que Pimenta, só que mais sereno e cortês. Antes de embarcar de volta ao Brasil, Sandra recebeu, em nome do diário *Hoy*, um pacote cujo conteúdo a deixou extasiada: um par de botas de montaria equatorianas em couro.

Sandra e Jaime continuariam a manter contato nos meses seguintes e ela dizia às amigas que eles planejavam um reencontro em um futuro próximo. Mantilla sempre negou a existência de qualquer envolvimento amoroso entre eles e

sustenta que, por ocasião da passagem de Sandra pelo Equador, somente a ajudou a conseguir algumas entrevistas.

Durante a preparação deste livro, já eleito presidente da SIP, ele aceitou falar sobre o assunto e afirmou categoricamente que seus contatos com ela foram apenas profissionais:

"Espero que já tenha ficado claro que nada tive a ver com esse crime nem tive qualquer tipo de relacionamento com a senhora Gomide. Ela chegou ao Equador, enviada pelo *Estado*, para realizar uma investigação jornalística sobre as relações entre a Vasp e a Compañia Ecuatoriana de Aviación, para a qual seus diretores solicitaram o meu apoio. Jornalistas do diário que dirijo conversaram com ela e a ajudaram a conseguir algumas entrevistas. Estive com ela e o diretor do diário *Hoy* em um almoço de trabalho. Jamais voltei a vê-la nem tampouco entreguei ou recebi algum tipo de presente, como se mencionou. Pelo que sei, ela não esteve no Equador outras vezes. Em nome do jornal, agradeci por correio as informações que ela reuniu para a publicação tanto no *Estado* quanto no *Hoy*. Nunca me informaram se a senhora Gomide agradeceu ou não a algum dos repórteres o auxílio prestado. Jamais fui informado de suas relações sentimentais ou pessoais, porque, como mencionei antes, nunca tive com ela algum tipo de conversa que não houvesse sido estritamente profissional."

O fato, porém, é que, após a passagem por Quito, Sandra manteve uma troca de emails com Mantilla, embora o teor deles não trouxesse elementos que permitissem inferir, de forma categórica, um relacionamento que fosse além de colaboração profissional e amizade. Ao todo, foram 25 emails de Sandra para o jornalista equatoriano e dez enviados por ele. Em algumas das mensagens, Sandra expressava a Mantilla seu interesse em reencontrá-lo.

XXVII – VIGILÂNCIA

Ao retornar ao Brasil, Sandra encontrou o namorado de péssimo humor. As coisas só pioraram depois que chegaram aos ouvidos dele relatos da impressão que Sandra tivera de Mantilla. Pimenta sentia, pela primeira vez, uma ameaça real ao seu domínio sobre ela. Ela negou que tivesse ocorrido qualquer envolvimento com o empresário, mas o namorado não se convenceu. E determinou que Sandra engavetasse a reportagem sobre as transações da Ecuatoriana até segunda ordem.

Coincidentemente, dias após o retorno de Sandra, a *Folha de S. Paulo* começou a publicar notícias sobre as negociações para a compra da empresa aérea. Uma tratava da hipotética proposta feita pela Igreja Universal do Reino de Deus, que teria oferecido US$ 50 milhões pela aquisição da Ecuatoriana. Pimenta suspeitava que Sandra estivesse passando informações à concorrência, em represália às punições determinadas por ele.

Imaginava, entre outras hipóteses, que o ex-namorado dela, Luiz Henrique Amaral, que se mantinha na editoria de Política da *Folha*, fosse o receptor das informações. Mas é preciso lembrar que o jornal *Hoy* havia participado da mesma cobertura com Sandra e recebera dela informações, como havia sido acordado entre os grupos brasileiro e equatoriano, que acabou publicando antes do *Estado*. Ao menos fora do Brasil, o noticiário já não era exclusivo quando a *Folha* o publicou, e estava disponível na internet.

Indiferente a esses fatos, Pimenta passou a acusá-la abertamente de vazar apurações e distorcer o noticiário do jornal. Ora alegava que ela estava trabalhando a favor de uma empresa interessada na compra da Vasp, ora afirmava que ela teria recebido suborno de Wagner Canhedo, proprietário da companhia aérea. Mas o fato é que ele não tinha provas de um comportamento antiético por parte dela. A esta altura, o relacionamento dos dois era um rosário de atritos, agressões e desconfianças de parte a parte.

Ao ser feita editora de economia, Sandra ganhou uma sala privativa na redação – um "aquário", como são conhecidos esses espaços com paredes de vidro. Ela decorou o lugar de forma franciscana, conforme definiu um colega, com um mapa múndi e poucos objetos sobre a mesa. E não havia lá muita privacidade, porque a sala, que havia pertencido ao editor demitido Carlinhos de Oliveira, além de pequena, ficava em meio a outras e era vizinha à do jornalista de cultura Carlos Graieb e à do titular da coluna social *Persona*, Cesar Giobbi, além de ser voltada de frente para as mesas dos assistentes de Giobbi e do editorialista João Mellão.

Durante o breve o período em que exerceu a função de editora – menos de dois meses –, nenhum desses colegas de trabalho presenciou algum gesto de gentileza de Pimenta com ela. Só havia críticas, sempre públicas. "Ele era grosseiro com ela, muitas vezes injusto", lembra uma ex-colega de Sandra. "Batia boca o tempo todo. Criticava muito, às vezes injustamente. Era agressivo. Às vezes, ela saía chorando da reunião de pauta, dizendo: 'Não aguento mais, as pessoas não me respeitam aqui!'"

"Àquela altura ela andava triste, apagada", lembra um contínuo que tinha contato diário com Sandra Gomide. "Eu tinha pena, porque ela era amável conosco".

Sandra reagia às agressões de Pimenta, mas à sua maneira, quase sempre pelas costas. Nos momentos mais informais com os colegas de redação, fazia comentários zombeteiros sobre o desempenho amoroso do parceiro e dizia ter cometido um erro ao ter se envolvido com um homem com três décadas de diferença para ela. "É um velho mesmo!", chegava a dizer. Pimenta não desconhecia o fato de que era ridicularizado por Sandra diante dos subordinados. Humilhado e atormentado pelas suspeitas, tanto pessoais quanto profissionais, ele foi perdendo cada vez mais a compostura na busca de evidências que confirmassem as possíveis traições dela.

Uma das primeiras tentativas nesse sentido foi recorrer ao editor de Informática, Flávio de Carvalho Serpa. Chamou--o à sua sala e, entre rodeios semânticos, tentou explicar porque queria que o ajudasse a hackear (invadir) o endereço de email de Sandra. Jornalista com muitos anos de casa, de atuação sempre discreta e altamente eficiente em sua área, Flávio custou a acreditar no que o diretor estava lhe pedindo. Não conseguiu disfarçar a contrariedade diante da proposta indecente e recusou a incumbência categoricamente.

Sem encontrar uma solução interna para sua demanda, Pimenta contratou os serviços de um profissional de redes, que conseguiu atendê-lo a contento. Passou, assim, a monitorar cada email trocado por Sandra com seus conhecidos. Por meio deste expediente, descobriu que ela e Jaime Mantilla se falavam com frequência, como já desconfiava. Obcecado por devassar cada detalhe da vida da moça, ele planejou o próximo passo. Pensou em conseguir um técnico em telecomunicações que grampeasse o telefone do apartamento dela e gravasse cada ligação que fizesse ou recebesse.

Como os resultados nesse sentido não foram muito animadores, ele decidiu seguir em outra direção: quase todas as noites, pedia a uma de suas secretárias, que fosse até a sala de Sandra, quando ela saísse da redação, e vasculhasse suas gavetas, em busca de algo comprometedor. Extremamente constrangida, a funcionária atendia à determinação do diretor e passava a ele um relatório do que havia entre os guardados de Sandra.

Pimenta também convocou o editor de Turismo, Mario Viana, e pediu a ele que levantasse junto a companhias aéreas, agências de turismo e até operadoras de cartão de crédito se Sandra estava comprando passagens ou se tinha viagens programadas para breve. O editor explicou que aquilo estava totalmente fora de seu alcance e o diretor ficou muito frustrado.

O trabalho no comando da redação saía cada dia mais do foco das atenções de Pimenta, que ocupava grande parte de seu tempo imaginando novas formas de seguir cada passo da namorada. Por seu lado, Sandra percebia que estava sob crivo e podia intuir o cerco que se fechava sobre ela. Quando os dois se encontravam juntos, o clima era permeado de reservas, verdadeiras danças e contradanças de esquivas e sondagens, em que cada gesto era perscrutado, em que cada palavra ocultava ou poderia revelar uma intenção.

A evidência definitiva de que a obsessão de Pimenta Neves por vigiar os atos de Sandra havia ido longe demais se deu quando ele decidiu, em segredo, alugar um apartamento no mesmo prédio em que ela vivia. A ideia surgiu quando ele viu algumas placas de imobiliárias fincadas no jardim do edifício e resolveu pedir informações ao porteiro. Por coincidência, um imóvel em frente ao de Sandra estava entre os anunciados.

Ele agiu rápido e enviou à administradora a documentação necessária para fechar o negócio. Pediram-lhe um fiador com imóvel quitado na cidade de São Paulo, e ele recorreu ao publicitário Enio Mainardi, que concordou em ajudá-lo a concluir a transação.

Então com 65 anos, Mainardi era amigo de Pimenta havia mais de três décadas. Ex-diretor da Proeme e da já extinta Enio Mainardi Propaganda, o publicitário criara desde os anos 1960 algumas das peças mais importantes da propaganda nacional, detendo contas de clientes como Perdigão, Suvinil, Tintas Coral, Polenghi, Pullman, Banespa e Stella Barros Turismo.

Foram de sua criação slogans inesquecíveis como "Tostines vende mais porque é fresquinho? Ou é fresquinho porque vende mais?", "Bonzo. Não é ração, é refeição.", "Cica. Ponha um elefante na panela." e "Old Eight. O bom uísque você conhece no dia seguinte." Sua agência integrava um seleto grupo de empresas como a DPZ, a Almap e poucas mais, que imortalizaram marcas, ajudaram a colocar o Brasil na linha de frente do mercado mundial da publicidade e conquistaram os mais importantes prêmios internacionais do ramo. Seus filhos também seguiram, de outras formas, pelo ramo da comunicação: Vinícius tornou-se diretor de cinema e Diogo, escritor e colunista.

Conhecido por sua constante e inflamada defesa do porte de armas para os cidadãos comuns como recurso de defesa pessoal, o publicitário havia aberto o verbo contra o projeto de desarmamento proposto pelo governo Fernando Henrique Cardoso. Além de espalhar cartazes pela cidade de São Paulo, com a mensagem "Você é da paz. Eles não. Vamos desarmar os bandidos. Não os cidadãos de bem", ele bombardeou a proposta do governo de diversas outras formas. Em uma entrevista à semanal *IstoÉ*, em setembro de 1999, afirmou sobre a proposição: "Em vez de assumir a sua responsabilidade no combate à violência, indo às causas, demagogicamente o projeto desliza para aquilo que é mais fácil e simples de as pessoas aceitarem como sendo uma 'providência' do governo. Dizem: 'Vamos retirar as armas de todas as pessoas porque arma é igual a crime.' Isto é completamente estúpido. Quem comete crime com arma não é cidadão de bem, é o bandido."

Com o fiador aceito, e já aprovado como inquilino, Pimenta Neves levou para o apartamento apenas alguns poucos pertences. Não pretendia morar ali, pois havia mantido seu endereço no Alto da Boa Vista. Seu intento era observar o movimento na casa de Sandra, saber quem a visitava, descobrir se estava mantendo algum romance clandestino. E logo mandou instalar na porta um olho mágico de maior alcance, que permitisse um campo de visão ampliado. Suas entradas e saídas furtivas do prédio se estenderam por meses, sem que Sandra suspeitasse de nada. Os funcionários do prédio também não notaram nada de estranho, porque já estavam acostumados a vê-lo por ali e, como ele não havia trazido uma mudança, ninguém imaginou que estivesse usando outra unidade no mesmo andar.

Em pouco tempo, ele estabelecera uma atividade de vigilância quase integral da vida da namorada. Pela tarde e à noite, a observava na redação e incumbia outros de auxiliá-lo nessa tarefa. Nos momentos em que não estavam juntos ou no trabalho, ele espiava o apartamento dela pelo visor de sua porta. A essas providências, acrescentou uma adicional: passou a enviar periodicamente um automóvel do jornal à Rua França Pinto para uma ronda, em que o motorista deveria observar a movimentação no prédio de Sandra, assim como na casa e na oficina dos Gomide, e fazer-lhe um relatório do que vira. Por mais de uma vez, pela fresta do portão de sua oficina, João Gomide viu o veículo com o logotipo do *Estadão* passar em baixa velocidade por aquela rua.

XXVIII – ARMAS

Se o limite da ética nas relações interpessoais e profissionais já havia sido ultrapassado, outro ainda mais temerário estava prestes a ser rompido: no começo do ano 2000, Pimenta comprou por R$ 500 um revólver Taurus calibre 38 niquelado, com cabo de madrepérola e capacidade para cinco tiros.

Sem autorização legal para utilizar armas no país, pensou em recorrer à ajuda do repórter especial de Polícia Renato Lombardi para regularizar a sua situação.

Lombardi fazia parte dos quadros do jornal *O Estado de S. Paulo* havia mais de 20 anos. Os dois, aliás, haviam trabalhado no mesmo período na *Última Hora*, entre o final dos anos 1950 e o início dos anos 1960. Mas haviam tido pouco contato naquele tempo. Agora tinham posições hierárquicas diferentes. Certo dia, ele chamou o subordinado para lhe pedir o favor.

– Sabe, Lombardi, uns caras tentaram entrar no meu sítio, ali perto de São Roque, e eu tenho andado preocupado com a segurança por lá – comentou. – Aí resolvi comprar um revólver, para o caso de aparecer alguém novamente.

– Entendo, Pimenta – disse Lombardi.

– O problema é que eu estou sem porte de arma. Será que você resolveria isso para mim com a Segurança Pública?

– É, posso ver, sim – respondeu o repórter. – Não é nada muito complicado. Precisaremos de seus principais documentos, foto, atestado de bons antecedentes, comprovante de residência, uma cópia do registro da arma e tudo estará resolvido em poucos dias – explicou Lombardi.

Logo o documento foi liberado, e Pimenta passou a levar o revólver no carro e em sua pasta de trabalho. Ele deu mais de uma versão ao explicar às pessoas de seu convívio porque estava andando armado. A uns contava a história da tentativa de assalto ao sítio. A outros dizia que se preocupava por estar recebendo ameaças anônimas após reportagens que mandara fazer sobre irregularidades cometidas por vereadores de São Paulo integrantes da chamada Máfia dos Fiscais. O esquema fora descoberto em 1998, durante a gestão do ex-prefeito Celso Pitta, quando parlamentares municipais foram acusados de cobrar propinas de ambulantes e comerciantes nas antigas administrações regionais (depois denominadas subprefeituras).

O fato é que o assunto das armas de fogo tornava-se cada vez mais caro a Pimenta. Nas discussões sobre o tema, tinha uma posição intransigente a favor de seu uso, como o amigo Enio Mainardi. Naquela época, o secretário de Segurança de São Paulo, Marco Vinício Petrelluzzi, cuja gestão se deu durante o governo Mário Covas, entre 1999 e 2002, encontrou no diretor um vigoroso oponente durante uma visita ao jornal. No *Estadão* era uma prática comum se convidar figuras proeminentes da vida política, econômica ou cultural para um almoço em uma sala contígua ao restaurante dos funcionários. Ali, com mais formalidade e um cardápio mais requintado, regado a um bom vinho, reuniam-se ao convidado o diretor de redação, dois ou três jornalistas da área e pelo menos um integrante da família Mesquita. Desses encontros saía sempre alguma pauta relevante ou dava-se início a uma entrevista que seria desenvolvida após a refeição, para ser publicada na edição do dia seguinte.

No almoço em que Petrelluzzi foi recebido, tocou-se na questão do desarmamento, uma campanha que o governo Covas estava abraçando e que atingiria seu ápice no plebiscito realizado em 2005 sobre a proibição de cidadãos comuns portarem armas de fogo. O voto pela não-proibição venceu, mas desde então, sob o estímulo de campanhas, muitas armas foram devolvidas.

Pimenta tomou a frente na conversa para defender sua posição, tendo como base, principalmente, as práticas adotadas nos Estados Unidos, onde a própria Constituição, em sua 2ª emenda, prevê o direito de os cidadãos terem e portarem armas, inclusive pistolas, para sua defesa pessoal. Lembrou ainda que a taxa de assassinatos a tiros havia aumentado nas cidades norte-americanas onde as armas foram banidas por legislações locais.

Quando Petrelluzzi enumerou argumentos para demonstrar que a realidade brasileira era bem diversa, Pimenta relatou a ele o assalto que sofrera nos Estados Unidos, em companhia da mulher, Carole. "Se eu estivesse com a minha arma naquele dia, a história teria sido diferente, secretário", afirmou.

Longe de ser usado apenas como um recurso de autodefesa, nas mãos de Pimenta Neves o revólver começou a se tornar, de forma crescente, um instrumento de afirmação e poder. Ele próprio contou, entre gargalhadas, aos comandados na redação, que, em uma de suas idas a Ibiúna, foi importunado pela buzina insistente de um motorista a quem havia ultrapassado: "Coloquei o braço para fora do carro e foi só mostrar o revólver que o valentão ficou quieto e sumiu na estrada, morrendo de medo".

O pai de Sandra, João Florentino Gomide, recorda-se de que Pimenta sempre andava armado nessa época: "Uma vez ele esqueceu o Taurus na minha casa e teve de combinar uma ida até a minha loja para buscar o revólver', conta. Semanas depois da liberação de seu porte de arma, o diretor procurou novamente pelo jornalista Renato Lombardi:

– Eu preciso de um novo favor seu, meu caro.

– Se eu puder resolver, conte comigo – disse o repórter.

– É que eu preciso descobrir a quem pertence uma caminhonete que me fechou ontem quando eu estava a caminho do trabalho.

– Mas foi alguma coisa grave? – espantou-se Lombardi.

– Sim, parecia que queria me abalroar mesmo – justificou Pimenta. – Foi violento. E depois fugiu do local. Quero saber quem é para prestar uma queixa.

– E você anotou a placa?

– Não anotei, mas me lembro bem de todos os detalhes – garantiu Pimenta. Ele descreveu a marca, a cor e modelo do veículo, uma picape, e o local onde a "fechada" teria ocorrido.

Lombardi acionou seus contatos no Departamento de Trânsito para tentar identificar o proprietário. Em algumas horas recebeu a notícia de que havia apenas quatro veículos daquela marca e daquela cor registrados no Detran. Os dados lhe foram transmitidos por fax. Ao recebê-los, Lombardi ficou pasmo: um deles pertencia ao irmão de Sandra Gomide, Nilton. Ele não pôde deixar de sentir algo de muito estranho sobre aquilo tudo. Ao levar o fax com as informações do Detran para o diretor, observou atentamente sua reação.

– Mas veja só... – Pimenta limitou-se a dizer, com um ar de surpresa que Lombardi achou meio forçado.

Três hipóteses poderiam explicar o pedido de Pimenta Neves a Lombardi. A primeira delas é a de que de fato ele foi ameaçado pelo motorista da caminhonete, sem saber de quem se tratava, e realmente ficou surpreso com a descoberta. A segunda é a de que foi mesmo ameaçado, sabendo que se tratava do irmão de Sandra – este, no entanto, nunca confirmou a ocorrência do ataque. A terceira hipótese é a de que jamais houve ataque algum, e Pimenta estaria tentando incriminar ou intimidar o irmão de Sandra, e a ela própria, por tabela.

Que se saiba, ele, afinal, não tomou atitude alguma a respeito.

XXIX – RUPTURA

Esgotada do convívio diário com um namorado que a destratava publicamente, promovia sua desmoralização diante dos comandados, lançava suspeitas sobre sua ética profissional e espionava cada um dos seus passos, Sandra resolveu que chegara a hora de encerrar aquele relacionamento, qualquer que fosse o preço. A perspectiva de um romance com Jaime Mantilla, mesmo que fantasiosa – já que ele tinha família e geria um importante grupo empresarial em um país estrangeiro –, também movia sua intenção de se separar. Com Mantilla ou outro homem, ela talvez pudesse também realizar o desejo de ser mãe, que Pimenta insistia em frustrar.

Na noite de 6 de julho de 2000, ela tomou coragem, chamou o namorado em seu apartamento e abriu o jogo:

– Antônio, vou ser honesta com você. Precisamos terminar nosso relacionamento. Estou apaixonada por outro...

– Não vou aceitar isso. Quem está virando a tua cabeça?

– Isso não vem ao caso.

Como Sandra temia, Pimenta ficou descontrolado. De punho cerrado, exigiu que ela se explicasse.

Sandra insistia que não queria entrar em mais detalhes.

– Não dá mais, é só isso. Não quero render mais essa história que não dá certo – argumentou ela. – Vai, segue a sua vida que eu sigo a minha. Me deixa em paz, Pimenta!

Ele, no entanto, não se mostrou disposto a ceder. E continuou, ameaçador:

– Sandra, vou te avisar uma coisa: se você não for minha, não será de ninguém. Eu te fiz e posso te desfazer.

Sandra abriu a porta e pediu:

– Agora vai, por favor. Se quiser, outro dia a gente conversa com mais calma.

– Eu te fiz e posso te desfazer! – repetiu ele, ao deixar o apartamento.

Trêmula, mas ao mesmo tempo aliviada, Sandra acreditou que aquele embate colocava um ponto final no período tumultuado que vinha atravessando por conta do relacionamento.

No dia seguinte, uma sexta-feira, Pimenta chamou Sandra em sua sala, na redação do jornal. A ex-namorada imaginou que ele queria falar sobre o rompimento e preparou o espírito para uma longa discussão, tentando manter a calma.

Logo ao entrar, ouviu dele uma frase seca:

– Queria te comunicar que você está demitida.

Sandra perdeu o fôlego:

– Pimenta...

Sem olhá-la nos olhos e simulando arrumar os objetos de sua mesa, o diretor prosseguiu.

– Recolha suas coisas e vá ao departamento pessoal...

– Você está misturando as coisas.

– Não, não estou. Sei do seu comportamento desonesto.

Tenho provas. Passou informações à concorrência, recebeu subornos para distorcer o noticiário em favor de empresas nesse caso da compra da Vasp... É uma pessoa desleal em todos os sentidos.

– Não é verdade e você sabe disso. Está me demitindo porque terminei tudo com você.

– Minha decisão nada tem a ver com esse fato – rebateu Pimenta, sem aparentar emoção, mas de forma inconvincente.

– Você está demitida porque acreditei que tinha condições de ocupar um cargo de confiança e eu estava totalmente errado.

– Cheguei até aqui porque sou competente – defendeu-se ela.

– William Salasar já está escalado para te substituir –prosseguiu Pimenta. – Já está decidido.

– Você não pode fazer isso! – apelou Sandra.

– Não discuta mais comigo. Saia, por favor.

Sandra estava com mais raiva do que triste. Pegou o essencial do que guardava em sua sala, arrumou tudo em uma sacola, despediu-se discretamente dos que lhe eram mais próximos e se foi antes que o fechamento da edição terminasse.

A notícia de sua saída atravessou o fim de semana e chegou quente à redação na manhã de segunda-feira, dia 10 de julho. Não se falava em outra coisa e o assunto já era comentado nas redações vizinhas, *do Jornal da Tarde* e da *Agência Estado*. Todos tentavam imaginar as implicações daquele gesto, realmente inesperado. Especulava-se inclusive que Pimenta poderia estar pensando em deixar a direção do *Estado*.

Ainda na parte da manhã, Sandra passou pela redação para esvaziar as gavetas e o armário de sua sala. Depois apresentou-se ao departamento pessoal para receber as orientações de praxe e marcar a data de comparecimento ao sindicato dos jornalistas, a fim de oficializar a rescisão. Ao preencher a ficha de dispensa, ela decidiu não poupar o ex-namorado. Em uma linguagem ácida, fez críticas ao comportamento de Pimenta Neves, declarou-se alvo de perseguição, atribuindo sua demissão ao fim do relacionamento que ambos haviam mantido por mais de três anos, até a véspera daquele fato.

Os funcionários do setor não conheciam precedentes para uma situação como aquela na empresa. O impacto sentido por eles reverberou pelos demais andares e dias depois chegou à direção de redação. Ao tomar conhecimento dos rumores, Pimenta fez uma exigência, também inédita, à área de recursos humanos: pediu para ver a ficha de dispensa de Sandra. A supervisora encarregada de guardar as informações argumentou com ele que o material era sigiloso e que não deveria sair do departamento pessoal. Pimenta não se deu o trabalho de arranjar uma desculpa que justificasse sua demanda. Exigiu que a pasta sobre Sandra fosse levada a sua sala imediatamente.

Obedecido, ele ficou furioso por ver sua vida privada exposta na empresa onde ocupava um dos mais altos cargos. Mandou tirar uma cópia do material e devolveu a pasta ao RH.

Pimenta passou os dias seguintes remoendo-se entre o desejo de vingança e a possibilidade de chamá-la para uma conversa em que proporia uma reconciliação. Na tarde da segunda-feira, 17 de julho, dez dias depois da dispensa de Sandra, após a reunião dos editores, ele sentou-se em sua mesa e finalmente escreveu um e-mail à ex-namorada:

"Foi com profunda tristeza que tomei conhecimento de sua entrevista no departamento pessoal do *Estado* e de coisas que anda dizendo a meu respeito.

Eu deveria responder e deixar registradas as queixas do Dr. Ruy com a seção que você chefiou e contra as suas matérias, algumas delas por escrito. Não farei nada disso.

Eu havia corrido um risco ao trazê-la para cá, você nunca reconheceu isto. Aliás, nunca reconheceu nada do que fiz. Eu era apenas objeto de uso para ser descartado quando conveniente.

Suas suspeitas sobre meus sentimentos em relação a você eram produto de encenação.

Você sabia muito bem que eu a amo sobre todas as coisas e que não tinha outro propósito senão o de viver com você o resto de minha vida. Mas o emprego era mais importante. Tudo era mais importante do que nosso relacionamento.

Você é egoísta e cruel com as pessoas que gostam de você. Prefere ser carinhosa com estranhos. Você fala sobre meu poder (se é que tenho algum) e de como o uso. Ignora, contudo, o poder que você tinha sobre mim e de como o usou para extrair vantagens e punir-me emocionalmente. Mas podemos esquecer tudo, começar de novo, iniciar o relacionamento limpo e honesto, transparente e amoroso. Venha para casa de uma vez por todas."

Sandra ficou perturbada pelo conteúdo do email, mas não deu resposta alguma a Pimenta. A indiferença teve para ele um efeito talvez pior que o que teria uma discussão exaltada entre os dois. Ele enviou outras cinco mensagens nos dias seguintes. A jornalista limitou-se a responder à última delas:

"Entenda que o nosso relacionamento está acabado".

O transtorno desencadeado no jornalista pela recusa em aceitar a separação começou a cobrar um preço alto. Em uma ida ao sítio de Mailasqui, no terceiro fim de semana de julho, Pimenta Neves bateu de forma violenta a caminhonete Blazer que havia recebido do *Estadão*. Por um milagre, saiu ileso do acidente, mas o veículo ficou praticamente destruído.

Quando ficou claro que a ex-namorada não o procuraria mais, ele decidiu partir para o ataque. A uma amiga com quem jantou naquela semana, Pimenta Neves revelou como agiria dali por diante: "Enquanto ela (Sandra) não me procurar, não reconhecer o que fez e não reparar o erro, não terá emprego neste País".

Em uma rápida sondagem, descobriu que ela estava pleiteando uma vaga de assessora no Banco Opportunity, banco múltiplo, comercial e com carteiras de investimentos, controlado pelo financista Daniel Dantas. Sem perder tempo e valendo-se de seu *background* como conselheiro do Banco Mundial, Pimenta disse a pessoas influentes no Opportunity que Sandra fora demitida por comportamento antiético e pediu que não a contratassem.

Em seguida, procurou, um a um, os executivos que comandavam grandes jornais e escritórios de assessoria de imprensa de São Paulo. Começava a conversa discutindo generalidades e acabava encontrando um pretexto para falar mal de Sandra. Contava sua versão sobre o episódio da Vasp e dizia poder provar o procedimento desonesto dela por meio de gravações de conversas e cópias do correio eletrônico da ex-namorada.

No final de julho, Sandra procurou uma das maiores assessorias de imprensa de São Paulo para pedir emprego. Dias depois, Pimenta Neves telefonou para a pessoa que a havia atendido, com a intenção de descobrir se ela havia conseguido a vaga, e soube que não. Em nova ocasião, foi mais direto: ao principal

executivo de outra assessoria insinuou que seus clientes poderiam ter problemas com *O Estado de S. Paulo* caso Sandra fosse trabalhar ali. Num terceiro caso, ligou para o diretor de relações públicas de uma grande empresa que havia distribuído o currículo de Sandra a amigos. Recomendou que ele não se envolvesse "em um problema pessoal".

Angustiada com o cerco que Pimenta formava em torno dela, impedindo-a de se recolocar, Sandra procurou o pai e contou a ele o que se passava.

"Pela forma como ele te tratava, filha, eu imaginei que ele iria fazer isso", observou João Gomide, sem surpresa e apoiado na experiência de vida que os anos trazem. "Quando um homem mais velho começa a namorar uma mulher mais nova, não dá coisa boa. Esses caras têm muito ciúme, tratam a mulher como objeto. Bem que eu te dizia: 'Esse cara vai querer ser seu dono".

– Sempre que possível ele a difamava – lembraria mais tarde Nilton Gomide, irmão da jornalista.

XXX – DEMISSÃO E RECUO

No final do turbulento mês de julho de 2000, Pimenta Neves já
não cumpria suas funções de comando e dedicava quase todo o
seu tempo a acompanhar os passos e obstruir os caminhos de
Sandra. Ele próprio percebeu isso de tal forma que no dia 28,
um sábado, decidiu entregar o cargo e deixar o jornal. Mas,
talvez porque não quisesse que a renúncia realmente se
concretizasse, o fez da forma mais desastrada possível: antes de
comunicar os Mesquitas, antecipou sua decisão à publicação
especializada *Jornalistas & Cia.*, um informativo semanal então
enviado sob as formas impressa e online aos seus assinantes,
quase todos profissionais de imprensa.

Em uma conversa de quase duas horas com os editores da
publicação, o diretor demissionário detalhou os problemas
pessoais por que vinha passando – a doença da filha, o
ferimento nos olhos e a falta de condições psicológicas para
continuar dirigindo a redação. "Estou perdendo a visão",
contou ele ao veículo. Em poucas horas, o boletim preparou
uma edição extra, noticiando a saída de Pimenta Neves do
Estadão.

Mal tomou conhecimento de que a *newsletter* iria circular com
esse conteúdo, o diretor Ruy Mesquita pediu aos responsáveis
que abortassem sua divulgação. E na segunda-feira teve uma
conversa franca com Pimenta Neves. Ao mesmo tempo em que
recusou sua demissão, pediu que ele deixasse suas atribuições
"em segundo plano" por algum tempo e se afastasse para
tratamento. Sugeriu, inclusive, a internação em uma clínica.
Pimenta concordou em permanecer no cargo, e estabeleceu o

mês de setembro como marco inicial de sua licença para fazer
uma psicoterapia de forma intensiva.

– Durante o mês de agosto vou organizar tudo com o resto da
equipe e aí vou poder sair mais tranquilo para me tratar –
afirmou a Ruy Mesquita.

Entre a segunda e a terça-feira, os auxiliares próximos
expuseram a situação do diretor aos funcionários mais antigos
da redação e pediram que enviassem a ele mensagens de apoio
e solidariedade. Bem-intencionada, a responsável pela seção *São
Paulo Reclama*, Cecília Thompson, foi uma das pessoas que
atenderam ao pedido. No dia 2 de agosto de 2000, uma quarta-
feira, ela enviou a Pimenta o seguinte bilhete:

"Querido chefe e amigo Pimenta Neves...

Por favor, fique!

Você fez tudo o que prometeu naquela primeira reunião,
corrigindo distorções e dando uma boa sobrevida à redação;
constituiu um grupo de apoio que, como já lhe disse, tem
capacidade e caráter – uma combinação rara, em grupos de
direção ou não!".

Cecília explica hoje que naquele momento desconhecia a
gravidade do que estava se passando entre Pimenta e Sandra e
que, por isso, não viu problema em responder à solicitação:

– Atendi ao pedido também porque fiquei preocupada com a
perspectiva de um novo comando naquele momento. Já havia
tido muitos diretores, e a cada mudança havia uma revolução
na redação... Não desejava passar por isso outra vez tão cedo!

XXXI – UMA LUZ NO TÚNEL

Quase um mês depois de deixar o *Estadão*, Sandra estava começando a se desesperar com a falta de trabalho. Batia à porta das empresas jornalísticas e não conseguia sequer a promessa de uma tarefa de *free-lancer*. Pimenta continuava manobrando a situação para que ela não conseguisse se colocar novamente no mercado de trabalho, e os colegas de imprensa estavam acatando os pedidos do diretor. Para piorar, a imagem profissional dela ficara bastante comprometida pela forma como sua ascensão havia se dado. Mesmo quem não levava muito a sério as pressões de Pimenta estava pouco inclinado a apostar em alguém com o histórico de Sandra.

Para muitos no mercado, ela não teria chegado a editora de Economia se não estivesse ligada ao diretor de redação. A dura realidade era essa. Sandra não teve a oportunidade de crescer na profissão naturalmente, com seus erros e acertos, para, com esforço e garra, alcançar as posições de comando.

Naquele momento, sua capacidade e seu potencial eram os aspectos que menos importavam. O caso amoroso e o falatório dos meios jornalísticos a precediam.

Mas Sandra ainda não se dava por derrotada. Precisava sobreviver, pagar as contas, ajudar a família, investir no futuro. Não podia se dar ao luxo de desistir. Continuou procurando aliados nas redações por onde passara e contava sobretudo com a lealdade de velhos amigos, como Carlos Franco, dos tempos da *Gazeta*, que dias antes fora chamado por Pimenta para reforçar a editoria de Economia do *Estadão*.

Os dois marcaram um jantar para a noite de quinta-feira, dia 3 de agosto, no restaurante *Mestiço*, na região da Consolação, e ali se encontraram para uma troca de ideias.

Sandra transmitiu a Franco o alto grau de preocupação com seu futuro profissional. Com a perspicácia adquirida em importantes redações de jornais e conhecedor das intrigas palacianas que as rondavam, ele a tranquilizou:

– Vamos bolar uma estratégia – disse ele. – Você já leu *O Príncipe*?

– *O Príncipe*... – repetiu Sandra, confusa.

– *O Príncipe*, de Maquiavel – explicou Franco, logo desistindo de seguir por esse caminho. – Bom, esqueça *O Príncipe* e pense no princípio: quem vai te ajudar são os inimigos do Pimenta.

– Ah, estou entendendo – animou-se ela.

– Vamos listar quatro inimigos do Pimenta – propôs Franco. – Inimigos, desafetos, ou simplesmente pessoas que não simpatizam com ele, que não rezam por sua cartilha. É um começo...

– O Marcílio Marques Moreira é um... – lembrou Sandra.

– Tenho como chegar a ele. É um ótimo nome! – festejou Franco. – Tem outro?

– Evandro Carlos de Andrade *(então diretor de jornalismo da Rede Globo)*.

– Excelente!

– Miguel Jorge – prosseguiu Sandra.

– Ótimo, é com esses que você vai arrumar emprego! E assim organizaram uma relação de pessoas-chaves que poderiam decidir de forma autônoma, fora da área de influência de Pimenta Neves. Para melhorar ainda mais o quadro, Carlos Franco tinha boas relações nos ambientes onde todos os figurões listados atuavam.

Sandra saiu do jantar exultante, começando a acreditar que o bloqueio profissional imposto a ela por Pimenta poderia ser rompido por meio daquela que considerou uma estratégia de mestre.

– Franco, você me apresentou a fórmula mágica! – repetia, abraçando o colega, feliz como há muito não se sentia.

A poucas quadras dali, nos Jardins, Pimenta Neves jantava com Roberto Müller Filho, seu amigo e antigo colega nas redações da revista *Visão* e da *Gazeta Mercantil*, e falava sobre seu estado de espírito. Queixou-se do problema na vista, da saúde frágil da filha e depois enveredou pelo *leitmotiv* dos últimos meses, a relação frustrada com Sandra.

– Estou ficando fora de mim com essa situação – confidenciou ao velho companheiro de imprensa. – Ela não teve respeito por mim, me humilhou. Vou acabar cometendo uma loucura.

Müller procurava chamá-lo à razão, pedia que esquecesse tudo, que virasse a página, mas parecia não haver argumentos capazes de tranquilizá-lo. Nunca o vira falar sobre questões pessoais de forma tão aberta. Não era do seu feitio, sempre marcado por um imperturbável aprumo aristocrático.

Havia, sem dúvida, motivo para as mais graves preocupações. Mas acreditava que um apelo ao lado racional do jornalista ainda poderia surtir efeito e pôr fim a todo aquele desatino.

XXXII – ATAQUE

Pimenta logo demonstraria não haver qualquer exagero nas suas ameaças. No final da tarde de 5 de agosto, sábado, entrou no prédio da Rua França Pinto, mas passou no apartamento que havia alugado apenas para buscar um pijama e logo saiu.

Com uma cópia de chave que havia guardado, entrou na casa de Sandra, foi até o quarto de dormir e estendeu o pijama que havia trazido sobre a cama.

Fitou-o por alguns segundos e depois foi até o cômodo que funcionava como misto de escritório e quarto de vestir. Ali havia uma mesa de trabalho com um computador, uma estante de aço pintada de preto, com muitos livros, um guarda--roupa de madeira, com duas portas, e outro guarda-roupa maior, de três portas. Iniciou uma busca nos armários, à procura dos presentes que havia dado à ex-namorada.

Neste meio tempo, Sandra chegou ao prédio, em sua caminhonete, estacionou o veículo na garagem do subsolo e tomou o elevador. Logo que entrou em casa, imaginou ter ouvido algum ruído vindo do quarto. Pimenta se deu conta da sua chegada e parou o que estava fazendo. Tentou esconder-se ao lado do guarda-roupa, para manter-se fora do ângulo de visão de Sandra quando ela entrasse no quarto, mas ela o avistou.

Ao se deparar com o ex-namorado, Sandra deu um grito.

Perguntou-lhe como havia entrado e o que estava fazendo ali.

Pimenta avançou em sua direção. Apontando-lhe o revólver Taurus .38, ordenou que ela ligasse o computador e lhe mostrasse seus emails. "Quero ver tudo o que você anda conversando com o seu amante, todas as informações que tem passado para ele, tudo!"

Sandra negou-se e pediu que ele saísse.

– Não adianta recusar o que eu estou te pedindo! – esbravejou.

– É inútil! Eu já ouvi todos os seus telefonemas, já li os seus emails!

– Saia da minha casa, Pimenta! – reagiu ela.

– Quero de volta todos os presentes que eu te dei e tudo o que você me deve! – insistiu ele. – Você não tem direito a nada!

– Saia agora! – gritou Sandra em um tom ainda mais alto. Em vez de sair, Pimenta a agarrou a pelo braço e deu--lhe dois tapas no rosto. Ela começou a gritar por socorro e ele a segurou pela garganta com as duas mãos. Sandra se debatia, dava socos em seus braços e ele fazia ainda mais força, tentando esganá-la e provocando-lhe marcas no pescoço. Os dois seguiram atracados pelo corredor do apartamento.

Quando as forças dela já pareciam se esgotar, a campainha do telefone soou alta, deixando Pimenta momentaneamente confuso.

Aproveitando o momento de hesitação dele, Sandra conseguiu empurrá-lo e ficou livre. Correu para o quarto de dormir. Viu, atônita, o pijama sobre a cama, e olhou para ele, incrédula. O jornalista insistiu:

– Eu vim aqui para ficar com você para sempre! – gritou.

– E foi além, apontando o revólver para a própria cabeça: "Se não ficarmos juntos, ou você morre ou eu me mato!"

Pimenta então voltou a mostrar o revólver para Sandra:

– É isso o que você merece e é isso o que vai ter! Você está entendendo?

O telefone continuava a tocar. Sandra atendeu. Era seu pai, João Gomide. Seria uma oportunidade para pedir socorro, mas antes que ela pudesse explicar o que se passava, Pimenta tomou o aparelho das mãos de Sandra e disse ao sogro: "Está tudo bem! Só vim buscar as joias!". E desligou.

Apesar de machucada e quase sem fôlego, Sandra conseguiu gritar por socorro alto o suficiente para que Pimenta ficasse intimidado. Ele recuou, ofegante, afastou-se dela e finalmente saiu, batendo a porta.

O telefone logo voltou a tocar. Era seu pai, novamente. Sandra atendeu e contou tudo o que havia se passado. Transtornado, João Gomide pegou sua arma, uma pistola 7.65, e preparou-se para encontrar o agressor da filha. "Eu vou matar esse covarde!", disse à mulher, Leonilda, antes de sair.

A distância entre sua casa e o apartamento de Sandra, na mesma rua, era de dois ou três minutos. Rapidamente ele chegou ao prédio dela. Perguntou aos porteiros se eles haviam visto Pimenta sair de carro ou a pé, mas informaram que apenas o haviam visto entrar naquela tarde. Olhou em torno, na direção da rua, e nada, nenhum sinal. João não tinha ideia de que ele continuava a alguns metros da filha, no mesmo andar, atrás da porta em frente à dela. Subiu, então, ao apartamento de Sandra.

Ao chegar, encontrou-a falando ao telefone com amigos próximos. Todos a aconselhavam a ir à polícia. Não se tratava mais de uma questão de ciúmes ou uma briga de ex-namorados. Era evidente que Pimenta estava disposto a tudo e que seu comportamento entrara numa escalada de violência cujos limites já não estavam mais claros. Ela precisava dar um basta ou não teria mais um minuto de paz, se dependesse da vontade dele.

Acompanhada do pai, Sandra tomou o caminho da 36ª Delegacia de Polícia Civil (Paraíso), na Rua Tutoia, a 13 quadras de sua casa. Ali, registrou um Boletim de Ocorrência, que recebeu o número 3837/2000 e foi encaminhada ao Instituto Médico Legal (IML) para um exame de corpo de delito. As marcas da agressão foram checadas e fotografadas por um perito, para serem anexadas a uma denúncia formal contra Pimenta Neves. O inquérito passaria a tramitar na 2ª Delegacia de Defesa da Mulher, na Vila Mariana, e o seu depoimento ficou marcado para o dia 28 de agosto.

Ao voltar, Sandra chamou um chaveiro e trocou as fechaduras das entradas social e de serviço do apartamento. Ela também pagou pela instalação de trancas reforçadas nas portas.

Com a ajuda do pai, fez uma pequena mala e foi passar a noite na casa de Maria Lúcia, uma tia sua, que morava perto. Sandra ainda não havia conseguido se tranquilizar suficientemente quando, na tarde de domingo, 6 de agosto, recebeu um novo ataque de Pimenta Neves. Desta vez, as agressões foram verbais, contidas em um email.

Na mensagem, Pimenta avisava à ex-namorada: "Não tenho limites" e exigia mais uma vez que ela devolvesse os presentes que lhe dera. Entre outros bens, cobrava pelo cavalo e o automóvel que a ajudara a comprar.

O jornalista mostrava-se ríspido, grosseiro, e fazia referência ao empresário equatoriano Jaime Mantilla, com quem ele parecia

não ter dúvidas de que Sandra estaria mantendo um relacionamento.

A íntegra do e-mail era a seguinte:

"Você ainda ficou com muitas roupas finas de lã e outros materiais que eu exijo que devolva. Não quero nada meu em você, quero eliminar qualquer traço de minha presença em sua vida e da sua na minha.

Coloque tudo num saco e mande entregar-me ou mando buscar. Se você quiser destruir as roupas usadas e mandar os trapos para que confira, tudo bem, ia dar de caridade mesmo.

Mas não cometa o erro de reter estas coisas, pois você sabe que não tenho limites. Vou também mandar o número da minha conta bancária a seu pai. Já lhe disse que posso esperar até que ele consiga o dinheiro.

Não tenho nada contra ele, muito menos contra sua mãe, que é uma vítima dos filhos.

Outra coisa: vá fazer seu turismo sexual com o equatoriano. Isso fará com que retorne às suas origens de puta barata, sem escrúpulos ou caráter."

Assustado com a subida de tom nas ameaças de Pimenta, e com sua truculência, João Gomide sugeriu que Sandra mantivesse um segurança, pelo menos por algum tempo, para evitar que Pimenta tentasse abordá-la ou mesmo agredi-la, quando tivesse que resolver algum assunto de trabalho ou fazer um pagamento no banco, por exemplo. Eles acabaram por contratar Jair Griffe, um vizinho da Vila Moraes, para acompanhá-la quando estivesse em São Paulo. Nos dias em que fosse necessária a sua proteção, Sandra pagaria a ele a quantia de R$ 50. Ele demonstrava amizade pelos Gomides e angariara deles a imagem de uma pessoa muito confiável. O pai de Sandra acreditou que, assim, a filha estaria suficientemente protegida. Mais calmo, chegou a colocar um apelido brincalhão em Jair Griffe, por conta da nova função. "Agora você vai ser o Farofino", lembrando o rato detetive do desenho animado produzido pelos estúdios Hanna-Barbera, que ficou popular nos anos 1960.

Em Ibiúna, a segurança seria reforçada por João Quinto de Souza, que prestava serviços ao Haras Setti, onde Sandra e Pimenta mantinham seus cavalos.

XXXIII – COMUNICADO

Sandra levantou cedo na segunda-feira, dia 7 de agosto, depois de uma noite mal dormida. Passava pouco das 7 horas quando pediu a Maria Lúcia para usar o computador. Checou rapidamente os emails e digitou a seguinte mensagem para o endereço de Jaime Mantilla Anderson:

"Oi Jaime,

Você deve ter achado esquisitos os emails que te mandei com o nome de Maria Lúcia, a dona da casa onde eu estava ontem. O motivo dessa confusão toda é que meu apartamento foi invadido e fui agredida no sábado à noite. Não foi nada grave fisicamente, mas a polícia disse que não posso mais passar as noites em minha casa.

Desde que terminamos, há um mês, o Antônio, que todos conhecem no Brasil como Pimenta, seu sobrenome, tem me procurado, pressionado e mandado emails me ameaçando. No sábado, porém, quando cheguei em casa, ele estava me esperando no quarto e me ameaçou de morte. Antes de sair, me agrediu no rosto!

Confessou que colocou uma escuta telefônica e está me seguindo.

Ele ouviu todas as nossas conversas e sabe da nossa intenção de se encontrar. Sorry...

Hoje devo procurar um advogado para saber o que fazer neste caso, pois a partir de agora não posso mais ficar sozinha.

Beijos,

Sandra"

Após um fim de semana de tormento, com mais um incidente grave a se somar ao histórico da relação entre a filha e o ex-namorado, João Florentino Gomide, manteve a disposição de confrontar o jornalista. Pela manhã, telefonou para a sala da direção do *Estado*, mas a secretária informou que Pimenta estava ocupado e não poderia atender.

À tarde, ligou novamente. Desta vez, Pimenta Neves veio ao telefone e João não teve como se conter:

– Cara, você é um grande covarde – disse. – O que você quer com a Sandra, afinal? Deixe a vida dela em paz!

Com a voz um tanto alterada, Pimenta voltou a colocar suas exigências:

– Mande sua filha devolver todos os presentes, senão ela não vai ter sossego – ameaçou.

João assumiu um tom mais ponderado, tentando uma conciliação:

– Pimenta, você é um cara de cultura, importante... Como pode agir assim, fazendo ameaças, agredindo uma mulher?

– Quero que ela devolva tudo, inclusive o relógio de ouro – insistiu.

João concordou: "Nós vamos cuidar disso, não se preocupe. Não queremos nada do que é seu". E, antes de encerrar a conversa, fez um apelo: "Pimenta, me faz um favor: deixa a minha filha em paz".

O diretor desligou o telefone. Ficou por alguns minutos em silêncio e depois chamou uma de suas secretárias.

– Leila, por favor mande avisar a todos os editores e subeditores que estejam amanhã às 9h no auditório, porque eu tenho um importante comunicado a fazer.

– Está bem.

– Olha, reforce que todos, sem exceção, devem descer para o auditório, não importa o que estejam fazendo na redação.

Na manhã da terça-feira, 8 de agosto, o auditório do *Estadão* estava repleto, porém, silencioso. As pessoas mantinham-se sentadas sem fazer muito alarde e conversando entre si em voz baixa, tentando imaginar que tipo de anúncio o diretor de redação faria. Era do conhecimento de todos que Pimenta Neves havia anunciado sua intenção de sair da empresa e que havia sido dissuadido. Teria revisto sua decisão?

Pimenta entrou no salão, subiu ao palco e pegou um microfone. Agradeceu a presença de todos e começou a falar de forma aleatória sobre a qualidade do jornal *O Estado de S. Paulo*.

– Chamei vocês aqui hoje porque avalio que o jornal nunca esteve tão ruim – disse. – Na verdade, está péssimo. E a responsabilidade é de todos os que estão aqui.

Os editores e subeditores entreolharam-se um tanto surpresos. Não era bem isso que imaginavam para aquele encontro. Especularam então que a reunião seria para buscar uma forma de dar maior qualidade ao produto, o que poderia até ser algo positivo. Como jornalistas costumam ser bastante críticos com o próprio trabalho e com o dos diversos setores da sua empresa, uma chance de apontar falhas e possibilidades de melhoria poderia ser proveitosa.

Pimenta, porém, não se alongou muito nessa questão, nem abriu espaço para perguntas. Em cerca de dez minutos, revelou o verdadeiro motivo de sua convocação. Ele exibiu para a plateia alguns papéis e explicou:

– Isso aqui é o parecer da psicóloga do nosso Departamento Pessoal sobre a editora Sandra Gomide, que foi demitida há um mês. E aqui (apontando outra folha) está o relato mentiroso que ela fez à área de Recursos Humanos sobre os motivos de sua demissão.

O clima voltou a ficar pesado e mais tenso do que antes do início do encontro. Pimenta prosseguiu com a desconstrução de sua ex-protegida, sem demonstrar constrangimentos.

– Quero fazer um *mea culpa* por ter trazido essa pessoa para trabalhar aqui. Era minha obrigação ter visto que ela era incapaz, irresponsável, desqualificada para a função de editora.

– Além do mais, não tinha modos – prosseguia, de forma desconexa. – Punha os pés na mesa de trabalho... não tinha compostura... não se dedicava... era desinformada, desprovida de cultura... e não tinha um texto à altura das exigências de um jornal como o *Estadão*.

– Pior: ela agiu com desonestidade, passando informações a concorrentes, colocando-se a serviço de interesses de empresas. E ao sair, ela ainda me difamou junto ao Departamento Pessoal – declarou, voltando a exibir a cópia do documento.

Depois de mais alguns minutos de desabafo e de ataques à figura pessoal e profissional da ex-namorada, Pimenta pediu que ninguém ali a ajudasse. E dispensou a plateia.

Em meio ao clima geral de estupefação, os jornalistas, ao se retirar, comentavam que, além trazer os seus problemas pessoais para o centro da empresa, o diretor havia atropelado a ética, ao exibir aqueles documentos. Os dados ali contidos eram confidenciais e deveriam ficar sob a proteção da área de Recursos Humanos. Em condições normais, nem mesmo alguns dos mais altos funcionários da empresa tinham o direito de requisitar acesso a eles. Em 125 anos do Grupo Estado, nunca preceitos como esse haviam sido desrespeitados.

A sensação da maioria era de que a redação estava como um navio à deriva, em uma tormenta, entregue a um comandante desconectado da realidade, aprisionado por uma obsessão e em pleno estado de delírio.

Pouco depois, o diretor do *Jornal da Tarde*, Fernão Mesquita, foi procurado em sua sala por um dos auxiliares próximos de Pimenta, e soube por ele que o quadro do diretor do *Estado* era mais grave do que se supunha. O funcionário relatou a reunião no auditório, contou que a casa de Pimenta estava suja, em estado de semi-abandono, e que, após cada fechamento de edição, ele ficava em sua sala madrugada adentro ou saía vagando a esmo pela cidade. "Tenho a impressão de que ele entrou em um processo patológico de depressão", disse o profissional. O editor também mencionou a agressão a Sandra e o hábito que Pimenta havia adquirido de andar armado pelo jornal.

Ao ouvir o relato, Fernão ficou apreensivo. "Em uma empresa em que se é acionista, você é como um marido traído, o último a saber", comentou ele, em retrospecto. "Havia queixas sobre a personalidade dele, que era arrogante e tudo, que são as queixas normais sobre um chefe da posição dele. Mas quando me falaram desses sinais, percebi que o problema ia muito além. Conversei com meu pai e resolvemos que o Pimenta deveria tirar logo as tais férias para se tratar. Ele resistiu, mas meu pai falou:

'Não tem conversa, isso é compulsório'."

Pimenta, então, concordou em se afastar. Pediu apenas mais uns dias para deixar tudo em ordem e para orientar os editores-executivos sobre o que fazer na sua ausência.

À noite, o diretor da *Agência Estado*, Rodrigo Mesquita, já informado da situação, convidou Pimenta para jantar. Ronaldo Graça Couto, dono da editora Metalivros, de passagem pela redação, ofereceu uma carona aos dois e Pimenta revelou que estava armado. Voltou à sua sala para buscar uma pasta a fim de levar o revólver dentro dela e saiu com eles.

XXXIV – INTIMADO

Na quarta-feira, dia 9 de agosto, Sandra saiu para jantar com alguns amigos, que ficaram impressionados com as marcas deixadas pela agressão de Pimenta dias antes. Os hematomas ainda eram visíveis em seu pescoço e ela estava usando um lenço para disfarçar as manchas. Depois foi se encontrar com Carlos Franco, que, por telefone, prometera a ela uma boa notícia.

Ao vê-la, o antigo colega, bastante animado, contou que havia conversado com Miriam Lage, assessora de Marcílio Marques Moreira. Marcílio fora vice-presidente do Unibanco antes de ser ministro e naquele momento era presidente da Merril Lynch-América Latina. Miriam havia falado com ele e na hora conseguiu uma colocação para Sandra. Ela seria encarregada de montar relatórios da Merril Lynch. Relatórios das grandes empresas são geralmente trabalhosos, mas bem remunerados. Havia um porém: o trabalho teria de ser realizado no Rio de Janeiro. Sandra teve dificuldades para compreender a chance de ouro de uma reabilitação profissional que a tarefa representava. E não escondeu a decepção:

– Ah, Franco, não quero ir para o Rio – reclamou. – Quero ficar em São Paulo.

– Mas Sandra, você vai trabalhar para o Marcílio – disse Franco, tentando mostrar a ela o quanto essa oportunidade significava.

– Não sei... Como é que vou fazer com meu cavalo? –queixou-se ela.

Embora a primeira oferta não a tivesse atraído, logo foi aberta uma nova frente: no final da manhã de sexta-feira, 11 de agosto, Sandra ficou sabendo que outro contato feito por Franco para ela havia dado frutos. Ele procurara Rosana Dias, assessora de comunicação corporativa da TV Globo, que lhe arranjou um bom trabalho como *free-lancer*: a assessoria de imprensa da *Rede Globo de Televisão* encarregaria Sandra da divulgação de sua nova minissérie em São Paulo. A produção era *Aquarela do Brasil*, de Lauro César Muniz, com Maria Fernanda Cândido e Thiago Lacerda, cuja história se passava no Rio de Janeiro, nos tempos da Segunda Guerra Mundial. Ela aceitou.

Enquanto Sandra festejava, no sábado, dia 12, o fim do período sem trabalho, Pimenta Neves recebia em sua casa, na Chácara Santo Antônio, uma correspondência protocolada e de aspecto fora do comum. Ao abrir o envelope com o emblema da Polícia Civil de São Paulo, sentiu a circulação acelerar pelo corpo e a boca foi tomada por um gosto amargo. Era uma cópia do boletim de ocorrência registrado por Sandra uma semana antes. Relatava a invasão do apartamento dela, a agressão, o exame de corpo de delito e finalmente, formalizava a denúncia contra ele, por lesões corporais.

O caso havia sido encaminhado à 2ª Delegacia de Defesa da Mulher, na Avenida Onze de Junho (Vila Mariana). Pelo documento, Pimenta era notificado de que deveria apresentar-se naquele local para prestar depoimento. O texto também informava que a autora da ação, Sandra Florentino Gomide, seria ouvida no dia 28 de agosto.

Naquela noite, a jornalista Sonia Racy, titular no *Estadão* da coluna diária *Direto da Fonte*, de bastidores do mundo dos negócios, ofereceu uma reunião social em seu apartamento na Vila Nova Conceição. Pimenta Neves, seu diretor, estava entre os convidados. Ao longo da festa, depois de algumas doses de uísque, ele começou a adotar atitudes que deixaram os presentes constrangidos e aqueles que lhe eram mais próximos seriamente preocupados. Bastante alterado, mostrou aos amigos a arma que estava levando no bolso, queixou-se do fim de seu relacionamento com Sandra e disse que estava prestes a cometer uma loucura. "Ela vai me pagar... ela vai me pagar", repetia, de arma em punho. Para evitar que ele fizesse uma cena e estragasse a noite da anfitriã, os amigos o isolaram em um canto mais discreto e depois o convenceram a ser levado para casa.

Esperançosa com os horizontes abertos, Sandra aproveitou o domingo, dia 13 de agosto, para procurar um novo endereço. Ela não tinha mais a intenção de morar no apartamento da Rua França Pinto, onde vivera aqueles momentos de turbulência. Não se sentia mais segura ali. E também havia juntado economias que lhe dariam condições de adiantar uma boa entrada na aquisição de uma casa própria. Para o restante, buscaria cobertura no Sistema Financeiro de Habitação. No mesmo dia, encantou-se por um imóvel na Alameda Santos, próximo da Avenida Paulista, ainda perto da região de seus pais, e resolveu fechar negócio.

XXXV – AMIGOS NA FEBEM

Pimenta Neves passou grande parte da segunda-feira, 14 de agosto, em sua sala, sem ter contato sequer com os editores-executivos ou mesmo o editor-chefe, Lourival Sant'Anna. Mas, ao saber que Carlos Soulié do Amaral estava de passagem pela redação, pediu à secretária que o chamasse.

Soulié não estava mais trabalhando no *Estado*, mas continuava fazendo algumas visitas aos antigos colegas e ao diretor responsável, Ruy Mesquita, uma das amizades que mais prezava.

As contratações e demissões – desastradas, a seu ver –feitas por Pimenta no comando do *Estadão* deixaram Soulié arrependido de ter avalizado o antigo colega junto ao *doutor Ruy*. "Como diretor do *Estado*, ele só fez burrada", avaliaria mais tarde. "Ele se matava por aquele jornal, era incansável. Mas tomou decisões lamentáveis. Deu poder a pessoas de caráter e competência questionáveis, e prejudicou gente muito boa que era antiga na empresa."

Essas impressões, somadas à insistência do diretor para que Soulié ocupasse um cargo dentro da redação – quando seu grande prazer era o de sair à rua, fazer reportagens –, determinaram sua decisão de deixar o jornal. Mesmo assim, Soulié queria bem ao amigo.

Valendo-se desse convívio de longa data, Pimenta surpreendeu-o uma pergunta que foi recebida com total espanto:

"Carlos, você conhece algum ex-detento da Febem?", referindo-se à Fundação Estadual de Bem-estar do Menor, órgão destinado à recuperação de jovens infratores.

– Não conheço e nem queria conhecer – retrucou Soulié do Amaral, confuso.

– Eu preciso de alguém feroz, que dê uma lição, um corretivo, uma surra, em uma mulher que está me prejudicando demais...

– Espero que você não esteja falando sério – procurou amenizar o amigo, tentando imaginar do que se tratava. – Que ideia covarde, que coisa feia, Pimenta...

– Eu sei que isso não é bonito – disse Pimenta. – É que eu estou chegando ao meu limite. E eu sou muito homem, viu?

– É, você não tem tipo para ser travesti – disse Soulié, querendo levar a conversa para o terreno da brincadeira.

– Sou muito homem – insistiu Pimenta. – Homem o bastante para matar quem for preciso.

Ainda sem entender do que se tratava, Soulié, mais uma vez tentou levar a conversa para um tom mais leve:

– Ainda bem que não estou em guerra com você, porque estou desarmado...

Pimenta não respondeu. Depois de alguns segundos em silêncio, puxou uma pasta do lado de sua mesa de trabalho. Tirou dela o revólver Taurus .38 com cabo de madrepérola e o colocou sobre a mesa.

Soulié ficou lívido e aí imaginou aonde o diretor queria chegar.

Mesmo que tivesse percebido o comportamento cada vez mais estranho do amigo nos últimos tempos, Soulié do Amaral não conseguiu esconder a perplexidade. Não imaginava que as coisas haviam chegado a aquele ponto. Conhecia pouco a ex-namorada dele, embora tivesse recebido os dois em seu apartamento, nos Jardins, quando oferecera um jantar para o artista plástico Mário Cravo. Sua impressão sobre o relacionamento não havia sido positiva – e não apenas pela diferença de idade, mas pelo evidente abismo social e cultural que havia entre eles. Viu-se incapaz de detectar alguma real afinidade de parte a parte.

– Deixe essa história para lá, Pimenta. Esqueça, toque sua vida e deixe a moça em paz – aconselhou.

Indiferente às recomendações, o diretor recolocou a pistola na pasta e cumprimentou o amigo, que deixou a sala perturbado e sem a menor convicção de que aquele drama se encerraria por ali.

– Pimenta tinha o gosto pela encenação – analisou Soulié anos depois, mesmo sem recordar que, na juventude, o jornalista havia tido contato com a dramaturgia por meio do grupo Oficina. O que havia presenciado era apenas o prólogo de uma tragédia que mal começava a se desenrolar.

No dia seguinte, terça-feira, 15 de agosto, Pimenta recebeu o telefonema de um amigo muito querido a quem não via há tempos: Edgardo Costa Reis. Ele viera dos Estados Unidos, a pedido da família Mesquita, para tentar convencer o diretor a acompanhá-lo na volta a Washington D.C. Os Mesquitas acreditavam que Edgardo poderia persuadir Pimenta a ficar fora do País por um tempo, sob o argumento de que as filhas estavam precisando dele e que no exterior ele poderia encontrar maior paz de espírito.

Pimenta almoçou com Edgardo, conversou longamente com ele e expôs todas as suas aflições. Mas, ao final do encontro, disse que, no máximo, aceitaria ir até o aeroporto para vê-lo embarcar. "Não vou acompanhá-lo a Washington, meu amigo", disse, irredutível. "Quem sabe uma outra vez?" Edgardo comunicou o fracasso de sua "missão" ao *dr. Ruy*, e retornou aos Estados Unidos. O diretor responsável do jornal não sabia mais como resolver a situação de uma forma diplomática.

XXXVI – PERSONA NON GRATA

No início da tarde de quarta-feira, 16 de agosto, a correspondência que chegou ao *Caderno2* trazia um pacote com press-releases e fotografias da nova minissérie da *TV Globo* que estrearia em 22 de agosto. O kit era assinado por Sandra Gomide.

Os editores do caderno pressentiram o problema e foram se consultar com Pimenta para saber se e como o material seria publicado pelo jornal.

A reação dele não surpreendeu:

– Vou pedir um favor a vocês. Não recebam nada dessa moça aqui. Seja de alguma novela que esteja para estrear ou uma minissérie como essa. Qualquer material. Não vamos dar espaço, certo?

Os editores concordaram e já iam se retirando, quando ele os chamou de volta.

– Alguém de vocês sabe como ela conseguiu esse trabalho?

Eles fizeram que não.

– Se souberem, me avisem por favor.

Pouco depois, Pimenta reuniu os editores executivos e os incumbiu de apurar como Sandra havia obtido a oportunidade.

– Se bem a conheço, ela não chegou à Globo sozinha. Ela teve a ajuda de alguém próximo – observou. – É muito importante que a gente descubra isso.

À noite, o autor da façanha, Carlos Franco, encontrou-se com Sandra e Luiza Pastor, colega de ambos desde os tempos da *Gazeta*, e anunciou que trazia outras boas novidades à amiga em apuros.

Menos de 24 horas depois, Pimenta recebeu um de seus auxiliares mais próximos e ouviu dele um relato que o deixou furioso: o emprego de Sandra como divulgadora da TV Globo fora conseguido com a ajuda de Franco. Foi até descrito a ele o jantar em que os dois haviam listado profissionais a serem sondados e empresas onde ela poderia conseguir uma colocação. O vazamento era de responsabilidade da própria Sandra, que não cansara de comentar com os amigos a tal "fórmula mágica" imaginada pelo colega.

O funcionário trouxe a ele uma informação ainda mais quente: Carlos Franco acabara de conseguir para Sandra uma colocação no site *Patagon*, voltado para o noticiário financeiro. Ela começaria no novo emprego na segunda-feira seguinte, dia 21 de agosto.

Pimenta não tomou nenhuma decisão de imediato. Preferiu esperar.

No início da noite pediu a uma secretária que chamasse Carlos Franco em sua sala.

– Franco, queria comunicar que você não tem mais condições de trabalhar aqui... por questões de caráter – disse. –

Você sabe por que estou falando isso, então não precisamos entrar em detalhes.

Franco estava um tanto chocado, mas conseguiu manter a calma.

– Você se tornou *persona non grata* nesta empresa – reiterou o chefe.

– Tudo bem, Pimenta – respondeu o jornalista. – Agradeço o convite para vir trabalhar aqui e lamento que não tenha dado certo.

Franco já estava saindo da sala do diretor quando Pimenta pareceu mudar subitamente de humor. "Espere, quem disse que você vai embora agora? Vamos almoçar amanhã e aí poderemos conversar melhor sobre tudo isso."

Perplexo, Franco disse que não faria muito sentido esse almoço.

– Mas claro que faz! Vamos almoçar, sim – insistiu Pimenta.

– E só depois formalizaremos a sua demissão. Franco se despediu e deixou a sala completamente confuso.

XXXVII – ACIMA DE QUALQUER SUSPEITA

No início da tarde daquela sexta-feira, 18 de agosto, Pimenta pediu à secretária que ligasse para Carlos Franco para saber por que ele não aparecera para o almoço "combinado".

Franco pensou que havia deixado claro que seria absurdo, após tudo aquilo, os dois se sentarem para falar de amenidades.

Mas Pimenta não parecia concordar. O jornalista demitido respondeu que estava de malas prontas e passaria um tempo fora de São Paulo, descansando e avaliando o que fazer profissionalmente a partir dali. Mas não revelou o destino de sua viagem: ficaria em casa de amigos em Paraty, no litoral do Rio de Janeiro.

Pimenta recebeu a resposta pela secretária com um ar de contrariedade.

Decidiu, então, ligar para a família de Sandra.

João Gomide atendeu. Pimenta disse que precisava encontrá-los para devolver alguns objetos, como um relógio que a ex-namorada havia dado a ele. E também se desculpar "pelos mal-entendidos", acrescentou.

Conciliador, e ao mesmo tempo temeroso, João Gomide disse que se sentia feliz com essa atitude dele, mas garantiu que estava tudo bem e que não precisava se incomodar em ir até o sítio deles. Poderiam combinar outra forma de buscar o relógio.

Mas Pimenta insistiu. Afirmou que aquela seria uma espécie de despedida em paz, um ponto final na história do relacionamento. E completou em um tom simpático e informal que não lhe era comum: "Estou com saudades daquele frango ao molho pardo da dona Nilda".

Desarmado, João acabou cedendo e o convidou para almoçar no sítio.

– Fico muito feliz com o seu convite – respondeu Pimenta Após ter desligado, João avisou a Sandra que Pimenta iria almoçar com eles. Ela havia decidido passar o fim de semana com os pais e não gostou da ideia. Pensou em sair do sítio no horário do almoço para não encontrá-lo. Além do mais, estava empacotando suas coisas para se mudar, na segunda--feira, para o apartamento que havia comprado na Alameda Santos. O pai, no entanto, a convenceu a ficar.

– Filha, ele quer pedir perdão – argumentou ele. – Assim, você tem a oportunidade de acabar com essa história sem mais brigas nem confusões. Talvez seja melhor resolvermos isso assim. Não vamos ter inimizade com o Pimenta.

E ela achou que poderia ser mesmo uma solução. Apesar de tudo o que já acontecera, Sandra nunca acreditou que Pimenta cumpriria as constantes ameaças. Ela ainda encarava suas explosões como rompantes extremos de ciúme e imaginou que aquele almoço poderia ser a chance de dar um desfecho pacífico aos tormentos por que vinha passando nas últimas semanas.

Na redação do *Estado*, apesar de ser o dia do chamado *pescoção*, em que se prepara a maior parte da edição dominical, com material frio, entrevistas e reportagens especiais que vão rechear os cadernos, o clima estava mais calmo que o habitual. Para muitos jornalistas, uma redação em calma não costuma ser coisa boa – ou porque o noticiário está muito fraco ou porque é um presságio de que algo bombástico vai ocorrer nos últimos instantes do fechamento, forçando todos a uma correria infernal para trocar manchetes e reeditar páginas no mínimo de tempo hábil.

No *Estado*, havia se tornado praxe que as editorias pedissem refeições pelo telefone, por conta da empresa, em pizzarias ou lanchonetes próximas nos períodos de *pescoção*.

Na administração de Pimenta Neves, implantou-se outra alternativa, talvez mais barata para a empresa: foi mantido aberto para o jantar às sextas-feiras o restaurante *self-service* executivo, que funcionava todos os dias para almoço, no sétimo andar. O cardápio do *pescoção* era mais restrito, porém mais atraente. O menu alternava, a cada sexta, pratos como escalopinho ou estrogonofe de camarão, acompanhados de batatas fritas e arroz e opções de sobremesa que incluíam sorvetes, bombas de chocolate e quindins.

Na noite daquela sexta-feira, 18 de agosto, os funcionários que foram chegando para jantar se depararam com uma cena perturbadora: o diretor Pimenta Neves estava sentado em uma mesa próxima à entrada do salão, sozinho. Tomava uma sopa e parecia alheio aos que passavam.

Causava estranheza sua falta de companhias. Nunca antes ele fora visto em uma mesa sem que estivesse cercado de subordinados próximos. Naquela noite, o ambiente até então descontraído desses jantares de sexta deu lugar a conversas em voz baixa e um tom geral de seriedade. Mesmo quando o diretor terminou sua refeição e deixou o local, a atmosfera permaneceu carregada.

Eram quase três da manhã quando Pimenta Neves saiu de sua sala e foi ver se ainda havia alguém na redação. Em meio à vasta sequência de mesas, cadeiras e terminais de computador, viam-se apenas três figuras femininas. Eram a ouvidora Cecilia

Thompson, que trabalhava no *Estadão* desde 1975, e havia passado por várias editorias na casa, Márcia Glogoswski, editora de Cidades, e Ruth Helena Bellinghini, redatora do *Caderno2*. As três haviam empacado em uma discussão sobre os quatro cavaleiros do Apocalipse descritos na visão profética de São João, no *Livro das Revelações* do *Novo Testamento*. Ruth precisava incluir a informação em uma reportagem que estava revisando, e pediu a ajuda das duas colegas.

Elas logo citaram a Peste, A Guerra e a Fome. Mas não conseguiam se lembrar do quarto cavaleiro – a Morte.

Foi nesse momento que Pimenta apareceu diante delas.

Assustaram-se ao ver que o diretor ainda estava circulando pela empresa naquele horário. Tinha uma aparência desleixada e aparentava cansaço.

– Estou com uma dúvida cinematográfica, disse ele. Vejam se podem me ajudar.

"Pois não", adiantou-se Cecília, que, além de fluente em vários idiomas, tinha uma grande bagagem cultural. E seu contato com as artes era, aliás, muito próximo: ela havia sido casada com o ator e dramaturgo Gianfrancesco Guarnieri, e seus filhos, Flávio e Paulo, haviam feito carreira no cinema e na TV.

–Alguma de vocês se lembra quem foi o diretor do filme

Investigação sobre um cidadão acima de qualquer suspeita?

– Não sei se foi Gillo Pontecorvo ou Elio Petri – arriscou Cecília.

– Acho que foi Elio Petri – disse Pimenta, e estava certo.

– Vocês sabem de que filme estou falando, não é?

– Claro! – animou-se Cecília. – É uma produção do começo dos anos setenta, daquela fase política do cinema italiano. Fala da história de um policial que mata a amante e fica encarregado da investigação do próprio caso, sem que tivesse o menor medo de ser apanhado, tal era a sua certeza da impunidade.

– Pois é – afirmou Pimenta, com um meio sorriso – Eu sou esse homem.

XXXVIII – ALMOÇO COM OS GOMIDES

Tendo dormido umas poucas horas no sofá de seu gabinete, logo que acordou no sábado, 19 de agosto, Pimenta Neves rumou para a casa dos pais de Sandra, em Ibiúna.

Por volta do meio-dia, ele chegou à chácara dos Gomides, montado em um cavalo preto. Leonilda, João e Sandra o receberam. O irmão Nilton, corretor de seguros, chegaria mais tarde com a segunda mulher, Regina Celi, e as filhas pequenas.

A conversa começou formal, constrangida. Aos poucos, a tensão foi amenizando, mas não chegou a se desfazer por completo. O que havia se passado nas últimas semanas havia sido muito grave, era impossível ignorar isso.

João Gomide sentou-se em uma poltrona próximo a ele e tocou na questão crucial que pairava no ar:

– Pimenta, queria pedir uma coisa: deixe a minha filha em paz. Você faz ameaças, foi agredi-la no apartamento. Isso é uma covardia...

– Não se preocupe, seu João... – interrompeu o jornalista.

– Esse tipo de coisa nunca mais vai acontecer.

E garantiu que estava ali exatamente para isso, para selar a paz com todos. Que não houvesse mais animosidade entre eles, e que cada um seguisse sua vida. "Quero que Sandra fique bem", assegurou.

Logo o almoço foi servido, e Pimenta, ao ver a tigela com o frango ao molho pardo, derramou-se em elogios aos dotes culinários de dona Nilda, lembrando a ela que esse era um de seus pratos favoritos.

Durante a refeição, Sandra encarregou-se de servir o prato do ex-namorado.

A mãe, sempre muito cordata, acompanhava tudo, falando pouco, mas com uma expressão indisfarçavelmente preocupada.

Após o almoço, Sandra colocou a rede na varanda para Pimenta descansar, como havia feito em outras das visitas dele à chácara. Depois foi ajudar a mãe a cuidar da louça na cozinha. Ele se acomodou e sentiu-se bastante confortável. Observou a paisagem em torno da casa e, sem olhar para João Gomide, que estava sentado em uma cadeira na varanda, perguntou: "Sandra tem ido ao haras cavalgar?"

"Ah, ela gosta muito, sim. Vai sempre cuidar do cavalo e montar um pouco", respondeu João.

Imediatamente, o pai de Sandra sentiu um certo arrependimento pelo que deixara escapar e temeu que a filha se aborrecesse com ele por informar detalhes de sua vida recente ao ex-namorado. Mas preferiu acreditar na promessa dele de que a deixaria em paz dali em diante.

Pimenta recostou a cabeça para trás e pareceu relaxado na rede. Ficou em silêncio por um longo tempo, com os olhos fixos nas árvores do terreno.

Subitamente, levantou-se e, retomando uma certa formalidade, com ar grave, despediu-se de Sandra, da família dela e rumou para o seu sítio.

Enquanto João se sentia aliviado, Nilda não parecia tão confiante.

Mas não queria piorar as coisas e preocupar o marido e a filha dizendo o que pensava. Sandra se perguntava se veria Pimenta Neves outra vez ou se estaria, agora, livre, afinal.

O desembargador Aloísio de Toledo Cesar talvez tenha sido a única pessoa das relações de Pimenta Neves a captar a real gravidade do processo que estava em curso – e a tentar fazer algo de concreto para evitar o pior. Assaltado por um pressentimento surgido a partir das últimas conversas que tivera com ele, *Paraná* foi ao sítio em Mailasqui, com a clara intenção de encontrar as armas do amigo e levá-las embora consigo. "Se ninguém fizer alguma coisa, ele vai matar a Sandra ou acabar com a própria vida", disse à namorada, com quem fez o trajeto, de carro.

Ao chegar à propriedade, foi informado por um dos empregados de que Pimenta não estava em casa. Toledo Cesar disse ao homem que precisava pegar um objeto que havia esquecido na última visita e, como era conhecido, foi autorizado a dar uma busca nos cômodos. Depois de vasculhar o local por algum tempo, ficou claro para o desembargador que o amigo levara as pistolas consigo. Apenas alguns cartuchos haviam sido deixados em gavetas. Nem o .38 nem o .32 estavam mais ali. Toledo Cesar e a namorada pegaram a estrada de volta a São Paulo, muito preocupados.

Ao retornar ao sítio, no fim da tarde, Pimenta estava confuso e com o pensamento desorganizado. Entrou sem falar com o empregado que havia recebido os visitantes e não se deu conta de que seus guardados haviam sido revistados. Deixou o revólver .32 e o Taurus .38 no criado-mudo ao lado da cama e tentou descansar.

Naquele mesmo sábado, no bairro do Pacaembu, seu futuro era discutido em outro almoço de família. Na companhia de sua esposa Laurita, Ruy Mesquita recebeu os quatro filhos – *Ruyzito* e Fernão, diretores do *Jornal da Tarde*, Rodrigo, diretor da *Agência Estado*, e João Lara, diretor da *Rádio Eldorado* – e anunciou a eles duas decisões: a de sacramentar o afastamento de Pimenta na segunda-feira seguinte, cobrando dele o compromisso de que faria um tratamento psiquiátrico mais intenso, e a de entregar o cargo de diretor de redação a Sandro Vaia, que já comandava a *Agência Estado*. Para o *doutor Ruy*, a gota d'água havia sido a demissão de Carlos Franco, por quem tinha grande apreço.

Muito experiente, Sandro Vaia somava 34 anos de trabalho para o grupo, entre idas e vindas, e se impusera com um perfil bastante diverso do de seu antecessor: não tinha um histórico de criador de crises nem era dado a atitudes intempestivas.

Nascido em Mântova, na Itália, viera com os pais para o Brasil e começara na profissão como repórter sindical no *Diário de Jundiaí*, no interior paulista. Integrou a primeira leva de jornalistas do *Jornal da Tarde*, em 1965, foi redator, subeditor e editor na *Veja*, passou pela revista *Afinal* e fez longa carreira na *Agência Estado*. Tinha um relacionamento tranquilo com todos os níveis hierárquicos da empresa, da família Mesquita ao reportariado. Era o homem de que precisavam para a transição naquele momento delicado.

O clima era de certo alívio, mas todos sabiam que o problema só estaria resolvido quando as duas decisões estivessem realmente efetivadas.

Para que isso de fato ocorresse, haveria a necessidade do cumprimento de mais formalidades, como a aprovação dos outros integrantes da família e do conselho de administração do Grupo Estado.

XXXIX – DOMINGO, 20 DE AGOSTO DE 2000

Em seu sítio, com os pensamentos fervilhando, Pimenta não conseguira dormir. Mesmo sob medicação, passara a noite em claro. Levantou-se ainda de madrugada, com o céu escuro. Tomou banho, ingeriu dois comprimidos de antidepressivos e preparou-se para sair.

Procurou pela cópia do boletim de ocorrência registrado por Sandra contra ele. Releu cada palavra e colocou o documento no bolso da jaqueta.

Examinou o revólver Taurus calibre 38. Verificou mais uma vez se estava totalmente carregado com as cinco balas. Fechou a porta da casa, entrou no seu automóvel, um Renault Clio Preto, e colocou a arma no vão da porta do veículo. Deu a partida e cruzou o portão do sítio, tomando o rumo de Ibiúna pela rodovia Prefeito Quintino de Lima. O dia estava começando a clarear. O tempo estava bom, mas fazia um pouco de frio.

Passou em uma padaria da cidade e pediu que lhe arrumassem uma pequena cesta, com bolinhos e baguettes. Chegou à casa dos Gomides, saiu do carro e bateu à porta com o embrulho nos braços. Eram pouco mais de 6h.

O local estava silencioso e ninguém atendeu ao primeiro toque da campainha. Observou que a S10 verde estava estacionada na garagem. Sandra continuava com os pais.

Após o segundo toque, Leonilda entreabriu a janela de seu quarto e perguntou quem era.

– Bom dia! – saudou Pimenta. – Isso são horas de se estar na cama? – brincou.

Leonilda estava confusa e um pouco irritada, tanto por ter de se levantar cedo num domingo quanto pela inusitada descontração no tom de voz do visitante. Não entendia o porquê daquela nova aparição em menos de 24 horas.

Ela disse que todos estavam dormindo. Pimenta respondeu que havia passado apenas para deixar a cesta como um presente. Perguntou se Sandra estava com eles, e Nilda fez que sim. "O senhor quer entrar para tomar um café conosco?", perguntou ela.

Não, obrigado, só queria desejar um bom dia a vocês –disse. – Mais tarde, quem sabe, eu apareço – avisou, deixando o pacote na varanda da casa.

Deu meia volta, entrou no carro, e arrancou em alta velocidade.

Leonilda observou a cena por uma fresta da janela, com um ar de preocupação. Não conseguiu mais dormir. Pimenta rodou um pouco pela região antes de se dirigir ao Haras Setti, onde pensava encontrar Sandra. Imaginou que ela não iria para lá muito mais tarde, pois costumava cavalgar cedo aos domingos. Ao chegar ao haras e estacionar o carro próximo às cocheiras, constatou que ela ainda não havia chegado.

Saiu do carro. Olhou o relógio. Passava um pouco das 7h.

Pediu que selassem seu mangalarga *Quecé* e cavalgou por quatro horas dentro do haras e pelas estradas poeirentas das redondezas. Nenhum sinal de Sandra.

Ao retornar, levou o cavalo à estrebaria. Encontrou Marlei Setti, que estava se preparando para montar. Marlei falou com Pimenta de forma mais formal do que de costume. Depois que

Sandra lhe contara sobre a agressão, dias antes, ela não estava
muito disposta a ser gentil com ele. Levando sua montaria em
direção à pista, a proprietária do haras demonstrou que sabia do
incidente. Pimenta não se abalou.

– Tivemos muitos desentendimentos nos últimos tempos. Ela
me fez comprar uma égua de hipismo muito cara e me fez
gastar muito dinheiro com presentes. Depois, só me atacou –
tentou justificar. – Mas agora já está tudo bem.

Mais aliviada, Marlei convidou o visitante para almoçar com ela
e o marido Deomar. Pimenta recusou e agradeceu. Marlei se
despediu e fez seu animal acelerar o trote. Pimenta retornou ao
estacionamento.

Encostando-se no carro com os braços cruzados, parecia
disposto a esperar o tempo que precisasse por Sandra. Tinha
um bom campo de visão dali. Avistava as cocheiras, a entrada
do haras e a movimentação na estrada próxima.

Depois de quase uma hora, o proprietário do haras, Deomar
Setti, passou pelo lugar e aproximou-se para falar com ele.
Pimenta demonstrou desconforto. Se ele se demorasse por ali,
iria atrapalhar seus planos de um contato direto com a ex-
namorada, sem interferências.

– Não quer nos acompanhar ao matadouro? – perguntou o
Gaúcho. – Vamos abater aquele novilho que o senhor nos
vendeu e preparar um churrasco.

Pimenta fez um gesto de recusa. "Não, não, muito obrigado",
respondeu. "E, além do mais, não posso com essas coisas",
acrescentou. "Não tenho coragem de ver animal morrendo, me
faz muito mal."

– É mesmo? Tudo bem, então. O senhor já montou hoje?

– Montei, sim – respondeu. – Tem mais alguém conhecido
montando hoje?

– Algum conhecido seu? – Deomar estava confuso com a
pergunta. – Não sei...

Gaúcho falou a Pimenta sobre a proximidade da Expointer,
exposição agropecuária realizada anualmente em Esteio, no Rio
Grande do Sul. Disse que viajaria para o evento e perguntou se
ele também tinha a intenção de passar por lá, como já havia
feito uma vez.

– Não, este ano está complicado para mim – respondeu
Pimenta, sem querer estender a conversa.

– Entendo – respondeu Deomar Setti, percebendo uma
inquietude no comportamento do jornalista. Ele estava
dispersivo e, a todo instante, olhava em torno do
estacionamento, como se estivesse esperando algum carro
chegar.

– Foi um prazer revê-lo – despediu-se Pimenta, ansioso por se
ver desacompanhado o mais rápido possível.

– Igualmente. E, mesmo sem ir ao matadouro, o senhor é
nosso convidado para o churrasco. Se precisar de alguma coisa,
nos avise.

– Obrigado, é muita gentileza sua. Mas só quero cuidar um
pouco do *Quecé* e depois vou embora – respondeu Pimenta,
encerrando a conversa e começando a caminhar para que o
dono do haras não o retivesse mais.

No entanto, não fez o que havia dito. Foi até o povoado
próximo, parou em uma padaria, onde comeu um sanduíche e
tomou um café. Quinze minutos depois retornou ao haras.
Passava das 13h.

Voltou ao ponto de observação anterior, no estacionamento próximo às cocheiras, e ficou à espreita por mais de uma hora, preocupado em não perder qualquer movimentação.

Passado esse tempo, com a expressão cerrada, entrou no carro e deu a partida. Havia desistido de esperar. De sua casa no haras, Marlei conseguiu vê-lo e observou que parecia transtornado ao arrancar o carro, levantando poeira.

Antes de cruzar os portões de saída, porém, pensou ter avistado Sandra, caminhando nas imediações da selaria. Sim, era ela, não havia dúvida! Vestida com a calça justa de montaria, botas de cano longo, jaqueta e chapéu de couro marrom, levava em uma das mãos uma escova e na outra, pelo cabresto, *Oceano*.

Sandra saíra do sítio da família pouco antes, em sua caminhonete S10 na companhia do pai e das sobrinhas Maylá e Kristel, filhas de Nilton. "Já vou indo", disse ao irmão quando partiu. "Espero você lá!"

Quando chegaram ao haras, as crianças logo correram em direção às gaiolas dos coelhos, seu lugar preferido. Sandra queria escovar seu animal antes de cavalgar. João Gomide havia circulado um pouco e encontrado João Quinto. Conversou alguns minutos com ele. Pediu-lhe que não tirasse os olhos de Sandra. Depois foi para casa sem se despedir dela.

Pimenta fez uma manobra brusca e parou o Clio bem perto de onde Sandra seguia com *Oceano*. Com sua atenção concentrada no cavalo, ela não se deu conta da presença do ex-namorado.

Ele tirou o revólver do compartimento da porta, colocou-o sobre o banco do passageiro e saiu do veículo sem fazer nenhum ruído. Caminhou na direção de Sandra, que estava de costas para ele. Subitamente, ela se virou e se viu face a face com Pimenta.

Uma descarga de adrenalina abalou seu corpo, ao avistá-lo, já tão perto. Sandra deu um passo para trás, soltando a correia do cavalo. O mau pressentimento que lhe passou pela cabeça parecia ter todo o fundamento. Se na véspera ele havia prometido deixá-la e à sua família em paz, o que estava fazendo ali, menos de um dia depois?

– Pimenta, o que você quer comigo agora? – reagiu ela, paralisada pelo pânico.

– Precisamos conversar – disse Pimenta, ainda com um tom de voz controlado. – Quero saber por que você emitiu um B.O. contra mim.

Ela tentou negar: "Que B.O.?"

– Você sabe! – respondeu ele, intimidador.

– Chega! – disse Sandra. – Vá embora, siga sua vida!

– Só quero que a gente fique bem. Vamos tentar! – Sua voz demonstrava uma nítida alteração.

– Não! – exclamou Sandra, recuando devagar, para não instigar uma atitude violenta da parte dele.

Pimenta se aproximou e insistiu:

– Vamos conversar! – gritou, agarrando-a pelo braço. – Você não se importa com ninguém. Não pergunta pela saúde da minha filha, só quer saber da sua vida!

A discussão já podia ser ouvida da casa dos Setti. Nervosa, Marlei pediu ao marido que fosse lá fora interferir para que as coisas se acalmassem.

– Pimenta, me solta, por favor! – gritou Sandra, já assumindo um tom de súplica, temendo uma agressão.

Em vez disso, ele começou a puxá-la pelo braço, arrastando-a em direção ao carro. A situação estava saindo de controle e ela se mostrava cada vez mais assustada.

Com a mão que estava livre, Pimenta alcançou a maçaneta do veículo e abriu a porta do passageiro. Sandra pôde ver a arma sobre o banco.

– Entre no carro! Obedeça o que estou mandando você fazer! – gritou Pimenta, tentando dobrar a resistência dela e forçá-la a entrar.

Subitamente, Sandra conseguiu se desvencilhar e afastou-se dele com passos ligeiros. Num gesto rápido, Pimenta pegou o revólver e apontou-o na direção de Sandra.

João Quinto, que também ouvira a discussão, correu em direção às cocheiras. Ao avistá-lo, Sandra gritou: "João Quinto, me ajuda!". O funcionário parou em um determinado ponto, e não teve forças para avançar mais. Um tempo depois, ele admitiria que sentiu medo e ficou paralisado ao ver que Pimenta tinha um revólver na mão.

No espaço de um segundo em que se virou para trás, Sandra ainda pôde ver, de relance, a arma brilhando.

– Não atira, Pimenta! – gritou. – Não, Pimenta, não!

Já estava claro que ele iria atirar. A questão era se ela conseguiria fugir. Tentou correr em direção à rampa de acesso às cocheiras, mas, quando estava a cerca de seis metros de distância, ouviu um estampido atrás de si.

O tiro a acertou em cheio nas costas. Para alguém que alegara – e alegaria na Justiça – estar com a visão seriamente comprometida, em um estágio inicial de cegueira, o disparo não poderia ter sido mais certeiro. Ainda mais contra um alvo em movimento.

Ela caiu próximo a um latão de lixo amarelo, com o lado direito do rosto voltado para o chão, os cabelos negros desarrumados e o chapéu pendendo ligeiramente. A respiração era ofegante, pesada. Não conseguia se mover. Uma poça de sangue foi se formando em torno do seu corpo. Emitiu um gemido fraco.

Pimenta deu alguns passos na direção da ex-namorada, caída de bruços, aproximou o revólver da cabeça dela – a distância entre a arma e o alvo era de cerca de 30 centímetros – e puxou o gatilho.

O projétil penetrou atrás do ouvido esquerdo e atingiu o crânio. "Uma execução", definiria mais tarde o advogado da família Gomide, Sergei Cobra Arbex.

Ao ouvir o barulho dos tiros, Deomar Setti saiu de casa correndo, seguido por Marlei. João Quinto correu na direção de Sandra. Ele abaixou-se para ver seu estado e, em choque, percebeu que não havia mais nada a fazer. Começou a chorar. Logo atrás de João Quinto, vieram Deomar e Marlei.

Eles ainda puderam ver Pimenta Neves, de pé ao lado do corpo, com a arma na mão.

"Pimenta, o que você está fazendo? O que você está fazendo?", gritou Marlei.

Ele não respondeu e ela não esperou pela resposta. Preocupou-se em procurar as sobrinhas de Sandra, a fim de impedir que as meninas chegassem até ali e vissem a tia baleada.

"Não senti que tinha atirado", declararia Pimenta tempos depois. "Achei que os tiros nem tinham acertado a Sandra", repisou, talvez tentando caracterizar seu ato como de uma insanidade temporária, uma ausência provisória dos sentidos que atenuaria sua situação de réu no crime. A declaração é ainda menos coerente por conta de um detalhe perturbador: ao certificar-se de que Sandra estava morta, ele abriu o tambor do revólver, recolheu as duas cápsulas disparadas, observou-as por um instante e colocou- as no bolso da jaqueta, onde também guardou a arma.

Pimenta deixou o local lentamente. Sem demonstrar qualquer descontrole, entrou em seu carro e deu a partida. Olhou na direção de um atônito Deomar Setti e fez um quase imperceptível aceno com a cabeça. Em baixa velocidade, atravessou o portão do haras, pegou a Estrada do Recreio e tomou o rumo da rodovia Bunjiro Nakao (SP-250).

Gradualmente, foi acelerando e, em alguns momentos, perdeu a firmeza ao volante e ziguezagueou pela pista. Mais à frente, pouco antes da saída para a Raposo Tavares, chegou a guiar pela contramão por cerca de 500 metros. Percebeu que não conseguiria controlar o carro de volta para casa. Aturdido, entrou pelo acostamento e parou em um barranco, onde o galho de uma árvore chegou a roçar a janela do passageiro. Saiu do veículo, pegou o celular e teclou o número da central telefônica do jornal.

– *O Estado de S. Paulo* – atendeu uma telefonista do outro lado da linha.

– Aqui é o diretor Pimenta Neves. Preciso falar com a Primeira Página na redação – disse o jornalista em um tom de voz absolutamente normal.

A cada fim de semana, um editor-executivo integrava o rodízio do fechamento das edições. Sua atribuição era decidir o que seria notícia de primeira página, supervisionar o trabalho das editorias e, caso surgisse alguma novidade, mobilizar alguma área para realizar uma cobertura de última hora. Naquele domingo, o encarregado de chefiar esse plantão era Daniel Piza, mas ele ainda não havia chegado à redação. A telefonista tentou, então, a editoria de Cidades.

Quem atendeu foi o subeditor Cláudio Augusto, que estava respondendo interinamente pela seção. Ela avisou que Pimenta Neves estava na linha e passou a chamada.

– Tudo bem, Cláudio? É o Pimenta.

– Como vai, Pimenta? Posso te ajudar? – respondeu Cláudio, já acostumado aos telefonemas do diretor nos fins de semana.

– Você pode me dizer quem está no comando do plantão hoje?

– É o Daniel Piza, mas ele ainda não chegou – disse Cláudio.

– Eu tenho uma notícia para vocês.

– Está bem, Pimenta – retrucou Cláudio Augusto em tom cerimonioso. – E qual é?

– Eu atirei na Sandra.

XL – FORAGIDO

– Eu atirei na Sandra e preciso de ajuda porque quero me entregar – afirmou Pimenta Neves do outro lado da linha ao subeditor de Cidades do *Estadão* naquele domingo. Cláudio Augusto não sabia o que dizer.

– O quê? Não brinca! – o subeditor custava a acreditar no que ouvia, principalmente pelo tom absolutamente normal que Pimenta demonstrava na voz. Nenhum traço de emoção, nada alterado. Não combinava com a gravidade do que ele estava dizendo. – Você está falando sério?

– Isso mesmo. Eu atirei na Sandra, agora há pouco – reafirmou.

– E... como ela está?

– Não sei. Foi lá no haras. Não fiquei lá para ver.

– Você está vindo para o jornal?

– Não posso, vai estar tudo cercado pela polícia quando eu chegar. Manda um advogado para mim!

– Está bem – respondeu Cláudio Augusto, ainda incrédulo.

– Vou ver o que é possível fazer.

– Obrigado – disse Pimenta. E desligou.

Cláudio Augusto ficou alguns instantes em silêncio, pensando em quem deveria procurar. Depois, começou a disparar telefonemas. Avisou Roberto Gazzi, Daniel Piza, Eleno Mendonça, Cafundó e José Maria Mayrink.

Ao ouvir o resumo feito por Cláudio, Mayrink só dizia do outro lado da linha: "Meu Deus, meu Deus!". E, ao final perguntou: "O *doutor Ruy* foi avisado?"

Cláudio Augusto disse que achava que não. Mayrink então se encarregou de dar a notícia a Ruy Mesquita. "Meu Deus!", disse ainda uma vez antes de se despedir do subeditor. Ao final do telefonema para a redação, Pimenta deparou-se com uma cena que o deixou perturbado.

Um pássaro havia pousado no capô do automóvel. Era um pardal, espécie das mais comuns no interior paulista. Assustado com a visão, deu um passo para trás e depois agitou o braço, tentando espantar a ave. Mas o bichinho manteve-se imóvel, e parecia olhar fixamente para ele. De todas as coisas que poderiam tê-lo tirado do controle naquele dia, nada lhe pareceu pior do que esse prosaico momento. Pimenta estava com o coração disparado, julgando que aquilo fosse algum sinal, certamente um péssimo presságio.

Por um instante, o pássaro arrepiou-se e agitou as asas, mas continuou no mesmo lugar, os olhos fixos no ser humano à sua frente. Então, o telefone celular tocou e o pardal finalmente se foi. Lívido, Pimenta atendeu. Era *Zeca* Cafundó, que disse ter recebido o seu recado e perguntou o que estava acontecendo.

Pimenta descreveu rapidamente o que havia feito a Sandra e contou que o corpo dela estava caído no haras. Quis saber de Cafundó se a ex-namorada havia morrido ou se havia sobrevivido aos ferimentos. E logo passou aos seus temores imediatos: falou a Cafundó, com fartura de detalhes, do pássaro pousado no carro. Disse ter pensado que era a alma de Sandra. Chegou a chorar, dizendo: "Ela voltou para me perdoar".

E concluiu: "Acho que é um sinal de que eu vou morrer agora!".

Ao final da conversa, Pimenta pediu ao amigo que fosse encontrá-lo, ou enviasse um carro do jornal que o levasse de volta ao sítio. "Não estou em condições de dirigir", alegou. Fez Cafundó prometer que transmitiria à família Mesquita suas desculpas pelos danos que seu ato iria causar à imagem do Grupo Estado. E garantiu que havia sido forçado àquela situação. "Não havia outra coisa a fazer", repetia. Cafundó ficou de voltar a falar com ele em alguns minutos e desligou.

Na sequência, Pimenta ligou para Otavio Frias Filho, diretor de redação da *Folha de S.Paulo*, seu amigo por décadas e filho de seu patrão mais constante na imprensa brasileira. "Foi algo totalmente inesperado", limitou-se a dizer *Otavinho* sobre o diálogo travado naquela tarde. "Ele estava muito perturbado".

Soube-se depois que Pimenta havia pedido ao ex--chefe que não publicasse o caso nos veículos de sua empresa. *Otavinho* teria chegado a concordar, mas quando soube que o jornal *Valor*, cuja propriedade era compartilhada pelos grupos Folha e Globo, faria reportagem sobre o crime, voltou atrás.

XLI – OS GOMIDES

O crime fora cometido havia pouco mais de uma hora e João Gomide já havia chegado em casa, na capital, quando alguém tocou a campainha do portão. Sua mulher, Leonilda, havia saído para a missa das 16 horas, na Paróquia de Santo Inácio de Loyola, e ele estava só. Era o amigo Fleming, um psicanalista alemão que havia conhecido como cliente de sua oficina, acompanhado da mulher. Um de seus mecânicos, ao saber dos fatos, o havia procurado e pedido que ele desse a notícia ao patrão.

João estranhou a visita. Afinal, eles não tinham muita intimidade. Fleming nunca havia ido à sua casa antes e, subitamente, aparecia sem avisar. Pressentiu que algo não estava bem.

– O que houve, Fleming? – perguntou.

O amigo nada disse. Fez um gesto constrangido com a cabeça e olhou para a mulher, como que pedindo ajuda para se expressar.

– Não me diga que aconteceu alguma coisa com as minhas netas – afligiu-se João.

Fleming fez que não com a cabeça e olhou para o chão. João Gomide pressentiu imediatamente, e com uma terrível certeza, o que havia acontecido. Não teve qualquer ilusão sobre o que ouviria a seguir. Antecipou-se:

– Ah, já sei... já sei... – quase sem forças para dizer a frase que estava em sua cabeça: "O Pimenta matou a minha filha!"

– Infelizmente... – disse Fleming tentando procurar as palavras mais adequadas. – Infelizmente, foi isso...

– Ele atirou nela? – gritou João.

Fleming fez que sim com a cabeça.

João Gomide sentiu o peito transpassado não só pela dor daquela revelação, mas também por um avassalador sentimento de culpa. Havia recebido o assassino de sua filha em casa, na véspera do crime. E o pior: havia dado a ele as pistas de como encontrá-la.

Foi para o quarto e pegou a pistola que mantinha na gaveta ao lado da cama. Apontou a arma para a própria cabeça e tentou encontrar forças para puxar o gatilho. "Eu não quero viver mais! Eu não quero viver mais!", gritava.

Fleming conseguiu demovê-lo da ideia de suicídio e tirou a arma de sua mão. Mas, de qualquer modo, João estava justificadamente transtornado. Ele saiu pela porta e correu pela rua. Precisava encontrar Leonilda. O corpo doía, as pernas lhe pesavam, a cidade girava à sua frente. Tentava andar mais rápido, mesmo limitado por uma prótese na bacia que nunca havia se consolidado totalmente. Se tivesse ficado com Sandra mais um pouco no haras, Pimenta talvez não tivesse coragem de fazer algum mal a ela... Culpa, culpa, era o que sentia sobre toda a dor.

Ao chegar à igreja, foi até o lugar onde sua mulher estava e a conduziu para fora. Antes mesmo de sair, falou com a esposa e desmoronou internamente quando ela deu um grito de dor e caiu em prantos. Depois, Nilda reagiu contra João, culpando-o por não ter ficado com Sandra no haras até que ela decidisse ir embora. "Mas como você deixou a menina sozinha?", disse Nilda. "Por que fez isso?" Era sua forma de extravasar o desespero e a impotência diante do trágico fato consumado.

Passado o momento mais agudo do choque, os dois seguiram para casa, abraçados, em silêncio, chorando. Nilda mal falava; apenas gemia, em agonia.

XLII – COMITÊ DE CRISE

Ruy Mesquita, diretor responsável do jornal, e Julio César
Ferreira de Mesquita, o *Julinho*, diretor da Unidade Estado,
foram avisados do que se passava minutos depois da ligação de
Pimenta para Cláudio Augusto. À medida que tomavam
conhecimento da tragédia, os membros da família que
integravam a linha de frente das redações – basicamente os
quatro filhos do *doutor Ruy* – rumaram para a sede, na Marginal
Tietê e, com alguns auxiliares próximos passaram a discutir a
forma de responder ao inusitado daquela situação. Fernão Lara
Mesquita foi o primeiro a chegar.

– Aquilo foi uma patada, uma bomba – recorda Fernão. –
Chamei as pessoas mais graduadas da redação. Ficamos
reunidos por várias horas, em uma espécie de comitê de crise.
Ele pediu ao repórter especial de polícia Renato Lombardi que
integrasse a mesa. Em seguida apareceu Rodrigo Mesquita, que
almoçava no restaurante Frangó, a poucas quadras do jornal,
quando foi informado do ocorrido pelo telefone celular. Parecia
nervoso, e não parava de repetir que sabia que uma coisa assim
iria acontecer: "Eu avisei, eu avisei!", dizia. Em seguida, vieram
Ruyzito e João Lara. O primo deles, *Julinho*, que nunca fora
favorável à contratação de Pimenta, preferiu acompanhar tudo
à distância. Ao grupo juntaram-se Murilo Felisberto e Moisés
Rabinovici, editores-chefes do *Jornal da Tarde*.

Zeca Cafundó já estava na redação e foi chamado a participar da
conversa. Mal havia se sentado à mesa e seu celular tocou.

Era Deomar Setti, proprietário do haras em Ibiúna. Cafundó
perguntou a ele qual era o estado de Sandra naquele momento.

– Ela está morta – informou Setti. – A polícia já foi chamada e
os peritos estão chegando.

Estava claro que aquele dia seria apenas o começo de uma
longa e tumultuada fase com que todos ali teriam de lidar – e
que não seria fácil controlar os danos decorrentes do ato de
Pimenta, principalmente para a imagem da empresa.

Desde o assassinato de seu jornalista Euclides da Cunha, em
1909, o *Estado*, como instituição, não estava ligado a um fato
tão chocante. Com a diferença de que, no começo do século
XX, o funcionário foi a vítima, alvejado em um confronto com
Dilermando de Assis, o amante de sua mulher, Ana Emília.
Agora, quase um século depois, seu diretor de redação era o
assassino confesso de uma namorada que dias antes trabalhava
como editora numa das mais importantes seções do jornal.

O episódio mais lembrado pelos presentes, contudo, foi o do
roubo a um banco na Avenida Paulista, em que o nome da
empresa foi envolvido em uma trapalhada que entrou para o
folclore jornalístico. Em 1981, o chefe de reportagem do
Estado, Mário Lúcio Franklin, que havia feito carreira por mais
de uma década no *Jornal do Brasil*, recebeu na redação um
contador chamado Wanderley Barreto. Muito agitado, o
homem alegava ter conhecimento de casos de corrupção na
empresa pública de energia Eletronorte, onde havia trabalhado
anos antes. Disse ainda que pretendia simular um assalto a
banco para chamar a atenção da opinião pública e poder
apresentar os documentos sobre os supostos desvios. Franklin
informou a polícia sobre a intenção do contador, mas não
tendo conseguido demovê-lo de seu intento, designou o
repórter Mauro Mug e o fotógrafo Reginaldo Manente para
documentar com exclusividade a possível ocorrência do evento.
Mário Lúcio chegou a comentar com a equipe que a história
poderia até mesmo render um Prêmio Esso para o *Estadão*. Ao
chegar à agência do banco, com uma pistola de brinquedo,
Wanderley deu o aviso de assalto a um funcionário e recolheu

todo o dinheiro do respectivo caixa. Ninguém percebeu a movimentação e, em vez de cumprir o prometido e se entregar, o contador deixou um pacote de bombons com o gerente, que nada entendeu, ganhou a rua, pegou um táxi e desapareceu. O repórter e o fotógrafo chegaram a registrar parte da ação, mas perderam a pista do homem. Ao saber do ocorrido, a direção do jornal teve de usar de muita habilidade para evitar que o caso fosse explorado por seus concorrentes. Tempos depois, o contador se entregou à Justiça em Uberaba, Minas Gerais, e verificou-se que se tratava de um desequilibrado mental.

– Esse caso não é como o do Franklin, é trinta vezes pior! – disse um dos Mesquitas presentes. – Perto disso, não é nada! Isso é uma tragédia, uma catástrofe!

– E a nossa ligação com ela poderia ter sido evitada! –lembrou outro, inconformado.

O clima era tenso e havia muitas decisões a tomar em pouco tempo. Alguém sugeriu que se examinassem as gavetas da mesa de Pimenta para ver se era possível encontrar algo relevante para o encaminhamento da situação. Agenda de telefones, algum bilhete explicando as razões daquele ato, etc. Mas só foram encontrados os documentos da doação das éguas por Carlos Soulié do Amaral e cópias impressas de reportagens não publicadas.

Em alguns momentos, Cláudio Augusto aparecia na sala para dizer que veículos estavam ligando para o jornal pedindo informações. O primeiro foi a *Folha de S. Paulo*. Depois, ligou um jornalista de *O Globo*. Ainda atônito com o impacto de ter sido o primeiro a receber aquela notícia brutal, a do assassinato de uma colega pelo seu diretor, Cláudio quase ia se esquecendo de mandar um repórter para o Haras Setti. Não havia muitos precedentes de homens de imprensa que se tornavam os protagonistas das próprias coberturas jornalísticas, tanto mais dessa gravidade. Após o telefonema de Pimenta, atarefado com

as ligações que não paravam e os pedidos dos diretores, ele levou quase uma hora para se lembrar de enviar o repórter de plantão, Flávio Mello, para Ibiúna. Enquanto a reunião dos Mesquitas transcorria, carros de reportagem aglomeravam-se em frente à sede do jornal. E repórteres mantinham plantão em sua portaria à espera de notícias. Depois de receber a informação, sem fundamento, de que Pimenta estaria rumando para a redação, a fim de conceder uma entrevista coletiva, a *Rede Globo* deslocou um helicóptero para sobrevoar o prédio principal e tentar registrar sua chegada.

Na sala dos diretores, *Zeca* Cafundó fez um relato minucioso do que Pimenta lhe dissera. Os detalhes narrados sobre o que ele fizera desde o início do dia levaram à conclusão geral de que se tratava de um crime cuidadosamente premeditado. O desfecho, porém, ainda estava em aberto. Cafundó revelou onde Pimenta se encontrava naquele momento e fez um alerta:

"Ele está dizendo que vai se matar".

– Precisamos de um advogado aqui – disse Fernão. – Um advogado que nos diga como proceder diante de tudo isso. Renato Lombardi sugeriu que chamassem Manuel Alceu Affonso Ferreira, representante da casa por décadas, com escritório no Jardim Europa, e que chegou a ser secretário de Justiça do Estado de São Paulo na década de 1990. A ideia foi aprovada. Com certo grau de parentesco com os Mesquitas, era chamado por eles de 'Mané', tal era sua proximidade.

Manuel Alceu não demorou a chegar, mas foi logo lembrando que a advocacia criminal não era a sua especialidade. "Não entendo nada dessa área", insistiu, com uma modéstia um tanto excessiva.

As conversas acabaram levando a outro nome, este sim celebrizado pela atuação no direito criminal: Antonio Claudio Mariz de Olveira. Filho de um jurista importante – o catedrático Waldemar Mariz de Oliveira –, presidente da Ordem dos Advogados do Brasil (OAB) entre 1987 e 1991 e secretário de Justiça e Segurança Pública do Estado de São Paulo no governo Orestes Quércia, Mariz de Oliveira nunca se esquivou de causas polêmicas nem de defender réus hostilizados pela opinião pública. Entre eles o pivô do impeachment do presidente Fernando Collor de Mello, PC Farias, e Suzane von Richtofen, a jovem que matou os pais com a ajuda do namorado e do irmão dele (os irmãos Cravinhos), com o objetivo de receber sua herança.

Enquanto Mariz de Oliveira não chegava, Cafundó mantinha contatos com Pimenta, passando a ele as informações sobre o desenrolar da crise na sede do jornal e as providências em curso. O advogado apareceu no final da tarde e prontificou-se a acompanhar Cafundó no encontro com Pimenta. Manuel Alceu também se ofereceu para seguir com eles. Ficou combinado que os três iriam no carro de Cafundó, um Fiat Tempra, porque a utilização de um automóvel da empresa estabeleceria uma indesejável ligação adicional do jornal com os atos de seu diretor. Além do mais, um veículo de reportagem atrairia as atenções de moradores de Ibiúna e de outras equipes de imprensa que o avistassem no caminho.

Começava a escurecer quando o trio chegou ao local indicado por Pimenta. Ele estava do lado de fora do carro e parecia um tanto desorientado, mas não descontrolado. Cafundó explicou a ele porque os advogados também estavam ali. O diretor do *Estado* demonstrou satisfação ao saber que Mariz de Oliveira poderia representá-lo e disse que gostaria mesmo que o fizesse. Neste primeiro contato formal com o novo cliente, Mariz pediu que ele lhe entregasse a arma do crime. Pimenta não concordou e omitiu o fato de que havia guardado as cápsulas deflagradas. O grupo seguiu, então, para o sítio de Mailasqui, no carro de Cafundó. O Renault Clio ficou no acostamento, trancado.

Ao chegar à propriedade, Pimenta tomou dois comprimidos de tranquilizante. Falou brevemente sobre os acontecimentos daquele dia e dos anteriores, sempre buscando uma justificativa plausível para seus atos. Depois, arrumou uma bolsa com roupas e artigos de higiene, pôs um boné de golfista na cabeça e seguiu para São Paulo com *Zeca* Cafundó e os advogados.

Por pouco, eles não cruzaram com as viaturas da polícia que chegariam ao sítio ainda naquela noite para uma busca. No local, eles apreenderam munição – dez balas de revólver calibres 38 e 32 – e 11 fitas cassete com gravações que imaginavam ser de escutas telefônicas feitas do número de Sandra.

Entre os objetos recolhidos na chácara de Pimenta também estavam um coldre, fotocópia da carteira de identidade, uma agenda pessoal, luvas cirúrgicas de borracha e um punhal.

O destino seguinte do grupo foi a casa de Manuel Alceu Affonso Ferreira, no Jardim América. Cafundó deixou os três e seguiu para casa. O advogado deu uma série de telefonemas para pessoas do círculo de amizades mais próximo de Pimenta, em busca de alguém que pudesse acolhê-lo algum tempo antes que se entregasse à polícia. Um a um, todos prometeram apoio, mas aconselhavam o jornalista a se apresentar, até para que não ficasse tachado pela opinião pública como assassino foragido. "É só até amanhã", dizia Manuel Alceu. "Hoje o clima está uma loucura e ele também ainda não pôde se recompor." Mas aqueles que eram contatados não cediam aos apelos.

Finalmente, Pimenta sugeriu que falassem com Aloísio de Toledo Cesar. *Paraná* atendeu o telefone e ouviu Manuel Alceu do outro lado da linha:

– É, Aloísio, tenho uma notícia ruim... – disse o advogado. – Seu amigo Pimenta matou a namorada.

– Meu Deus, eu tinha certeza de que isso ia acontecer! –
retrucou Toledo Cesar, arrasado. – Era o meu grande medo!

– Não quero entregá-lo agora, porque ele ficaria numa situação
muito ruim – prosseguiu Manuel Alceu. – Você poderia
hospedá-lo?

– Posso, sim – respondeu Toledo Cesar, para alívio do
advogado. – Mas só posso acolhê-lo se você apresentá-lo
amanhã. Hoje ele dorme aqui e amanhã vai embora, porque
represento a Justiça. Não posso abrigar alguém na condição de
foragido.

– Sim, claro. Está combinado.

A passagem de Pimenta pelo apartamento de Toledo Cesar na
noite após o crime permaneceria desconhecida até da imprensa
por mais de doze anos.

Logo após desligar, o desembargador buscou sua agenda de
telefones. Ao mesmo tempo em que desejava ajudar o velho
amigo, precisava se precaver de futuras acusações de
cumplicidade no crime. Ligou para o presidente do Tribunal de
Justiça, Márcio Martins Bonilha, e explicou a situação. "Ele
não está mais com a arma e vai se apresentar à polícia ainda na
parte da manhã", relatou ao superior hierárquico, que
concordou com sua condução das coisas. Em seguida, deu um
telefonema para o Secretário de Segurança do Estado, Marco
Vinício Petreluzzi, pedindo que suspendesse a busca por
Pimenta Neves. "Eu lhe dou minha palavra de que ele vai se
entregar amanhã. Está tudo sob controle", afirmou Toledo
Cesar.

– Obrigado – respondeu Petreluzzi. – Vamos aguardar, então.

XLIII – A NOTÍCIA

No início da noite daquele domingo, na sala de reuniões do
jornal *O Estado de S. Paulo*, tratava-se agora de planejar a
comunicação com os outros órgãos de imprensa. Sobretudo no
reforço da ideia de que, apesar de envolver dois profissionais de
seus quadros – um ainda efetivo e uma ex-funcionária – a
questão não dizia respeito diretamente ao *Estadão*. Ficou
acertado que o caso seria noticiado nas edições em curso com
total sobriedade e com o cuidado de deixar claro que se tratava
de uma questão pessoal, do ato isolado de um indivíduo.

Cláudio Augusto foi incumbido de reunir em poucos
parágrafos as informações passadas pelo repórter Flávio Mello.
E Fernão Mesquita assumiu a tarefa de dar a forma final ao
texto que seria publicado no dia seguinte nos jornais da casa – o
Estado e o *Jornal da Tarde*.

Por volta das 20h, uma cópia impressa do informe foi levada à
casa de Ruy Mesquita por um motorista do jornal. O diretor
responsável leu seus dizeres e aprovou a redação, sem fazer
qualquer ressalva. O texto também foi lido, por telefone, para o
advogado Manuel Alceu, que também o aprovou. Às 22h, a
notícia foi incluída na edição que chegaria às bancas e aos
assinantes no dia seguinte. Foi feita uma chamada de primeira
página, sem destaque ou imagem, em que Pimenta era tratado
como "suspeito" e que remetia ao seguinte texto interno:

"Diretor do *Estado* suspeito de assassinato

A jornalista Sandra Gomide, de 32 anos, foi assassinada neste
domingo, por volta das 14 horas, no Haras Setti, em Ibiúna

(SP). Ela recebeu um tiro nas costas e outro na cabeça. Os disparos foram feitos com uma arma de calibre 38 ou 7.65. A polícia suspeita que o autor do crime seja o também jornalista Antônio Marcos Pimenta Neves, diretor de redação do *Estado*. Os dois tiveram um relacionamento amoroso, rompido há pouco mais de um mês.

De acordo com o proprietário do haras, que se identificou apenas como Deomar e preferiu não revelar o seu sobrenome, Pimenta Neves havia chegado ao local por volta das 7 horas. Apanhou um cavalo de sua propriedade e saiu para cavalgar. Deomar, conhecido como *Gaúcho*, conversou com o jornalista por volta das 11h30. O tema da conversa foi uma exposição agropecuária que será realizada no Rio Grande do Sul. *Gaúcho* convidou Pimenta para almoçar no haras, mas ele recusou.

Sandra, que também mantinha dois cavalos de sua propriedade no haras, chegou ao local à tarde. O irmão dela, o corretor de seguros Nilton Gomide, disse que algumas pessoas ouviram a jornalista gritar a seguinte frase: "Não, não, Pimenta."

Deomar, que correu para o local quando ouviu os estampidos, disse ter visto Pimenta Neves, dentro de seu carro, deixando o haras. O delegado do Departamento de Investigações Gerais de Ibiúna, Lincoln Amorim Kunizawa, disse que a polícia está à procura do suposto assassino. O corpo de Sandra permanecia no haras, onde estava sendo feita a perícia técnica. O irmão de Sandra disse em entrevista que a Polícia Federal deve ser acionada, já que Pimenta Neves mantém uma casa nos Estados Unidos. Segundo Nilton, Pimenta Neves tinha ido ao apartamento de Sandra e tentado agredi-la. Um boletim de ocorrência foi registrado. A família, de acordo com Nilton, estava procurando outro imóvel para que Sandra pudesse mudar de endereço."

O texto trazia ainda um breve resumo das carreiras de Pimenta Neves e de Sandra.

A TV não divulgou o caso até o encerramento da edição do *Fantástico*, às 23h, quando o apresentador Pedro Bial anunciou uma notícia de última hora: "O diretor do jornal *O Estado de S. Paulo*, Antônio Pimenta Neves, matou com dois tiros a jornalista Sandra Gomide, sua ex-namorada, em Ibiúna, no interior de São Paulo. Ele ainda não se apresentou à polícia", dizia o sucinto informe.

Terminado o trabalho da perícia em Ibiúna, o corpo de Sandra foi levado para o Instituto Médico Legal de Sorocaba. Feita a necropsia, foi liberado para o velório.

Em São Paulo, o grupo de Araraquara começava a tomar conhecimento, em choque, do ato cometido pelo amigo de infância. Por sua posição de editorialista do jornal, Marco Antônio Rocha, o *Marquito*, foi o primeiro dos conterrâneos a saber o que se passava. Em seguida, ligou para avisar ao escritor Ignácio de Loyola Brandão sobre o ocorrido. Brandão relataria, três dias depois, a extensão do impacto que sofreu com a notícia:

"Minha mulher, ao meu lado, me ouviu gritar, eu que jamais grito. E me viu ficar branco e trêmulo. Ocorreu a ela que tivesse acontecido alguma coisa grave ao meu filho, que vinha de uma fazenda. Não foi com meu filho, felizmente. Nunca um felizmente soou tão estranho numa frase, numa vida. Tão inadequado. Há momentos que a gente gostaria de varrer, transformar em miragem. A partir do instante em que Marco Antônio Rocha me comunicou, cheio de laconismo e dor, que Pimenta Neves tinha matado a namorada, o mundo passou a ser incômodo, assustador."

José Celso Martinez Corrêa também ficou impactado com a explosão de violência vinda do comportado amigo de juventude. Mas não exatamente surpreso. "Sempre achei que a *britanicidade* de seu comportamento o oprimia", comentou ele com os outros integrantes da turma de sua cidade-natal, sobre a característica do jornalista de nunca extravasar suas emoções em público.

Cibele Rocha concordou com a linha de raciocínio do encenador teatral e comentou com ele: "Se Pimenta tivesse dito uns 15 palavrões, talvez não tivesse matado a Sandra."

Entre os colegas de profissão, um dos mais chocados era Alcides Ferreira. Embora já tivesse deixado o Grupo Estado em maio daquele ano para assumir um alto cargo no Deutsche Bank, ele mantinha o contato com Pimenta, quase sempre por razões de trabalho. Para Alcides, a tragédia de Pimenta e Sandra veio a completar um dos piores fins de semana de sua vida, já que na sexta-feira, 18 de agosto, ele havia perdido um de seus amigos mais caros, o jornalista Gabriel Junqueira de Carvalho, morto em um acidente de carro. Quase 20 anos mais velho, Gabriel havia lhe ensinado muito na área de Economia da *Folha de S. Paulo* e agora trabalhava com ele, como responsável pelo site de informações econômicas do Deutsche Bank. "Já havia passado o sábado no velório do Gabriel Junqueira, arrasado, e no domingo me ligam do *Estadão* avisando que o Pimenta havia matado a Sandra", relata Alcides Ferreira. "Aquilo tudo me abalou muito."

Eram 22 horas quando Pimenta Neves e os advogados Antonio Claudio Mariz de Oliveira e Manuel Alceu Affonso Ferreira tocaram a campainha do apartamento do desembargador Aloísio de Toledo Cesar, no Jardim Paulistano. "Pimenta chegou muito estranho, com o olhar perdido", recorda Toledo Cesar. "Entrou, acomodou-se em um sofá na sala e ficou ali, mudo, o que me deixou assustado."

O maior temor do amigo desembargador era que, ao primeiro descuido, Pimenta se atirasse da janela do 12º andar, onde *Paraná* morava. Da mesma forma que ele previra – e tentara prevenir – a morte de Sandra, ele imaginava que a intenção de Pimenta era a de acabar com a própria vida.

– *Paraná*, me faz um favor – pediu Pimenta em um determinado momento. – Vai comprar um calmante para mim. Estou muito nervoso.

– Não preciso sair, eu tenho alguma coisa aqui – disse Toledo Cesar, sem querer deixar o amigo desacompanhado um só momento nem dar a ele medicamentos fortes. Buscou uma caixa de remédios e tirou dela umas pílulas de homeopatia que lhe haviam prescrito para aliviar dores de estômago.

Pimenta ingeriu os comprimidos acreditando serem tranquilizantes e fez silêncio por mais um longo tempo. Depois, ficou repetindo, com o olhar perdido:

– Eu não aguentei... Eu não aguentei...

XLIV – NOVO REFÚGIO

Toledo Cesar e Pimenta passaram a noite em claro, na sala do apartamento, quase sem conversar. Ainda bem cedo, naquela segunda-feira, 21 de agosto, *Paraná* preparou um café da manhã e, após Pimenta ter tomado banho e se arrumado, os advogados Mariz de Oliveira e Manuel Alceu chegaram para buscar o jornalista. O desembargador precisava se aprontar para o trabalho no Tribunal de Justiça e se despediu, penalizado, do amigo.

O trio seguiu de volta à casa de Manuel Alceu, a fim de organizar a apresentação à polícia com uma estratégia de defesa mais sólida, assim como um depoimento coerente. A intenção era ficar por ali apenas um breve tempo, mas Pimenta começou a se mostrar cada vez mais reticente sobre o plano. O advogado pediu, então, que Fernão e *Ruyzito* Mesquita rumassem para lá e o ajudassem a convencê-lo a se entregar.

Quando os irmãos chegaram, o clima estava bastante carregado. Estirado em uma cadeira, abúlico, Pimenta mantinha a mão no bolso do casaco onde ainda guardava a pistola do crime. O temor geral, agora, era o de que ele acabasse com a própria vida, ali mesmo, na casa. "Vamos, Pimenta", insistiam Fernão e *Ruyzito*. "Vamos embora."

Pimenta chegou a se levantar, deu voltas pela sala, sem falar, mas não esboçou sinal de que estava disposto a sair. Em um certo momento, deixou o cômodo, trancou-se no banheiro e ficou lá por um longo tempo. "Pronto", pensou Fernão, aterrorizado. "Agora, vamos ouvir o tiro. Ele vai se matar..." Fernão, *Ruyzito*, Mariz e Manuel Alceu viveram minutos intermináveis de tensão até que, finalmente, o personagem central daquele drama surgiu novamente na sala. Fernão, então, perdeu a paciência e explodiu:

– Acabou, Pimenta! Para com essa merda! Larga essa arma e vai se entregar, porra!

O jornalista tirou calmamente o revólver do bolso e o deu a Mariz, juntamente com as cápsulas deflagradas. Mas disse que havia mudado de ideia e que não pretendia mais ir à polícia. Os quatro ficaram em choque e perguntaram a ele o que iria fazer. Ele informou que pediria a ajuda do publicitário Enio Mainardi.

Fernão e *Ruyzito* esbravejaram com ele: "Então, faça como bem entender! Não queremos mais saber dessa história!" E foram para a sede do *Estadão*.

Procurado, Mainardi concordou que Pimenta ficasse hospedado em seu apartamento de Higienópolis por algum tempo, até que o impacto da notícia se diluísse um pouco. Exaustos, Manuel Alceu e Mariz o levaram até lá e se despediram. O fato de ter acomodado o amigo renderia posteriormente ao publicitário duras críticas e acusações de cumplicidade. Sobretudo porque era sabido que Mainardi compartilhava com Pimenta o interesse pelas armas de fogo, que qualificava como "hobby". Era até melhor conhecedor e *habitué* dos estandes de tiro do que o amigo. Afirmava que a posse de um revólver já o havia livrado de momentos em que sua própria vida esteve em perigo. Mas nunca havia chegado perto de envolver-se em uma situação violenta como aquela criada por Pimenta.

Nos tempos que seguiram, não foram poucos os jornalistas, e mesmo antigos conhecidos de Pimenta, que especularam se o Taurus .38 não havia sido um presente de Mainardi, dada a sua familiaridade com o assunto. Na verdade, era comum ouvir-se entre os profissionais de imprensa, ao se comentar o assassinato de Sandra Gomide, a afirmação taxativa: "A arma do crime era do Enio Mainardi".

Perguntado sobre essa questão para este livro, o publicitário admitiu que conhecia a arma, e chegou a descrevê-la em detalhes –, mas negou categoricamente que a tivesse dado ao amigo. "O revólver foi comprado e registrado por ele", garantiu.

Para reforçar sua afirmação, Mainardi ponderou que se a procedência da arma tivesse sido comprovadamente atribuída a ele, o fato o tornaria automaticamente cúmplice do crime e teria de ser processado também. Uma rápida checagem mostrou que a afirmação de Mainardi era verdadeira: o registro e o porte da Taurus estavam em nome de Pimenta.

No final da manhã, devidamente instalado, Pimenta pediu a Enio Mainardi que lhe trouxesse os jornais *Folha de S. Paulo* e *Estadão*, para ver como a história toda estava sendo noticiada. Leu atentamente as reportagens a seu respeito, balançando a cabeça em alguns momentos, como se estivesse contrariado. Ao final da leitura, desabafou: "Eles não estão cobrindo o caso corretamente! Isso não está nada bom..."

Apesar de irritado, ele parecia ter reunido novo ânimo, uma estranha disposição, dado o contexto em que se encontrava. O jornalista falava mais alto nele do que o único e intransferível autor do crime. Naquele momento, era incapaz de se ver como objeto do noticiário. Era um editor, frustrado por não estar no comando da cobertura.

Decidiu ligar para o diretor responsável, Ruy Mesquita. Dizendo-se "muito abalado" pelos acontecimentos, queixou-se do noticiário do jornal que dirigira. "Está muito favorável à Sandra e à família dela", insistiu. "A *Folha* se saiu muito melhor."

A cobertura na TV também crescia, explorando novos detalhes do assassinato. Pimenta era qualificado nas reportagens como criminoso em fuga: "O diretor do *Estadão* está foragido por ter matado a namorada, muitos anos mais jovem", era a linha geral das matérias. A *Globo News* reprisava uma entrevista de seis meses antes, na qual Pimenta definia o ato de fazer justiça pelas próprias mãos como "um atributo de sociedades primitivas".

Acompanhar essa sequência de acontecimentos não foi o suficiente para fazer Pimenta Neves deixar suas razões particulares e entender a gravidade da própria situação. Depois de assistir às matérias que os canais de televisão fizeram sobre o caso, ele ligou para o editor-executivo José Maria Mayrink, aparentando um inabalável delírio de poder. Queria saber como o *Estadão* ia tratar a pauta na edição seguinte. Perguntou se seria a manchete e voltou a se queixar da cobertura, demonstrando surpresa por ser retratado como assassino na maioria dos veículos.

– O noticiário está muito carregado e parcial, Mayrink. Estão ouvindo muito o lado dela. Só falam com a família daquela mulher. É preciso rever isso. É um absurdo. Até o Boris Casoy (âncora do *Jornal da Record*) está contra mim. Como Casoy havia comandado a redação da *Folha de S. Paulo* entre 1977 e 1984 – período em que Pimenta atuara como correspondente do jornal em Washington –, o ex-diretor imaginou que receberia uma abordagem mais amena por parte dele.

O choque de realidade veio no meio da tarde, quando o juiz Maurício Valala, da 2.ª Vara Criminal de Sorocaba, decretou sua prisão temporária por 30 dias. Para fundamentar o pedido, o delegado Lincoln Amorim Kunisawa, assistente da Delegacia de Ibiúna, relatou que testemunhas ouvidas disseram ter visto Pimenta deixando o Haras Setti. "Não há mais dúvidas de que ele foi o autor do crime", afirmou Kunisawa. Logo em seguida, Paola Zanelato, assistente do advogado de defesa Antonio Claudio Mariz de Oliveira, recebeu jornalistas no escritório e anunciou que seu cliente estava apenas aguardando a polícia agendar dia e horário da audiência para se apresentar. "Não havia motivo para a decretação da prisão, porque ele não está foragido, nem atrapalhando a investigação", declarou.

Além de Paola Zanelato, bacharelada em 1992 pela Pontifícia Universidade Católica de São Paulo (PUC-SP) e uma das fundadoras do Movimento em Defesa da Advocacia, também fazia parte da equipe o advogado Roberto Podval, mestre em Direito Penal pela Universidade de Coimbra, presidente do Conselho do Movimento de Defesa da Advocacia, ex-presidente do IBCCRIM – Instituto Brasileiro de Ciências Criminais. Podval defendera o ex-senador Luís Estevão, cassado em junho de 2000, e mais tarde representaria o casal Nardoni, acusado de matar a filha Isabela em 2008.

XLV – REDUÇÃO DE DANOS

Na sede do jornal *O Estado de S. Paulo*, a semana começava como uma das mais críticas de sua história. Duramente golpeada e apanhada de surpresa pela tragédia, a redação estava desorientada. Editores e repórteres não sabiam como preparar a edição seguinte, e selecionavam assuntos sem conseguir manter um real interesse por qualquer um deles. Diante dos fatos que se desenrolaram ali, muito perto de todos eles, tudo o que se passava no mundo parecia menor, irrelevante.

A chefe de reportagem de economia, Cleide Sánches Rodriguez, pediu à equipe que seguisse a rotina normal e evitasse conversar sobre o crime pelos corredores. Algo praticamente impossível, porque o assunto era o único de que se falava por ali, das mesas de trabalho ao fumódromo, próximo às máquinas de café e até nos banheiros.

O diretor responsável Ruy Mesquita precisou reunir suas melhores forças para lidar com a situação e manter o curso. Convocou os executivos e editores à sua sala e, em tom grave, fez a eles uma pequena preleção: "Nós nos devemos condolências mútuas pelo que aconteceu", disse, emocionado. "É um momento muito triste e difícil, mas saberemos superá-lo. Este jornal tem coração e tem caráter, independentemente das pessoas que o fazem. Não vamos deixar que isso nos abata."

Prosseguindo em seu pronunciamento, ele lembrou o dia da morte de seu pai, em 1969, quando ele e seus dois irmãos, Júlio e Luiz Carlos, saíram do cemitério e foram direto para a redação. E anunciou que seu segundo filho, Fernão, ficaria mais presente junto à direção, sem especificar que cargo ocuparia.

– Não tenho nem faço questão de ter cargo definido – afirmou Fernão, dias depois em entrevista à revista *Veja São Paulo*. – Meu trabalho não é de intervenção. Na verdade, venho trabalhando com *doutor Ruy* há algum tempo, na página de Opinião, mas desde o trauma passei a estar mais presente na redação de *O Estado*.

A decisão de transferir o comando da redação a Sandro Vaia ficou adiada para uma data indefinida. Na prática, ele assumiria os trabalhos, mas sua oficialização no cargo ainda dependia da aprovação formal do conselho.

Quando a reunião terminou, Ruy Mesquita começou a preparar um comunicado à imprensa, com a ajuda de Fernão e mais alguns editorialistas, em que se posicionava sobre os fatos envolvendo seu diretor de redação. A íntegra da nota distribuída no início daquela tarde foi a seguinte:

"Consternada pela tragédia que envolveu dois de seus amigos e funcionários, a editora Sandra Gomide e o diretor de redação do jornal *O Estado de S. Paulo*, Antônio Pimenta Neves, no último domingo, a redação de *O Estado* e a diretoria do Grupo Estado têm a declarar que:

1 – Lamentam profundamente o ocorrido e manifestam suas condolências à família de Sandra Gomide;

2 – Na manhã desta segunda-feira, o diretor Ruy Mesquita recebeu um telefonema de Pimenta Neves, que se mostrava também muito abalado pelos acontecimentos, informando que se encontrava em São Paulo, em local que não revelou; que constituíra Antonio Claudio Mariz de Oliveira seu advogado e que este estava entrando em contato com as autoridades para providenciar sua apresentação a elas;

3 – No dia 28 de julho último, Pimenta Neves apresentou pedido de demissão ao diretor responsável do *Estado*, Ruy Mesquita, que o recusou e sugeriu ao jornalista que tirasse uma licença para tratamento médico, sugestão que ele aceitou, iniciando o tratamento nos dias que se seguiram.

O Grupo Estado aguarda o desenvolvimento do inquérito policial para a definição das responsabilidades envolvidas, e se coloca à disposição das autoridades para fornecer as informações que lhe forem requisitadas.

São Paulo, 21 de agosto de 2000

Ruy Mesquita - Diretor Responsável de *O Estado de S. Paulo*"

Em meio a todas as providências e decisões que precisava tomar, Ruy Mesquita recebeu um telefonema de Atlanta, nos Estados Unidos. Era Lourival Sant'Anna, o editor-chefe, que estava em férias e acabara de saber da morte de Sandra Gomide e suas circunstâncias. Ele perguntou ao diretor responsável se queria que antecipasse seu retorno ao Brasil. *Doutor Ruy* o aconselhou a manter as férias: "Continue sua viagem normalmente, não há muito o que fazer por aqui, e estamos conseguindo lidar com a situação a contento", garantiu. E seguiu para o velório da ex-funcionária.

O enterro de Sandra Gomide reuniu cerca de 70 pessoas, entre parentes, amigos, equipes de reportagem e alguns curiosos, no Cemitério do Horto Florestal, na zona norte da cidade. Todas as despesas do funeral foram pagas por Ruy Mesquita, que consolou a família da jornalista e permaneceu algumas horas no local.

João Florentino, o pai de Sandra, passou quase todo o tempo velando o corpo da filha, debruçado sobre o caixão, em prantos. Leonilda abraçava o marido, acariciava suas costas, afagava seus cabelos e dizia a ele palavras de conforto. À primeira vista, parecia uma fortaleza. O olhar, porém, estava perdido. As pessoas presentes surpreenderam-se com o comportamento de Nilda. Ela consolava os mais emocionados e dizia a cada um: "Não adianta chorar, já foi, acabou". João Florentino explicava: "Ela tomou calmantes muito fortes para vir aqui. Nem sabe muito bem o que está acontecendo, coitada." Mas mesmo ele estranhava o excesso de controle da mulher.

Após o caixão ter sido fechado, Nilton Gomide pediu que o deixassem a sós com a irmã. A capela ficou vazia e ele rezou por alguns momentos. Depois avisou que o sepultamento poderia começar. Às 16h15, o caixão com o corpo de Sandra foi colocado no túmulo onde estavam os restos mortais de sua avó materna.

Um dos presentes era o amigo Carlos Franco, que voltara às pressas de Paraty ao saber do crime. O diretor interino do *Estado* o avistou e chamou-o a um canto para uma conversa:

– Bravo Franco, está de volta, não? – disse Sandro Vaia.

Franco explicou que havia sido demitido por Pimenta na quinta-feira anterior e já ia entrar nos pormenores quando Sandro o cortou. "Sim, eu sei", disse o diretor, encurtando a conversa. "Mas nada foi efetivado. Fica tudo como estava antes, se estiver bem para você. É uma decisão da família Mesquita."

Carlos Franco se disse muito feliz com o fato de a empresa desejar sua permanência. Mas explicou que, com Pimenta foragido, sua vida podia estar em risco. "Ele sabe que eu ajudei Sandra a conseguir trabalho e pode estar atrás de mim também. Como vou ficar em São Paulo nessas condições?", argumentou. "Eu estou com muito medo", admitiu.

– O que podemos fazer é o seguinte – propôs Sandro.

– Fique fora por uns tempos. Quando Pimenta for preso, ou se apresentar, você retorna.

– Isso pode ser – concordou Franco.

Os dois trocaram telefonemas para acertar o arranjo.

Também se cogitou a realização de algumas reportagens à distância, para o caso de o sumiço de Pimenta se estender por muito tempo. Até uma viagem para a Ilha de Páscoa, para o caderno de Turismo, foi sugerida. A colunista Sônia Racy também lhe ofereceu sua casa de praia em um tranquilo ponto do litoral baiano, onde ele certamente estaria a salvo. Mas Franco acabou optando por manter-se no circuito Paraty-Itamambuca, entre o Rio e São Paulo, e ali ficaria por quase um mês. Daí voltaria a trabalhar no jornal até 2006.

XLVI – INTERNADO

Na manhã do dia 22 de agosto, terça-feira, o advogado de Pimenta Neves, Antonio Claudio Mariz de Oliveira, compareceu ao Departamento de Homicídios e Proteção à Pessoa (DHPP), entregou a arma do crime e prometeu a apresentação de seu cliente no dia seguinte, às 10h. "Ele não é perigoso. Temos aqui todos os componentes de um crime passional", assegurou o criminalista.

Mariz sabia que a alegação de violenta emoção era uma atenuante que permitiria reduzir uma possível pena de seu cliente no caso de uma condenação por homicídio qualificado, normalmente estipulada entre 12 e 30 anos. Até 1940, homicidas que argumentassem "perturbações de sentidos e da inteligência" podiam se ver livres da cadeia. Naquele ano, uma alteração no Código Penal eliminou essa brecha. Foi criado, então, o argumento do homicídio privilegiado, que possibilita a redução de até dois terços da pena quando o assassino age "sob violenta emoção", em resposta a "provocação injusta da vítima".

Na esperança de embasar o argumento com a opinião de um nome de peso na psiquiatria forense, Mariz de Oliveira telefonou para um catedrático no assunto, de quem qualquer palavra seria considerada incontestável, e expôs a ele sua demanda.

– Acredito que temos elementos para atestar a inimputabilidade de Pimenta Neves – disse Mariz ao psiquiatra. – O senhor daria um parecer que indicasse a configuração de um crime passional aqui? – perguntou ele. O especialista, porém, discordou:

– Meu caro Mariz, você e eu sabemos que não se trata disso. Posso muito bem conversar com ele e emitir uma opinião profissional. Mas, com as informações que já temos, sabemos que o crime foi pensado bem antes – avaliou. A conversa foi encerrada amigavelmente, mas o advogado sentiu que não seria um empreendimento fácil encaminhar a defesa por aquele rumo.

Enquanto Mariz de Oliveira empreendia sua busca, no Jardim América policiais civis faziam uma vistoria na casa do advogado Manuel Alceu Affonso Ferreira. Eles haviam recebido a informação de que Pimenta havia sido visto ali depois do crime. Entretanto, cerca de 48 horas depois do assassinato de Sandra Gomide, um fato novo estava para mudar o rumo dos acontecimentos:

Naquela tarde, Enio Mainardi precisou sair e ficou fora de casa por algumas horas. Pimenta Neves aproveitou a ausência do amigo para tentar pôr em prática algo que havia considerado na madrugada anterior: acabar com a própria vida. Mesmo radical, era uma saída melhor que a humilhação do cárcere. O jornalista havia descoberto que Mainardi mantinha uma bolsa com diversos medicamentos tranquilizantes, obtidos sob prescrição médica, e calculou que a quantidade armazenada seria suficiente para realizar o intento.

Sentou-se à mesa da sala de jantar e escreveu em uma folha de papel sulfite uma mensagem de despedida endereçada a Andrea e Stephanie:

> "Minhas queridas filhas,

Vocês sabem o que significam para mim. Cometi uma insensatez pela qual tenho de pagar. Destruí duas vidas, a de Sandra e a minha, num momento de pânico.

Com esse gesto, feri profundamente todos os que nos amavam.

Perdi todo interesse em viver. Quero que compreendam o que estou prestes a fazer como um ato de amor por vocês, uma reparação pelo mal que lhes causei.

Minha defesa num processo longo e penoso seria impossível.

Nada diria que pudesse denegrir a imagem e a memória de Sandra. Eu só amei duas mulheres em minha vida, ela e sua mãe.

Vivam com coragem e altivez. Vocês não têm de sentir remorso ou vergonha. Somente Sandra e eu sabemos toda a verdade, e talvez nem toda.

Beijo-as com o carinho do pai mais afetuoso. Tenho enorme orgulho de vocês.

Às minhas irmãs queridas e aos meus familiares e amigos deixo um apelo para que compreendam. Aos pais de Sandra, um pedido de que me perdoem. Não fui falso na amizade que dediquei a todos.

Pimenta"

Em seguida, desmontou as cartelas dos medicamentos e ingeriu 72 comprimidos de Lexotan e Frontal, entre pedaços de pão e goles de água.

Ao retornar ao apartamento, Enio Mainardi encontrou o hóspede sentado no chão do banheiro, cercado das caixas vazias dos antidepressivos. Ele teria tomado todas as pílulas existentes nas embalagens, mas ainda estava semi-consciente.

Homem forte, e que sempre se exercitou, Mainardi pôde ajudar o amigo a caminhar até o carro, amparando-o com um dos braços e acomodando-o no banco do passageiro.

Depois, seguiu com ele para o Hospital Israelita Albert Einstein, no Morumbi. Ali, fizeram-lhe uma lavagem no aparelho digestivo e o colocaram em observação na Unidade de Terapia Intensiva.

Suas irmãs, Sarah e Isabel, que viviam no interior paulista e haviam se deslocado para a capital quando souberam do crime, rumaram para o hospital logo depois de ter assistido ao noticiário sobre a internação do irmão. Foram informadas de que a vida de Pimenta Neves não corria mais risco.

Se a intenção do jornalista de se matar era real ou apenas a de criar um fato que inspirasse alguma compaixão, provavelmente nunca se saberá. O fato é que a atitude estrepitosa interrompeu sua condição de incógnito e forçou a revelação de seu paradeiro.

XLVII – A OPERAÇÃO VAN GOGH

Na madrugada do dia 23 de agosto, quarta-feira, veículos da imprensa e curiosos aglomeravam-se nas proximidades do Hospital Albert Einstein. Enio Mainardi mantinha-se à espera de um boletim médico que analisasse oficialmente o estado de saúde do amigo.

Pela manhã, uma das filhas de Pimenta, Stephanie, chegou para uma visita. Ela, a irmã, Andrea, e a mãe, Carole, haviam tentado pegar um voo em Washington, assim que souberam do crime, ainda no domingo. Mas só conseguiram embarcar na terça-feira. Era a primeira viagem de Carole ao Brasil em mais de uma década. Apenas Stephanie apareceu e deixou-se fotografar no hospital. Enio a recebeu e procurou tranquilizá-la.

Às 10h Mainardi e Stephanie receberam a notícia de que Pimenta Neves estava fora de perigo, havia sido transferido para a Unidade de Terapia Semi-Intensiva e logo poderia receber a visita deles. Pouco depois, Mainardi aceitou falar à reportagem da *Folha Online* e afirmou: "Se tivesse tido o menor palpite que ele (Pimenta Neves) fosse fazer isso (matar a ex-namorada Sandra Gomide), teria ajudado, me envolvido. Jamais passou pela minha cabeça uma tragédia como essa".

Enquanto Pimenta se recuperava, o jornalista Daniel Piza era confrontado com um dilema que nunca se resolveria de forma satisfatória. Seu novo livro, *Questão de Gosto – Ensaios e Resenhas*, estava para ser lançado por aqueles dias. Os três mil exemplares da primeira edição encontravam-se rodados e estocados na Editora Record, prontos para a distribuição. O problema estava em dois detalhes: não apenas a lista de agradecimentos do autor destacava o nome de Pimenta Neves, como o comentário na orelha do livro era assinado pelo próprio.

Pimenta aproveitara boa parte do espaço para deixar entrever suas idiossincrasias: a preferência pela literatura inglesa à francesa, a rejeição às ideias marxistas que apaixonaram seus amigos de juventude – e, de certa forma, a ele mesmo –, e seu humor peculiar ("Pound, não é a moeda inglesa").

O texto era o seguinte:

"Daniel Piza é um jovem raro. É um dos poucos que escaparam da síndrome de sua geração, dominada pelo obscurantismo da ditadura militar e pelo obscurantismo dos patrulheiros que se opunham ao regime inaugurado em 1964. A ditadura foi embora, mas a burrice da esquerda permaneceu, quase intocada, mesmo depois do desmanche da União Soviética (a China passou um pouco da moda depois de seu namoro com o capitalismo, mas Fidel Castro ainda atrai turistas políticos ao parque jurássico que dirige). Piza é raro também porque é um jovem culto, que trata com a familiaridade de um velho os textos de Nabokov, Wilson (não o presidente, o outro), Pound (não é a moeda inglesa), Eliot. Por sorte, leu mais os autores de língua inglesa do que os franceses, o que explica por que escreve tão bem. Piza conhece artes plásticas e música erudita, encontra tempo para *chat* na internet com seus muitos leitores e domina o computador como um desses *nerds* de Hollywood. Sua coragem intelectual é considerável, ou não enfrentaria o ódio da oposição todas as semanas em sua coluna no *Estado*. Eu o conheci e contratei na *Gazeta Mercantil* por recomendação de meu saudoso amigo Paulo Francis, que o considerava uma esplêndida promessa. Piza, contudo, não prometeu nada. Chegou entregando. Se continuar assim, corre o risco de dar um bom nome à sua geração.

Antonio M. Pimenta Neves"

Diante dos últimos acontecimentos, o elogio de antes se convertera em uma associação indesejável, comprometedora. Piza refletiu muito sobre qual seria a melhor solução para o problema. Adiar o lançamento? Não, a gravidade do crime não permitiria o esquecimento ou a reabilitação em um curto prazo. Refazer as capas? A diretora editorial da Record, Luciana Villas Boas, descartou a possibilidade. Seria operacionalmente inviável desmontar cada exemplar publicado. O livro todo teria de ser impresso novamente.

Restou, então, uma medida radical. Mesmo que imperfeita, seria a menos traumática: Piza mandou cortar as 3.000 orelhas do livro antes da noite de autógrafos. "Não teria credibilidade uma orelha assinada por ele", justificou o jornalista à revista *Veja São Paulo* da semana seguinte. "Profissionalmente, contudo, continuo sendo-lhe muito grato", ressalvou. A página de agradecimentos, contudo, não pôde ser eliminada.

Ao saberem da providência, os colegas de profissão não tardaram a apelidar maldosamente a providência como *Operação Van Gogh*. O vazamento do episódio acabou por ampliar os danos e o constrangimento que Piza tentou evitar. Pimenta sobreviveria a Daniel Piza, cujo sucesso profissional creditava às oportunidades que lhe oferecera quando diretor das redações da *Gazeta Mercantil* e de *O Estado de S. Paulo*. Piza foi vítima de um acidente vascular cerebral (AVC) na noite de 30 de dezembro de 2011, aos 41 anos, quando se preparava para os festejos de ano novo com a família, em Gonçalves (MG).

XLVIII – O DEPOIMENTO-ENTREVISTA

Na manhã de 24 de agosto, quinta-feira, Pimenta parecia inteiramente recuperado. Conversava normalmente, não demonstrava sonolência ou mesmo estado depressivo. Leu todos os jornais e mostrou-se mais uma vez contrariado com as reportagens do *Estadão* sobre o caso. Da cama do hospital, deu um telefonema para a chefia de reportagem: "Está tudo péssimo, vocês estão dando muito espaço à família daquela mulher", teria voltado a se queixar. "A cobertura da *Folha* está muito melhor."

Alguns amigos e ex-colegas fizeram questão de prestar solidariedade ao jornalista no hospital: estiveram lá para vê-lo Klaus Kleber, Roberto Müller, Luiza Pastor e Iris Walquíria Campos.

A junta comandada pelo médico Ricardo Botticci enviou-o para uma sessão de ressonância magnética, que não indicou qualquer anormalidade em sua atividade cerebral, assim como quaisquer resquícios ou sequelas em decorrência da ingestão excessiva de calmantes. Em termos fisiológicos, o paciente estava pronto para ser liberado.

Aconselhada pelo advogado Antonio Claudio Mariz de Oliveira, Stephanie pediu que o pai fosse examinado pelo psiquiatra Marcos Pacheco de Toledo Ferraz, que o havia acompanhado anteriormente.

Após conversar com Pimenta, o médico emitiu o laudo dos sonhos para Mariz: considerou a possibilidade de o crime ter sido cometido em razão de um quadro de estresse agudo e recomendou que o paciente prosseguisse a terapia em uma clínica especializada, por acreditar que havia risco de que cometesse suicídio: "Ele passou por uma explosão emocional e vai precisar de tempo para se recuperar", afirmou Ferraz.

Os policiais que cuidavam do caso estavam ansiosos para efetuar a prisão de Pimenta Neves e não esconderam a contrariedade. Não pretendiam manter por mais tempo uma equipe de segurança no hospital e temiam que sua permanência em casas de saúde se prolongasse além da conta, o que poderia até permitir uma nova fuga ao primeiro descuido.

Naquela tarde, o delegado Marcelo Damas, nomeado para presidir o inquérito, o delegado titular do DHPP, Carlos Alberto Ferreira Sato, e o responsável pela divisão de homicídios do mesmo departamento, Nathan Rosemblatt, acompanhados de dois investigadores e um escrivão, chegaram para tomar o depoimento do acusado. Também participaram da sessão o advogado Antonio Claudio Mariz de Oliveira, o médico Ricardo Bottici e o promotor do 1º Tribunal do Júri Marcelo Milani. Pimenta não apenas concordou em falar como requisitou uma sala do hospital onde acabou estabelecendo uma atmosfera de entrevista coletiva.

De pijama azul, ao centro de uma mesa-bancada, ele já começou a responder ao interrogatório de uma forma desconcertante. Depois de perguntados seu nome completo e profissão, pediram-lhe o endereço de residência. E ele respondeu, imperturbável:

– Avenida Engenheiro Caetano Álvares 55, Bairro do Limão.

Os policiais se entreolharam, com ar de estranheza. O endereço fornecido era do *O Estado de S. Paulo*, não o de sua casa. Em seguida, ele retificou a informação: "Desculpem, acho que estou confuso, esse é o endereço do jornal que *dirijo*", com ênfase no tempo presente do verbo.

Um escrivão datilografava suas palavras e um gravador de fita cassete tinha sido ligado para registrar o depoimento. Haviam se passado poucos minutos quando Pimenta interrompeu os trabalhos:

– Isso não está funcionando, assim não vai ser possível organizar uma linha de raciocínio – reclamou, referindo-se ao barulho da máquina de escrever.

Os policiais não esconderam a surpresa com aquela atitude. Parecia que o diretor de redação voltava a falar mais alto nele, e se mostrava um tanto contrariado com o "formato" daquele interrogatório. Ou seria uma manifestação do advogado formado no Largo de São Francisco, que nunca chegou a atender clientes, mas que agora queria tomar a frente do caso?

Recomposto, Pimenta aceitou responder as perguntas dos investigadores. Pediram-lhe que dissesse como conhecera Sandra e como os dois haviam iniciado o relacionamento. Ele tomou a palavra e resumiu, com impecável concisão jornalística:

– Eu a conheci em setembro de 1995, quando retornei dos Estados Unidos para assumir a direção da *Gazeta Mercantil*. Sandra era repórter havia uns sete ou oito anos na mesma Empresa. Depois de algum tempo, quando comemoraram meu aniversário na redação, ela se aproximou de mim e começou um flerte. No começo do ano de 1996 viajamos para o Uruguai, a trabalho, juntamente com o presidente da *Gazeta,* o senhor Luiz Fernando Ferreira Levy, e um colega de trabalho dela chamado Roberto Baraldi. Chegando ao Uruguai, como ela estava com muito frio, eu a levei para comprar uma blusa de lã. Ela gostou da roupa, ficou agradecida. Depois houve um Fórum Nacional organizado na época pelo ministro do planejamento, realizado no estado do Rio de Janeiro, e foi nesse Fórum que começamos o namoro. O romance durou aproximadamente quatro anos.

Pediram-lhe para relatar o que acontecera nas horas que
antecederam o crime. Ele o fez com voz calma e pausada:

– No domingo, o dia dos fatos, fui com meu veículo, um Clio
preto, no período da manhã, até o sítio do pai de Sandra,
localizado na cidade de Ibiúna. Quando cheguei ali, vi o carro
dela estacionado na garagem. Bati na porta da residência, fui
convidado para tomar café, mas neguei-me, pois não queria me
encontrar com Sandra. Em seguida, dirigi até o Haras Setti e ali
permaneci durante um tempo, mas logo depois fui embora,
pois havia vendido um novilho ao dono do haras e como iriam
matá-lo, resolvi sair. Fui a uma padaria e depois retornei para
ver se havia realmente ocorrido o sacrifício do novilho.

Perguntaram-lhe como havia matado Sandra. Ele prosseguiu:

– Chegando ao Haras Setti, encontrei Sandra e começamos
uma discussão, pois queria saber alguns fatos relacionados a um
boletim de ocorrência que ela registrou contra mim no 36° DP,
por invasão de domicílio. Queria saber também por que ela não
telefonava perguntando sobre a minha filha, que havia sido
operada, por motivo de câncer. Tentei intimidá-la com meu
revólver, para que entrasse no meu carro e aceitasse conversar.
Entretanto, ela se desvencilhou e, neste momento, desferi dois
tiros na direção dela. Não me recordo onde acertei os disparos.
Saí alopradamente do local no meu Clio e, depois de rodar
algum tempo, abandonei o carro em uma estrada.

Subitamente, parou de falar. Parecia frustrado e fez um gesto
de contrariedade com a cabeça.

– Não, não, não... Isso não está dando certo.

Os investigadores perguntaram a Pimenta o que Estava
acontecendo.

– O que eu estou dizendo é que é inútil esse tipo de
interrogatório. Porque, se eu não sentar e não escrever vai sair
besteira aqui. Uma atrás da outra, entende... Porque ninguém
tem memória para gravar esses pormenores. Eu sou especialista
nisso, eu sei.

O editor estava de volta.

Os policiais acabaram por convencê-lo a prosseguir assim
mesmo e ele retomou a palavra, enumerando os fatos segundo
sua própria vontade. Admitiu que sentia ciúmes, inclusive dos
relacionamentos passados de Sandra, comentou a relação da
jornalista com a família dela, assegurando que a ex-namorada
não se dava bem com os pais ou com o irmão:

– Ela dizia que o irmão era um pilantra, um vagabundo... que o
pai nunca tinha dado atenção aos filhos... Era especialmente
ressentida em relação à mãe, o que eu, aliás, não compreendia.

Perguntado se Sandra lhe dera alguma razão concreta para ter
cometido o crime, Pimenta tratou de caracterizar negativamente
a índole da ex-namorada morta:

– Na verdade inúmeros foram os motivos, alguns de ordem
subjetiva. Ela me humilhou, traiu a minha confiança e a
confiança das empresas para as quais trabalhamos. Eu talvez
tenha até enxergado mais talento do que houvesse ali. Como
parecia ser uma repórter cuidadosa e equilibrada, dei a ela
postos de comando e elevei exponencialmente seu salário na
Gazeta Mercantil. Da minha entrada no jornal até a nomeação
dela, o que durou cerca de um ano, no máximo, seu salário
saltou de uns R$ 1.600 ou R$ 1.700 para R$ 8.500.

E batendo a mão direita na mesa, completou, transparecendo
irritação:

– Fui ultrajado em minha dignidade pessoal, em meus brios profissionais e de homem – exaltou-se. – Isso me fez perder por completo os limites do controle.

Para respaldar a alegação, além de repisar a tese de que havia supervalorizado a capacidade profissional de Sandra, Pimenta afirmou que a ex-namorada lhe transmitira uma moléstia venérea, insinuando que ela havia contraído a infecção de outro homem: "Não sei o nome da doença, só sei que o pênis fica irritado".

Perguntado se havia consultado um médico para obter um diagnóstico preciso ou se havia recebido algum tratamento, Pimenta negou. E prosseguiu nas justificativas para seu gesto:

– Ela registrou um boletim de ocorrência sobre minha ida ao seu apartamento que não retratava a verdade. E narrou uma agressão física inexistente, uma ameaça com armas inexistente, sendo certo que fui ao apartamento dela apenas para conversarmos e devolvermos reciprocamente os objetos dados por um ou por outro.

Para os policiais presentes, o impressionante em toda a sua explanação era a ausência de culpa ou arrependimento após ter tirado a vida da ex-namorada de uma forma tão sumária. Se aquilo havia sido um crime passional, havia bem pouca "paixão" envolvida naquela argumentação. Era quase como se Sandra tivesse merecido o assassinato. Ele a acusava de tê-lo o seduzido, de tirar proveito de sua posição de diretor, de ter problemas com a família, de não se interessar pela doença de Andrea, e de recusar-se a discutir uma reconciliação... Para ele, parecia bem claro que não havia outra atitude a tomar, outra coisa a fazer.

Com a intenção de estabelecer nos autos do inquérito que Enio Mainardi havia sido a pessoa que abrigara o assassino de Sandra Gomide, o delegado Carlos Alberto Sato perguntou a Pimenta

Neves quem o havia socorrido e providenciado sua internação após a tentativa de suicídio. Mas a resposta do jornalista frustrou as expectativas do policial. "Não sei dizer, eu não estava consciente", desconversou Pimenta.

À medida que o depoimento avançava, o ex-diretor do jornal

O Estado de S. Paulo adotava uma atitude mais cuidadosa, defensiva, distanciando-se dos detalhes concretos que envolviam o crime.

Parecia querer reforçar a impressão de que não pretendia matar

Sandra, e que não premeditara sua morte, mas que se movera por um rompante incontrolável que embotara seus sentidos.

– Quando eu atirei na Sandra, não saquei a arma para atirar nela, mas sim para intimidá-la a conversar comigo, dar as explicações de que eu precisava. Sempre fui um homem extremamente racional, lógico, mas naquele momento eu não estava em um estado emocional que me impedisse de cometer esse gesto brutal.

E, assumindo um tom de discurso, tratou de dar ao momento um toque de erudição:

– Acho que foi Oscar Wilde quem disse que todos matam a pessoa que amam. Matam em palavras, em gestos. Toda a minha vida foi construída em torno dela nestes últimos quatro anos.

Finalmente, arrematou com uma declaração de alta voltagem dramática:

– Eu idolatrava o chão que ela pisava.

Concluído o interrogatório, Pimenta Neves foi indiciado por homicídio doloso, que é caracterizado pela intenção de matar.

Um vídeo, feito às escondidas por um dos presentes, vazou e foi exibido com grande destaque na edição daquela noite do *Jornal Nacional*, na *Rede Globo*. Em decorrência da má qualidade do som em algumas partes, certos trechos foram exibidos com legendas.

O registro foi atribuído ao promotor Marcelo Milani, que teria capturado as imagens com uma microcâmera oculta, supostamente fornecida por um repórter da *Globo*. Milani ficou sob suspeita por ter deixado a sessão antes que o interrogatório fosse dado por encerrado, sob a alegação de que daria entrevistas aos jornalistas que aguardavam fora da sala. Nesse momento, ele teria passado o material gravado à emissora. No dia seguinte ele contestou a acusação de que havia servido de informante à imprensa.

A juíza da 1ª Vara Criminal de Ibiúna, Eduarda Maria Romeiro Corrêa, proibiu qualquer nova veiculação pela *Rede Globo* das imagens feitas e determinou ainda que a emissora encaminhasse a fita à Justiça em 48 horas, sob pena de cometer crime de desobediência. Posteriormente, a Corregedoria da Polícia Civil e a Procuradoria Geral de Justiça abririam investigações para saber como havia sido feita a gravação, considerada ilegal, mas não chegaram a nenhum resultado.

XLIX – TRANSFERIDO

Na manhã de sexta-feira, 25 de agosto, Pimenta recebeu a visita de Ruy Mesquita Filho, diretor do *Jornal da Tarde*, o único membro da família que comandava o Grupo Estado a ver o jornalista no hospital. O encontro foi breve, formal, e nele *Ruyzito* expressou o abalo de seu pai com a tragédia.

Pouco depois, o hospital Albert Einstein anunciou que Pimenta Neves estava plenamente recuperado e tinha condições de receber alta. Segundo o informe, por recomendação do psiquiatra Marcos Pacheco de Toledo Ferraz, dado o risco de nova tentativa de suicídio, o paciente deveria ser encaminhado para tratamento na Clínica Parque Julieta, no bairro de Santo Amaro, na zona sul de São Paulo. Voltada principalmente a dependentes de álcool e drogas, a instituição era conceituada entre os profissionais de saúde e cobrava diárias elevadas.

A notícia foi divulgada por meio de um boletim assinado pelo médico Ricardo Bottici. A íntegra do comunicado era a seguinte:

"Relatório Médico do Sr. Antônio Marcos Pimenta Neves Paciente Antônio Marcos Pimenta Neves, masculino, branco, nascido em 13/02/1937, RG 30.70847, deu entrada em 22/08/2000, às 19h, na sala de emergência do Primeiro Atendimento Hospital Israelita Albert Einstein.

Paciente foi trazido em carro particular por um amigo que se identificou como Enio e o mesmo referia que o paciente Antônio havia ingerido uma grande quantidade de comprimidos diasepínicos.

Ao exame clínico inicial o paciente apresentava-se com saturação de oxigênio de 89%, inconsciente, pupilas normoreagentes com dificuldades respiratórias e pouca resposta aos estímulos dolorosos. A pressão arterial era 110x70mmHg frequência cardíaca de 70 batimentos por minuto.

Iniciada hidratação endovenosa e feita uma ampola de 0,5 mmg de Flumazenil. Após esta medicação o paciente esboçou melhora da consciência confirmando diagnóstico de coma por benzodiasepínico, devido a intoxicação exógena por tentativa de suicídio. Iniciou-se lavagem estomacal, e carvão ativado por via da sonda.

Devido ao grau de coma deste paciente e da instabilidade hemodinâmica foi transferido às 20h para Unidade de Terapia Intensiva do Hospital Israelita Albert Einstein onde foi admitido às 20h30h pelo Dr. Virgílio Gonçalves Pereira.

Foi iniciado suporte ventilo-respiratório com máscara de oxigênio de Venturi, suporte calórico e hídrico. As 05h44 do dia 23/08/00 foi colhida amostra urinária de monitorização de drogas que mostrou presença de níveis de 440ng/ml de benzodiazepínico (Normal até 200ng/ml). Nesta mesma manhã, às 10h, este paciente encontrava-se clinicamente estável, ainda sonolento, sendo transferido para unidade de Semi Intensiva.

No dia 24/08/00 paciente apresentava-se estável foi submetido a uma RM de cabeça, que mostrou-se normal, e foi avaliado pelo psiquiatra Prof. Dr. Marcos Pacheco de Toledo Ferraz (CRM/SP 13752), a pedido da família.

Segundo diagnóstico deste médico, Dr. Marcos Pacheco Toledo de Ferraz, tratava-se de um transtorno de estresse pós--traumático F43.1 (CID 10). Segundo o parecer deste médico havia um grave risco de suicídio por parte do paciente, sendo iniciada medicação antidepressiva, Paroxitina 20mg/dia.

Também segundo opinião do psiquiatra, este paciente após alta clínica deveria ser encaminhado para uma clínica psiquiátrica para continuidade do tratamento do transtorno de estresse pós-traumático.

No dia 25/08/00, o paciente estava clinicamente estável recebendo alta clínica do HIAE e será transferido para a Clínica de Repouso Parque Julieta para prosseguimento do tratamento com o Dr. Marcos Pacheco de Toledo Ferraz.

Dr. Ricardo Bottici"

Após a divulgação do boletim, houve certo tumulto entre as equipes de reportagem que faziam plantão no Einstein e muito desencontro de informações da parte da polícia e da Justiça. Às 14h, os policiais levaram Pimenta Neves para a clínica indicada em uma ambulância escoltada. O veículo saiu por uma das garagens dos fundos do hospital para que a operação não fosse registrada pela imprensa.

O advogado da família de Sandra, Luiz Flávio Gomes, protestou contra a rápida transferência de Pimenta Neves, afirmando que o acusado deveria ter passado por uma junta do Instituto Médico Legal (IML) antes de ser transferido: "Aparentemente é uma situação de privilégio, que nós vamos questionar. Não vamos aceitar que um médico particular ateste uma coisa dessas. Se assim for, ninguém mais fica preso neste País."

No fim da tarde, a juíza Eduarda Maria Romeiro Corrêa, da 1ª Vara Criminal de Ibiúna, negou a transferência de Pimenta Neves para a clínica e determinou sua prisão preventiva. Os policiais do DHPP prepararam-se, então, para retirá--lo da instituição e levá-lo para uma cela do órgão, no centro de São Paulo. Antes que a ordem fosse cumprida, o 2 ° vice--presidente do Tribunal de Justiça de São Paulo, desembargador

Maurílio Gentil Leite, concedeu liminar autorizando o jornalista a permanecer internado por mais dez dias.

Após a partida de Pimenta do hospital Albert Einstein, os repórteres viram Enio Mainardi e Stephanie sair pela entrada principal. Aproveitaram o momento para tentar entrevistá-los.

Stephanie despediu-se de Mainardi com um abraço carinhoso e saiu sem dizer nada.

O publicitário manteve-se na parte externa do hospital por alguns minutos mais e foi cercado pelos jornalistas. A indagação de todos era a mesma: "Por que ele dera abrigo a um assassino?" Muito nervoso, o publicitário fez um desabafo:

"Se vocês tivessem um amigo já há 40 anos, que tivesse cometido um ato impensado e dissesse que se entregaria à polícia no dia seguinte, negariam ajuda a esse amigo? Negariam?

Espero que, caso eu enfrente uma situação como essa, tenha um amigo para me acolher".

E revelou a preocupação de que Pimenta voltasse a tentar acabar com a própria vida, se fosse preso: "Espero que a Justiça seja sábia o suficiente para não deixá-lo por conta de si mesmo".

L – NEGAÇÃO

João Gomide tratou rapidamente de esvaziar o apartamento onde sua filha, Sandra, vivera até o final. Como antes de morrer ela estava na expectativa de mudança para o novo endereço, próximo à Avenida Paulista, muitos de seus pertences já se encontravam embalados. Os livros, que ela tanto amava, haviam sido armazenados em 17 caixas de papelão.

Todos os objetos de Sandra, inclusive as roupas e sapatos, foram doados a uma instituição de caridade. E seus pais obtiveram o direito de sacar os quase R$ 200 mil que estavam em aplicações dela, dos quais R$ 30 mil foram entregues ao irmão, Nilton.

No sábado seguinte, 26 de agosto, cerca de 100 pessoas compareceram à missa de sétimo dia por Sandra, na Igreja Nossa Senhora Mãe do Salvador (igreja da Cruz Torta), no Alto de Pinheiros, zona sudoeste de São Paulo. Ao chegar ao local, o advogado Luiz Flávio Gomes, contratado pela família, protestou contra a decisão da Justiça de manter Pimenta na clínica. "A impressão é de que a Justiça se curvou diante dos poderosos e ofereceu um privilégio ao criminoso", afirmou ele aos jornalistas. Na mesma ocasião, ele anunciou que o criminalista Márcio Thomaz Bastos havia se oferecido para integrar a equipe que assumiu o caso.

Uma das estrelas de maior projeção no direito brasileiro a partir da década de 1980 e contemporâneo do próprio Pimenta na Faculdade do Largo de S. Francisco, Thomaz Bastos trazia em seu currículo a condenação do cantor Lindomar Castilho, que, em 1981, matou a ex-mulher Eliana de Grammont poucosdias após o divórcio. Curiosamente, um laço de amizade unia defesa e acusação no processo envolvendo Pimenta Neves: quando Thomaz Bastos era presidente nacional da OAB, Antonio Claudio Mariz de Oliveira, o defensor, dirigia a seção paulista da Ordem. Quando Mariz tentou a reeleição em São Paulo, em 1988, Thomaz Bastos participou ativamente de sua campanha e até distribuiu santinhos no dia da votação. Agora, encontravam-se em lados opostos.

O irmão de Sandra, Nilton, anunciou que seria criada uma conta corrente para levantar recursos que financiassem o processo contra o ex-diretor do Jornal *O Estado de S. Paulo.* Ele explicou que as modestas aposentadorias de seus pais, de pouco mais de um salário mínimo cada, não seriam suficientes para pagar as custas processuais previstas, de cerca de R$ 40 mil, mais os honorários dos advogados.

Após a missa, o jornalista Luiz Henrique Amaral comentou que, ao longo do relacionamento, Pimenta afastara Sandra de todos seus amigos e dos ex-namorados. "Depois que me casei, sempre a convidei para conhecer minha família, mas ela nunca aceitou, para não desagradá-lo. Ele era muito possessivo e atribuo a isso a razão da morte de Sandra."

O jornalista Ivan Martins, amigo da jornalista assassinada, mencionou que estava circulando nas principais redações de São Paulo um abaixo-assinado pedindo o fim da violência e da impunidade, previsto para ser enviado ao Tribunal de Justiça do Estado. Falou-se ainda na criação de uma associação com o nome de Sandra para fazer lobby pela punição de Pimenta Neves.

Ruy Mesquita compareceu à missa, acompanhado dos filhos Rodrigo e Fernão. Eles cumprimentaram os familiares de Sandra na chegada. Vários outros profissionais do Grupo Estado estavam presentes também. Em uma das poucas reações públicas ao crime cometido por seu mais graduado

funcionário, *doutor Ruy,* à saída da igreja, extravasou seu estado de choque e sua decepção em uma frase: "O Pimenta que eu conheci morreu na hora em que se tornou um assassino".

Leonilda Gomide não estava na cerimônia. Mesmo passado algum tempo do crime, seu comportamento permanecia desconcertante. Ficava a maior parte do tempo calada e, quando falava, não fazia muito sentido. Sem condições de estar presente, ficou em casa, sob medicação, aos cuidados de uma empregada.

– João – disse ela na véspera da missa. – Sandra não vem hoje, tá bom?

– Como, Nilda? – espantou-se o marido.

– Ela não vai poder, disse que está fazendo muitas reportagens.

– O que você está dizendo, Nilda?

– Eu falei com ela à noite. Pois é, não vem aqui esses dias. Está com muito trabalho no jornal.

João Gomide começou a perceber que o que estava se passando com sua mulher ia além do efeito dos tranquilizantes prescritos ou da simples negação dos fatos trágicos que levaram à morte da filha e que se abateram sobre eles. Nilda estava se desconectando da realidade, talvez de uma forma irreversível.

LI – A IMPRENSA NA BERLINDA

Na Clínica de Repouso Parque Julieta, os pacientes dispunham de quartos com banheiro privativo, televisão e frigobar, além de área de lazer com piscina, quadras de futebol e tênis e um bucólico terreno arborizado. Para Pimenta Neves, havia um dado confortador adicional naquele confinamento: a região lhe era familiar – estava a algumas quadras de sua própria casa, na Chácara Santo Antônio.

Embora tivesse recebido um raro privilégio concedido a assassinos confessos, numa evidência da assimetria da Justiça brasileira, que aplica seu rigor de acordo com a condição sócio-econômica dos acusados, o jornalista não sentia paz de espírito para desfrutar do refúgio que lhe havia sido garantido, pelo menos provisoriamente.

Com a admissão de Pimenta Neves, a clínica acrescentava mais um personagem controverso à sua lista de internações recentes. Nela, por exemplo, havia ficado o estudante de Medicina Mateus da Costa Meira, um ano antes de ele disparar uma metralhadora portátil contra a plateia de um cinema do Shopping Morumbi, em 3 de novembro de 1999. A ação, que não teve qualquer justificativa racional, deixou três pessoas mortas e quatro feridas. O filme exibido no momento dos disparos era *O Clube Da Luta*. Os advogados de defesa tentariam, em vão, alegar insanidade mental de seu cliente e argumentar que Mateus havia sido influenciado pelo game *Duke Nukem 3D*, no qual há uma cena de tiroteio dentro de um cinema.

Sitiado pelos carros de polícia, pelos helicópteros do jornalismo policial televisivo que sobrevoavam a sede da clínica e pelas equipes de reportagem que montavam guarda nas ruas à volta, Pimenta Neves sentia que talvez esse assédio fosse o pior que poderia enfrentar. Exposto, examinado, julgado e condenado pela opinião pública, ele, que havia tido um poder quase absoluto como um dos executivos máximos da imprensa, era agora impotente diante dessa força.

Mas haveria mais: menos de 24 horas após a internação no Parque Julieta, chegou às suas mãos uma revista semanal que trazia, na cobertura do caso, a imagem chocante do corpo de Sandra Gomide, no chão, de bruços, com o chapéu tombado sobre os cabelos e um lago de sangue à sua volta. Até então, para ele, a ideia da namorada morta era apenas uma abstração. Confrontado com a implacável realidade estampada na foto, ele teve, pela primeira vez, a consciência plena do seu ato. Caiu imediatamente em prantos, e continuou chorando por horas.

Após um tempo, fez uma ligação para Enio Mainardi. Agradeceu pelo apoio recebido "numa hora tão difícil", mas fez a ele uma queixa: "Olha, amigo, você fez tudo direitinho. Só errou numa coisa: não me deixou morrer!".

No final da tarde, seu estado emocional foi um pouco amenizado por uma visita familiar. A ex-mulher, Carole, e as filhas gêmeas Andrea e Stephanie apareceram para vê-lo. Encontraram-no tomado pelo remorso e por um começo de percepção sobre a sequência de desatinos que havia cometido para chegar até aquele momento: "Como eu fui capaz de tamanho absurdo? Deviam ter me internado enquanto havia tempo", admitiu. Carole e as filhas passaram cerca de duas horas com ele, demonstrando seu apoio e compartilhando a inexplicável tragédia. Ao sair, não deram entrevistas, mas deixaram, com a direção da clínica, uma nota para ser divulgada à imprensa e à família de Sandra, com os seguintes dizeres:

"Em primeiro lugar queremos transmitir nosso sincero pesar à
família e aos amigos de Sandra Gomide. Queremos também
agradecer de coração a nossos parentes e amigos, no Brasil e
nos Estados Unidos, que nos deram sua compaixão, sua
compreensão e sua ajuda. Agradecemos a *O Estado de S. Paulo* e
também à *Folha de S.Paulo* e a tantos outros jornais e revistas
que souberam tratar esta tragédia de um modo responsável.

Com sua compaixão, generosidade e bondade, Antônio sempre
nos deu o melhor de tudo durante nossas vidas. Todos
quantos o conhecem sabem de suas qualidades. Ele também
nos ensinou o verdadeiro significado de um amor incondicional
que nós esperamos poder retribuir.

Carole, Andrea e Stephanie Pimenta Neves."

No dia seguinte, um domingo, Pimenta Neves recebeu Otavio
Frias Filho, seu antigo patrão e amigo desde que o conhecera,
em 1975. "Meu caro, você cometeu um delito gravíssimo, pelo
qual terá de pagar", disse-lhe o diretor da *Folha de S. Paulo.*
Pimenta, com ar conformado, concordou.

Apesar do inevitável escândalo, o jornalista ainda colhia, nessa
hora, algum benefício de seus relacionamentos no meio: pôde
contar com a sobriedade dos veículos por onde havia passado
na cobertura do crime. Naquela edição dominical da *Folha*, a
ombudsman Renata Lo Prete chegou a criticar o zelo especial
com que o caso era tratado, em flagrante contraste com o que
ocorria no noticiário policial comum. A íntegra de sua coluna
daquele dia 27 de agosto de 2000 foi a seguinte:

"Nós e os outros

Renata Lo Prete

No primeiro dia, na primeira página, ficou claro que o
assassinato de Sandra Gomide por Antônio Pimenta Neves não
receberia o tratamento habitualmente dispensado a histórias
com os mesmos ingredientes. São ingredientes – os perfis do
autor e da vítima, o fator passional, os tiros, o haras – que
levam um crime à capa da *Folha.*

Não para o alto, como o desastre do submarino (Kursk). Não
em várias colunas, como a roubalheira na obra do fórum (do
Trabalho, em São Paulo). Mas notícia de primeira página, com
certeza, fosse Pimenta Neves médico ou engenheiro, diretor de
banco ou de empresa.

A dúvida oficial que pairava no domingo passado – nas horas
posteriores à morte, a polícia ainda o tratava como 'principal
suspeito' – não refreou o jornal em outras ocasiões. Para
constatar, basta recorrer ao arquivo ou a simples exercício de
memória.

Mas Pimenta Neves, 63, é jornalista. Como foi Sandra, 32. Até
matar a ex-namorada, ele dirigia a Redação do *Estado de S. Paulo.*
Ao longo da carreira, ocupou cargos importantes em vários
veículos, entre eles a *Folha.* A notícia não saiu na capa de
segunda.

A reportagem interna conseguiu manter-se equilibrada até o
momento de explicar quem era a vítima, quando enveredou
para o seguinte:

'Durante seu relacionamento com Pimenta Neves, ela foi
promovida e chegou a ser editora de economia da *Gazeta
Mercantil.* Deixou o jornal depois que Pimenta Neves se
transferiu para o *Estado de S. Paulo,* há cerca de dois anos.'

'Nesse jornal, ele a contratou como repórter especial. Depois
ela passou a editora de economia. Há cerca de um mês, ele a
demitiu. Pimenta Neves disse a amigos ter provas de que o
comportamento profissional da ex-namorada, na função de
editora, não era ético.'

Logo abaixo, o título do texto dedicado à trajetória profissional do autor do crime dizia: 'Pimenta Neves tem currículo notável'.

Do contraste, um leitor retirou esta conclusão: 'O jornal parece quase desculpá-lo. Afinal, ela era 'desonesta', e ele, 'notável'.

Como observou uma leitora, 'é preciso ter clareza do que se pode fazer com as palavras, e do quanto elas revelam sobre a postura de quem as usa'. Assim, cabe perguntar por que a *Folha*, em vez de dizer que Sandra dormiu com o chefe para ser promovida, não escreveu que o jornalista notável premiou a subordinada por dormir com ele e a demitiu quando ela não quis mais fazê-lo. A reportagem se antecipou a Pimenta Neves e seu advogado na tentativa de desmoralizar a vítima.

Quanto à acusação de desonestidade, referente a reportagens sobre a Vasp, foi publicada sem que o jornal dispusesse de prova. Diante da preocupação em registrar méritos pregressos do assassino, não era demais esperar, em contrapartida, algum cuidado em relação a quem não pode mais se defender. Comparadas as edições de segunda-feira, nem o *Estado* soou tão protetor.

Não que este tenha dado livre curso à história. No entanto, sabendo-se mais na berlinda do que os concorrentes, tratou de seguir uma agenda mínima: menção discreta na capa, nada de adjetivos dentro.

O pacote incluiu biografia de Sandra. Na de Pimenta Neves, o título destacou que ele 'dirigiu vários jornais', como a dizer: 'poderia ter sido em qualquer um deles.' 'Por que a assepsia da cobertura?', indagou outra leitora.

Ela se referia à ausência de fotos.

No primeiro dia, a *Folha* não trouxe nenhuma, o que foge ao padrão para casos dessa natureza. No segundo houve imagem do pai da vítima junto ao caixão, com uma pequena foto de Sandra em destaque. A de Pimenta Neves só veio a sair na quinta-feira.

No aspecto visual, apenas o *Estado* conseguiu ser mais lacônico. Até ontem, não havia publicado foto do assassino nem da vítima.

O zelo faz supor que assistimos ao início de uma nova era, em que apenas criminosos confessos terão a imagem estampada no jornal. Das páginas de política às de esporte, basta folhear para perceber que não é isso.

Ao lado do *Estado*, a *Folha* foi, no decorrer da semana passada, o jornal que mais limitações demonstrou no acompanhamento do caso. Não houve apenas prudência, mas timidez mesmo, não raro acompanhada de viés favorável à defesa.

Declarações de colegas sobre a instabilidade recente do jornalista, o relato de que andava armado, as ameaças feitas a Sandra, o segurança contratado pela família da vítima, o pedido de Pimenta Neves a conhecidos para que não a empregassem: tudo isso saiu primeiro em outros veículos. Até ontem, algumas das informações nem haviam sido recuperadas pela *Folha*.

Depois do *Estado*, ela é talvez a mais próxima de Pimenta Neves, que mantém relações pessoais com vários de seus jornalistas, entre eles o diretor de Redação, Otavio Frias Filho. Distante da praça paulista, *O Globo* faz a cobertura mais livre de amarras, ao lado da apresentada pelo site *Notícia e Opinião*.

Há quem diga que o jornal do Rio exagera no destaque e usa tom acusatório. As evidências mais fortes, no entanto, vão no sentido contrário, o de que *Estado* e *Folha* poupam Pimenta Neves. Há quem diga também que o barulho em torno do caso é coisa de jornalistas, e que ele não desperta o mesmo interesse no chamado 'leitor comum'.

Seja como for, esta não é uma discussão sobre audiência. O ponto é saber se a imprensa está disposta a submeter os seus ao mesmo rigor com que trata os outros. Pelo retrospecto da semana, a resposta é não.

Certo ou errado, não é hábito do jornal chamar de suspeito alguém que já confessou o crime ao advogado e aos próprios jornalistas.

Não é regra se preocupar com a imagem de alguém a ponto de descartar sua foto em traje de banho, um tanto constrangedora para um homem de muita idade e nenhuma forma física.

Também é incomum dizer que a filha do personagem da notícia tem 'doença grave', e não câncer, em respeito ao sofrimento da família.

Para os outros, vale o 'doa a quem doer'. Para 'um dos nossos', não é bem assim."

Diante da ofensiva desferida pela ouvidora, quatro dias depois, em 31 de agosto, *Otavinho* tomou a palavra em editorial para justificar o tom da cobertura do caso:

"Os jornais paulistas onde Pimenta Neves trabalhou tantos anos reagiram com estupefação à notícia do crime. Concordo com a crítica de que a edição deste jornal, no dia seguinte, foi 'tímida' – e aceito minha responsabilidade nesse erro. Mas discordo da noção, que começa a prevalecer, de que o assassino está sendo favorecido.

A maior parte das versões divulgadas proveio da acusação e de pessoas ligadas a Sandra Gomide. O assassino não se manifestou, exceto em depoimento editado com notória má-fé contra ele. As revistas – capa em todas elas – pintaram-no como vilão rematado. A TV se entregou prazerosamente a seu linchamento moral.

Entendo essa avalanche como reação emocional e legítima à barbaridade do crime. (...) Embora reconheça minha limitação para distinguir o aspecto subjetivo do jornalístico neste episódio, penso que a mídia em seu conjunto, no afã de se mostrar 'independente' (e de acertar velhas contas com o réu, em alguns casos), corre o risco oposto. Não o de protegê-lo, mas o de satanizá-lo num corporativismo às avessas.

Dizem que, ao assegurar o 'outro lado' da defesa e tratar fatos não comprovados como versões, os jornais têm cautelas que não demonstraram em outros casos. Pois elas deveriam ser adotadas em todos os casos. Espero que esta crise, além de testar a independência da mídia, também ponha à prova nossa propensão ao maniqueísmo.

Sempre considerei certos recursos de que este jornal dispõe – ombudsman, seção 'Erramos', compromisso de publicar o 'outro lado' e mensagens de contestação – como contrapeso da violência moral que um jornalismo crítico pode desencadear. É cômodo defender esse direito da parte acusada em casos controvertidos.

Mesmo o pior dos assassinos, porém, tem direito a sua versão dos fatos. Conhecê-la é direito do próprio público ainda quando este, açulado pelo clima de linchamento, não se dispõe a ouvi-la. Nada do que Pimenta Neves alegar poderá justificá-lo. Nada pode restituir a vida de Sandra Gomide ou compensar a dor de sua família e amigos.

E, no entanto, o réu não era um monstro. Os atributos que todos lhe reconhecem – talentoso, culto, maduro, situado em posição de responsabilidade – tornam seu gesto ainda mais incompreensível e mais grave a carga de infâmia que recai sobre seus ombros. Não sabemos quase nada sobre os abismos do psiquismo.

Vida até então sem mácula, era mais apegado às noções de moral e ética do que a grande maioria dos mortais. Para quem o conheceu, o crime estarrece ainda mais por isso. Uma página de Dostoiévski explica mais do que todas as platitudes que temos visto desfilar sob pompa psiquiátrica, no eterno circo que é o julgamento humano.

Otavio Frias Filho"

Manuel Carlos Chaparro, doutor em Ciências da Comunicação e professor de jornalismo na Escola de Comunicação e Artes da Universidade de São Paulo (ECA-USP) foi uma das vozes mais duras a criticar o excesso de cautela na cobertura diária do episódio. Em sua coluna no portal *America On Line*, ele chamou a atenção para o fato de que apenas um dos grandes jornais do Rio "tratou o criminoso pelo seu nome próprio".

Em sua avaliação, mesmo os veículos das organizações Globo, que trataram o caso com maior transparência, o teriam feito apenas como um revide à proibição feita por Pimenta aos comandados de divulgar informações sobre a programação da TV divulgadas por Sandra no breve período em que ela atuou como assessora de imprensa da rede. Para o professor de jornalismo, apenas as revistas semanais fizeram reportagens com maior tom de isenção. "Com catarse ou sem ela, deve-se reconhecer que a imprensa passou por uma experiência traumática e difícil. Não é fácil noticiar com independência e distanciamento crítico um crime em que criminoso e vítima são jornalistas", sublinhou Chaparro, no artigo *O crime, a "festa" e a catarse*, publicado pela *AOL* no dia 31 de agosto de 2000.

O professor Jair Borin, da Escola de Comunicações e Artes da Universidade de São Paulo, foi mais enfático em sua indignação, especialmente com o fato de a mídia tratar Pimenta Neves como "suspeito", mesmo sendo assassino confesso. Sobre esse aspecto, ele protestou: "Se fosse um sujeito qualquer, seria chamado de criminoso, assassino, homicida. A manchete seria 'Fulano mata jornalista pelas costas'."

O colunista Clóvis Rossi, da *Folha de S. Paulo*, rebateu em seu espaço, no mesmo 31 de agosto, as acusações de um suposto corporativismo da mídia, a suspeita de que vinha se construindo naqueles dias uma operação abafa sobre o crime cometido por um homem de imprensa. "Um ou outro veículo pode até ter sido omisso ou discreto, mas o que caracteriza o corporativismo é uma ação mancomunada de todos, não de um ou dois apenas. Não houve detalhe relevante não publicado.

Como não vi detalhe que devesse ter sido ocultado. A mídia é um poço de defeitos, mas está se escolhendo o caso errado para atacá-la", observou Rossi na coluna intitulada *A mídia não matou*.

Já a jornalista de economia Miriam Leitão, que trabalhara com Pimenta Neves na *Gazeta Mercantil* e tivera muito contato com ele no período do Banco Mundial, soltou o verbo contra a própria categoria no *Observatório da Imprensa*:

"A cobertura foi influenciada pela perplexidade, a dificuldade de saber como dar a notícia do que aconteceu dentro da redação. Os jornais ficaram tímidos na hora de explicar por que alguém bem-sucedido chega a esse ponto, e faltou mostrar que a personalidade dele vinha desmoronando aos poucos". E prosseguiu, com uma dura reprovação das omissões que, a seu ver, concorreram para o fatídico resultado:

"Pimenta estava incapacitado para dirigir um jornal e ninguém fez nada. A questão central, o tema para ser discutido pelos jornalistas, é a tolerância com as pequenas tiranias nas redações. A possibilidade de decisões como a proibição do noticiário sobre a série *Aquarela do Brasil*, da TV Globo, por motivo fútil é censura. Igualzinha à dos militares. Por que a redação não se revolta? (...) As empresas, como as pessoas, têm personalidade, têm caráter, e não se pode aceitar que pessoas façam mau exercício do poder em nome de uma empresa. A lição desse episódio é discutir a conivência com as pequenas tiranias do cotidiano dos jornalistas".

Apesar do tratamento especial que Pimenta Neves recebia de grande parte dos meios de comunicação, seu advogado, Antonio Claudio Mariz de Oliveira, queixava-se de que seu cliente estava sendo vítima de um "massacre" da mídia, que estaria manipulando a opinião pública contra o acusado. Uma semana após o crime, ele distribuiu uma nota oficial, que foi reproduzida nos principais jornais do País, em que denunciava a tentativa de pré-julgamento e pedia que fosse respeitado o direito de defesa. A nota dizia o seguinte:

"Na qualidade de advogado de Antônio Pimenta Neves, sinto-me na obrigação de tecer algumas considerações. Parcelas da mídia e da opinião pública estão analisando o episódio de forma açodada, pré-concebida, sem nenhuma imparcialidade. Meu cliente está sendo massacrado. Querem condená-lo, sem processo e sem defesa. Fatos aparentemente desabonadores são lançados na mídia, sob o sigilo da fonte. Contrariamente do que ocorre na Justiça, os fatos não precisam ser provados. Passam a ser verdades. Na Justiça se prova, na mídia não. O tratamento não é imparcial. Noticia-se o negativo. Sua personalidade, seu caráter, sua rica vida profissional são rigorosamente esquecidos. Quer-se traçar um perfil pessoal absolutamente distorcido.

Querem mostrá-lo como um frio assassino. Desejam o seu encarceramento provisório. Duvidaram de sua tentativa de suicídio. Querem prendê-lo como se fosse um temível facínora.

Não se limitam a informar, acusam. Não admitem defesas, condenam. Não querem processo, querem punição. Desejam sua prisão porque teria confessado o crime. Sim, confessou. E quantos o fizeram e aguardam o julgamento em liberdade, por que essa é a regra? Seu interrogatório foi clandestinamente gravado, editado e divulgado, mesmo contra ordem judicial. Da criminosa gravação, extraíram uma cena e passaram a taxá-lo de prepotente. Ninguém trata o episódio como um fato isolado em sua vida.

Dizem que ele em liberdade poderá matar outras pessoas. Cínico e estúpido argumento. O inquérito já se encontra relatado. Tempo extraordinariamente curto para o seu término. Faltam laudos. Não houve oportunidade de se juntar uma mera declaração que fosse.

Nem sequer a transcrição da fita contendo a complementação de seu interrogatório encontra-se nos autos. Não é hora de fazer sua defesa técnica e nem o foro competente. É hora apenas para lembrar que a função de julgar é, ainda, em nosso país, própria e exclusiva do Poder Judiciário.

O que vem acontecendo não é democrático. Não é civilizado. Não é justo. Quer-se, apenas, um julgamento com obediência às normas constitucionais, respeitado o sagrado direito de defesa, o contraditório e o devido processo legal. Fora daí é barbárie. É vingança. É inadmissível retrocesso."

Numa tentativa de reverter ou, ao menos, amenizar o clamor popular contra seu cliente, Mariz de Oliveira deu uma entrevista à saída da clínica de repouso Parque Julieta, após uma visita na manhã do sábado, 2 de setembro de 2000, em que pintou um quadro dramático das condições de Pimenta Neves. "Ele está muito triste, abatido e deprimido", afirmou. "Essa foi a primeira vez que o vi chorar compulsivamente". O apelo tinha um objetivo claro: tentar adiar o cumprimento da ordem de prisão preventiva, cujo prazo a cada minuto estava próximo de se esgotar. Ao deixar o local, o advogado afirmou que a decisão de tirar o jornalista da clínica seria muito grave, indicando que ele poderia voltar a tentar contra a própria vida:

"A Justiça terá de assumir essa responsabilidade".

LII – ORDEM DE PRISÃO

A semana seguinte à internação de Pimenta Neves começou com a apresentação formal da denúncia contra ele pela promotora de Justiça Lúcia Nunes Bromerchenkel Cunha. Às 19h daquela segunda-feira, dia 28 de agosto de 2000, quatro horas depois de receber o inquérito policial do DHPP, com 138 páginas, ela apontou o acusado como incurso no art. 121, parágrafo 2º, incisos I (motivo torpe) e IV (recurso que dificultou a defesa da vítima) do Código Penal, pedindo que ele fosse "citado, interrogado e regularmente processado nos termos do rito especial previsto para os crimes dolosos contra a vida".

Na denúncia foram arroladas como testemunhas da acusação, os donos do haras, Deomar Setti e Marlei de Fátima Setti, os empregados do estabelecimento João Quinto de Souza, José de Jesus Rocha e Valmor Guerra Sobrinho, o irmão de Sandra, Nilton Florentino Gomide, o tio Carlos Renato Florentino, o pai da vítima, João Florentino Gomide, o vizinho Jair Griffe e o delegado de Polícia Marcelo Guedes Damas.

Segundo o delegado Nathan Rosemblatt, do DHPP, responsável por reunir os elementos para embasar o pedido de prisão, o depoimento de João Quinto de Souza, caseiro do haras Setti, onde Sandra foi morta, foi determinante para a polícia classificar o crime como homicídio doloso e qualificado, uma vez que ele assistiu ao assassinato a poucos metros de distância.

A juíza da 1ª Vara Criminal de Ibiúna, Eduarda Maria Romeiro Corrêa, aceitou prontamente o pedido e, em 50 minutos, preparou um documento em que decretava a prisão preventiva de Pimenta Neves. No texto, ela insistia na necessidade do encarceramento do acusado:

"A prisão preventiva é medida de extrema excepcionalidade, sendo cabível em situações previstas no artigo 312, do Código de Processo Civil, o que se verifica.

Há prova da existência do crime (exame necroscópico). Ademais, existem indícios de autoria conduzindo ao acusado, notadamente a confissão prestada na fase policial, corroborada pelas testemunhas ouvidas.

Quanto à presença dos requisitos da garantia da ordem pública, conveniência da instrução criminal ou assegurar a aplicação da lei penal, seria redundante repetir a judiciosa manifestação do Ministério Público, que acolho como razão de decidir.

Neste sentido cito: 'Não há texto legal que vede ao magistrado a prática corrente de adotar como fundamentação do despacho que decreta a prisão preventiva os motivos expostos no parecer do Ministério Público que a requereu e os consignados na representação da autoridade policial, acrescentando que o faz para a garantia da ordem pública e da aplicação da lei penal, ante a gravidade dos fatos atribuídos aos denunciados' (TJSP – HC 30.222-3 – Rel. Prestes Barra – RT 603/337).

Do crime decorreu grave perturbação da ordem pública. Outrora tranquila, a cidade de Ibiúna vem sendo assolada, recentemente, por crimes gravíssimos como o presente. Também não se pode olvidar todo o clamor público que este gerou, atingindo âmbito nacional.

A garantia da ordem pública aqui encontra consubstanciada não na possibilidade de que o acusado volte a delinquir. Ela se confunde, de certa forma, com a aplicação de lei penal. O acusado não tem domicílio no distrito da culpa. Após o crime evadiu-se, tumultuando as investigações policiais.

Não se pode conferir espontaneidade à sua apresentação. Permaneceu oculto por quase três dias. Só depois é que deu entrada ao Hospital Albert Einstein levado por pessoa não identificada. O próprio acusado, em seu interrogatório, declarou que não sabe informar a pessoa que o socorreu.

Em sendo assim, deu mostras de sua intenção de subtrair-se da aplicação da lei penal, o que é plenamente possível considerando seu poder aquisitivo e as facilidades de quem já morou no exterior.

Esses fatos justificam a garantia da ordem pública na medida que afetam a credibilidade do Judiciário, recentemente abalada por casos de foragidos da Justiça.

Nem se argumente que o acusado é primário e possui bons antecedentes posto que isso não o torna imune à prisão provisória, comprovada como restou a necessidade desta.

A jurisprudência do Superior Tribunal de Justiça é neste sentido: 'Prisão Preventiva – Clamor Público – Pacífico e o entendimento no STJ de que nem sempre as circunstâncias da primariedade, bons antecedentes e residência fixa são motivos a obstar a decretação da excepcional medida, se presentes os pressupostos para tanto. O clamor público, no caso, comprova-se pela repulsa profunda gerada no meio social' (STJ – HC 2.660-8 – Rel. Anselmo Santiago – DJU 06.03.95, P. 4.386).

Ante o exposto, acolho a representação formulada pelo Dr. Delegado de Polícia, decretando a prisão preventiva do denunciado.

Eduarda Maria Romeiro Corrêa – juíza de direito."

No início da noite de 29 de agosto, terça-feira, nove dias após o crime, os médicos psiquiatras Luiz Pileggi e Paulo Sérgio Calvo, do Instituto de Medicina Social e Criminológica do Estado de São Paulo (Imesc) estiveram na Clínica Parque Julieta, para fazer uma avaliação da sanidade mental de Pimenta Neves. Eles foram designados pela Justiça de Ibiúna a apresentar um laudo que seria utilizado como base para confirmar ou postergar a ordem de prisão preventiva do jornalista.

O laudo de sanidade é um atestado psiquiátrico que relata o estado mental do indivíduo em um determinado momento. Dentre os itens analisados estão estado de vigília, discurso, coerência, complexidade do pensamento, atenção, memória, humor, afeto e juízo crítico. Em casos que envolvem o sistema judiciário, tanto em processos civis, quanto em criminais, o laudo de sanidade mental é mais complexo, necessitando de uma perícia geralmente conduzida pelo médico psiquiatra forense. A perícia psiquiátrica deve responder a questões relacionadas à capacidade civil do cidadão ou a sua responsabilidade criminal (putabilidade). Quando um criminoso é considerado mentalmente insano e, portanto, sem condições de cumprir pena de prisão, a Justiça costuma encaminhá-lo a um manicômio judiciário, em vez de a um presídio comum.

No caso de Pimenta Neves, a tese da defesa, amparada pela avaliação feita pelo psiquiatra Marcos Pacheco de Toledo Ferraz, era de que, embora não fosse um indivíduo mentalmente insano, o acusado não estava em condições normais para responder por seus atos, em razão do alegado estado de estresse pós-traumático.

Os médicos permaneceram conversando com Pimenta por aproximadamente três horas e não consideraram necessária a realização de exames complementares, como testes de personalidade. Ao deixarem a clínica, por volta das 21h50, o psiquiatra Pileggi disse acreditar que o exame realizado havia sido suficiente para a preparação do laudo.

Na tarde seguinte, a conclusão dos peritos foi enviada à titular da 1ª Vara Criminal de Ibiúna, Eduarda Maria Romeiro Corrêa. Eles atestavam que Pimenta Neves não apresentava distúrbios psíquicos ou depressão patológica.

Assim que recebeu o parecer, a juíza expediu despacho determinando providências para que o jornalista fosse transferido na segunda-feira, dia 4 de setembro, para uma cela especial. Tentando se precaver de uma possível contestação do laudo pela defesa, ela frisava no documento que o exame havia sido feito por profissionais do Imesc "cuja idoneidade está acima de qualquer dúvida".

"Às fls. 150/152, determinou-se a realização de parecer médico legal psiquiátrico para avaliação da real situação do acusado. Havia a informação de recomendação para a sua internação em clínica psiquiátrica em razão de estresse pós--traumático.

O parecer foi apresentado nesta data. Foi realizado por peritos do Imesc, cuja idoneidade está acima de qualquer dúvida. Concluiu que o periciando não apresenta quaisquer sinais ou distúrbios psíquicos, sendo que o transtorno emocional apresentado é congruente à situação, não evidenciando ideação seriada ou depressão patológica, não sendo mais indicada a permanência em regime de internação, estando apto a continuar, se necessário, o tratamento em regime ambulatorial, mesmo nas dependências do DHPP.

Em sendo assim, forçoso concluir que não há necessidade da manutenção de sua internação. Todavia, a liminar concedida em habeas corpus garantiu sua permanência na clínica por dez dias, não condicionando a qualquer evento.

Nestes termos, seu termo final deve ser respeitado.

Considerando o acima exposto, determino:

1) Expeça-se ofício encaminhando cópias do parecer médico para instruir o habeas corpus impetrado em favor do acusado.

2) Oficie-se ao Juiz Corregedor do DIPO solicitando indicação de local para que o acusado permaneça durante a custódia processual.

3) Com tal informação, oficie-se a autoridade policial competente para que promova a transferência do acusado, ao término do prazo da liminar, ou seja, 04 de setembro, pf.

Int.

Ibiúna, 30.08.2000

Eduarda Maria Romeiro Corrêa – juíza de direito.

Ao receber a informação, o advogado Antonio Cláudio Mariz de Oliveira não perdeu tempo e protocolou um pedido de habeas corpus ao STJ em favor de seu cliente. Mas o tribunal também foi célere ao negar a liminar e o ministro Fontes de Alencar devolveu o processo ao Tribunal de Justiça de São Paulo.

Mariz de Oliveira, então, recorreu ao expediente que lhe restava: pediu ao TJ que determinasse nova perícia médica para avaliar o estado de saúde de Pimenta Neves e que ele pudesse permanecer internado na clínica. No pedido, o advogado dizia que os laudos do Imesc haviam sido feitos em tempo recorde "e bem ao gosto dos interesses da imprensa":

"É impossível um médico afirmar, em três horas, que uma pessoa não tem problemas psiquiátricos e está em excelente estado de saúde para deixar um hospital".

Segundo Mariz, o laudo também havia ignorado por completo a opinião do médico particular do jornalista, Toledo Ferraz, lembrando que seu paciente estava tomando antidepressivos e ainda enfrentava o risco de tentar o suicídio.

O relógio, no entanto, não corria a favor de sua causa. Para piorar, o laudo sobre o crime divulgado no fim daquela manhã pelo Instituto de Criminalística (IC) de São Paulo trazia um dado que poderia servir de agravante contra Pimenta: a perícia constatara que uma das balas utilizadas no assassinato de Sandra Gomide – a que se alojara nas costas da vítima –era do tipo *silver point*, conhecida como "ponta oca" e com um poder de destruição maior do que os projéteis comuns, o que trazia um elemento de violência adicional ao homicídio. "O outro projétil estava totalmente destruído e não foi possível a identificação", afirmou o diretor do IC, Valdir Santoro.

LIII – MURDER INC.

Aos primeiros minutos da segunda-feira seguinte, dia 4 de setembro, a atmosfera serena do Parque Julieta foi substituída pelo alvoroço de uma operação policial de grandes proporções.

Em meio a luzes vermelhas e sirenes, burburinho de jornalistas e curiosos, 15 carros cercaram o local e em seguida 70 policiais civis – 61 do DHPP e 9 da Delegacia Seccional Centro – deram início à retirada de Pimenta Neves da instituição.

A liminar concedida pelo desembargador Maurílio Gentil Leite havia expirado à 0h e o Tribunal de Justiça de São Paulo não havia acolhido os recursos apresentados pela defesa de Pimenta Neves para que o jornalista continuasse na clínica por mais tempo.

O delegado Nathan Rosemblatt assinou um termo preparado pela clínica, assumindo a responsabilidade pelas consequências da remoção de Pimenta. Ele e mais dois delegados do DHPP foram autorizados a entrar no quarto do jornalista. Eles pediram que ele ficasse de pé, tirasse a camisa e vestisse um colete à prova de balas. Pimenta Neves também foi avisado de que seria algemado. Ele apenas consentiu, balançando a cabeça, sem dizer qualquer palavra. Colocaram-lhe, então, as algemas com as mãos para a frente e o grupo o conduziu, em uma cadeira de rodas, com um agasalho branco sobre os ombros, até uma viatura estacionada próximo ao portão principal.

"O colete foi usado apenas como medida de prevenção", disse o titular da 1ª Delegacia de Homicídios do DHPP,

Carlos Alberto Sato. Segundo o delegado, a idéia de usar uma cadeira de rodas para tirar o jornalista de seu quarto foi da própria escolta da Polícia Civil. "Seria mais rápido assim", declarou, sem revelar, contudo, que Pimenta se encontrava sob efeito de sedativos.

À aparição de Pimenta Neves, as equipes de reportagem ali reunidas iniciaram um enorme tumulto, com operadores de câmeras de TV e fotógrafos em busca do melhor ângulo do acusado e repórteres tentando obter alguma declaração dos delegados e do próprio Pimenta. Ele usava um boné e manteve a cabeça baixa, mesmo ao entrar em um dos carros, tornando quase impossível que se visse ou registrasse sua fisionomia à saída da clínica.

Com a partida dos veículos policiais em alta velocidade, a perseguição pelas equipes jornalísticas só agravou a confusão. Houve momentos em que a proximidade e as manobras arriscadas de automóveis dos dois lados da situação quase resultaram em desastre.

Cerca de 20 minutos depois, a viatura que levava Pimenta chegou ao 77º Distrito Policial, no bairro de Santa Cecília, na região central de São Paulo, e ele saiu amparado por uma investigadora.

Estava acertado que, por possuir diploma universitário, Pimenta Neves deveria ser mantido em uma cela especial, como determina o artigo 295 do Código de Processo Penal. O direito a cela especial foi implantado em 1941. Além dos universitários, garante o mesmo tratamento a militares, constituintes e ministros, entre outros. Por ocasião da prisão de Pimenta, o jurista Ives Gandra Martins observou que o direito a cela especial para universitários derivava de um preconceito que remontava aos anos de 1940: a idéia de que as pessoas com mais cultura não teriam razão para agir como criminosos comuns. "No nosso sistema, na verdade, a cela especial não tem nada de especial. Só evitamos a promiscuidade, com menos gente, e colocamos o preso com pessoas do mesmo nível", admitiu o delegado Rosemblatt na ocasião.

De fato, o local onde Pimenta Neves ia começar a cumprir a ordem de confinamento era uma antiga sala da carceragem, no primeiro andar, com nove metros quadrados, um buraco em lugar de vaso sanitário e alguns colchonetes espalhados pelo chão. Ainda assim, era uma instalação melhor que a dos presos comuns na delegacia, amontoados em celas de condições ainda piores e superlotadas.

Mesmo ainda um pouco sedado, Pimenta pôde perceber o quanto ele e seu crime haviam repercutido em todas as esferas da sociedade. À sua passagem, os detentos, em meio a muita agitação, gritavam "Uh, vai morrer!", "Matador de mulher!", "Não dorme, não, Pimenta!" e outras ameaças.

Quando finalmente se viu diante da porta aberta da cela, onde iria ficar por um tempo que não conseguia prever, o jornalista deparou-se com cinco homens sentados no chão, com os olhos fixos nele. Ao entrar no local, pôde reconhecer de imediato dois deles: o ex-vereador Vicente Viscome, cassado pelo envolvimento com a *Máfia dos Fiscais* – o esquema de extorsão de ambulantes na capital paulista –, e Mateus da Costa Meira, o estudante de medicina que, em novembro de 1999 abrira fogo contra a plateia de um cinema no Morumbi Shopping. À época da prisão de Pimenta, Mateus tinha 25 anos e ainda aguardava julgamento. Em julho de 2004, ele seria condenado a 120 anos e seis meses de prisão. Na prática, só cumprirá a pena máxima permitida pelo Código Penal brasileiro, de 30 anos.

Mateus e Viscome estavam presos ali havia oito meses. Além deles, dividiam o espaço o advogado José Alves de Brito Filho, acusado de formação de quadrilha e de subtrair processos de varas da Justiça, e dois outros envolvidos na *Máfia dos Fiscais*. Antes de se ver trancado na cela, o jornalista recebeu um pacote preparado pela clínica, com os medicamentos que deveria tomar nas primeiras 24 horas. Foi avisado de que o distrito não tinha pátio para banho de sol e que as visitas eram restritas às quintas-feiras.

Logo pela manhã, ele foi procurado pela advogada Paola Zanelato, que lhe entregou um colchão, dois travesseiros e uma mala com roupas enviada pela filha do jornalista Stephanie. Paola conversou brevemente com Pimenta e, aos jornalistas que davam plantão na entrada do distrito policial, protestou contra a transferência de seu cliente. "Nós da equipe de defensores não raciocinávamos com a possibilidade da retirada dele da clínica, e muito menos da forma como isso foi feito."

A estratégia da defesa de Pimenta Neves era tentar seu retorno à Clínica Julieta o mais breve possível. Não seria tarefa tranquila: no fim da tarde de segunda-feira, eles enviaram ao Supremo Tribunal Federal (STF) um pedido de revogação da prisão preventiva, que foi julgado e negado já na terça.

Em seus primeiros dias na carceragem, o jornalista alternava um estado depressivo com uma crescente irritação com seus advogados. Estes, por sua vez, começavam a se cansar de sua impaciência e da exigência de que fosse logo solto – algo compreensível para quem se encontrava naquela situação. Também advogado formado, ainda que sem prática, Pimenta insistia em passar orientações aos seus defensores, algumas vezes de forma impositiva. Eles também estavam incomodados com as reiteradas reclamações e interferências de amigos e parentes, especialmente de Enio Mainardi e da filha do acusado, que ainda se encontrava no Brasil.

No dia 11 de setembro, uma semana após o encarceramento de Pimenta, Mariz de Oliveira, Paola Zanelato e Roberto Podval anunciaram seu abandono da causa. Eles foram substituídos em seguida por outros nomes de grande envergadura nos meios jurídicos: José Carlos Dias – que havia sido secretário de Justiça do governador Franco Montoro, entre 1983 e 1987, e ministro da Justiça do governo Fernando Henrique Cardoso, de julho de 1999 até abril daquele ano – e o criminalista Arnaldo Malheiros Filho – que advogou para os políticos Paulo Maluf, Celso Pitta, o ex-tesoureiro do PT Delúbio Soares, a empresária Eliana Tranchesi, da Daslu, e o banqueiro Edemar Cid Ferreira. Um dos casos de maior repercussão em que José Carlos Dias atuou foi a defesa do jovem Jorge Bouchabky, o *Jorginho*, cujos pais foram mortos às vésperas do Natal de 1988 no duplo assassinato conhecido como o Crime da Rua Cuba, em São Paulo.

Naquele momento, Stephanie e sua mãe, Carole, custeavam as despesas judiciais. Durante o período, a filha de Pimenta esteve diversas vezes na delegacia, enquanto Carole esteve com ele apenas uma vez. Os dois conversaram em inglês, e mesmo o delegado que presenciou parte do encontro não foi capaz de compreender do que eles trataram. Apesar das passagens turbulentas vividas no passado, Carole demonstrou gentileza e até certa ternura pelo ex-marido.

Em seu primeiro dia de trabalho para o novo cliente, Dias e Malheiros estiveram na delegacia e retomaram a tecla do temor de Pimenta voltar a tentar o suicídio. "Ele se encontra em estado profundamente depressivo", afirmaram. Mas ao mesmo tempo, descartaram, categoricamente, a possibilidade de alegar insanidade mental.

À medida que o tempo passava e os pedidos por sua soltura continuavam rejeitados, Pimenta entendeu que a gravidade de seu caso estava além da competência e do esforço de seus defensores. E que precisaria se habituar à nova situação. Com uma conta bancária ainda recheada, chegou a propor ao delegado custear uma reforma no espaço que dividia com os outros detentos, mas o policial lhe explicou que a proposta era inviável, já que a manutenção das instalações cabia exclusivamente ao poder público.

Entre os companheiros de cela, seu melhor convívio era com Vicente Viscome e com o advogado Brito Filho. Os dois outros integrantes da *Máfia dos Fiscais* não conversavam muito com ele. E Mateus da Costa Meira se mostrava muito arredio, não fazia contato com os demais. Certo dia, demonstrando uma recuperação do temperamento provocador, Pimenta tentou quebrar o gelo com o jovem, fazendo uma de suas típicas observações mordazes: "Mateus, você é bom em liquidar pessoas. Nós deveríamos ser sócios, abrir uma empresa... uma empresa de assassinatos", propôs em tom jocoso. Mateus lançou-lhe um olhar irritado. "Murder Incorporated poderia ser o nome da empresa", prosseguiu o jornalista. "O que você acha?"

Do alto da experiência de quem havia cometido um atentado brutal, atirando a esmo em dezenas de pessoas, Mateus murmurou contrariado: "Isso não tem a menor graça. Não se brinca com essas coisas..."

LIV – "INGRATIDÃO"

No período em que ficou detido no 77º DP, Pimenta recebeu uma série de visitas. Estiveram com ele Lourival Sant'Anna, José Maria Mayrink, Marco Antonio Rocha, Roberto Müller Filho e Enio Mainardi, entre outros colegas profissão e amigos. O editor de Cultura do *Estadão*, Evaldo Mocarzel, levou-lhe alguns livros.

Luiz Roberto de Souza Queiroz, o *Bebeto*, jornalista de longa carreira no *Estado* e colaborador frequente do *Suplemento Agrícola*, não havia tido reuniões ou conversas próximas com Pimenta Neves nos tempos passados. Até o crime, ele e sua mulher, *Táta* Gago Coutinho, tiveram apenas um encontro mais próximo com o jornalista, e num local bem distante da redação. "Isso ocorreu quando um casal de amigos que tinha muito contato com o *Zeca* Cafundó, por ter um sítio vizinho ao dele em Sorocaba, levou o Pimenta uma manhã à Hípica Castelinho, onde *Táta* e eu mantínhamos nossos dois cavalos", recordou *Bebeto*. "Pimenta levava na perua uma sela maravilhosa, que trouxera dos Estados Unidos e que eu examinava de olho comprido, pois ele queria vender. É claro que era 'areia demais para o meu caminhãozinho' e não dava nem para fazer uma oferta."

Após o crime, *Bebeto* foi tomado de compaixão por aquele homem que conhecera no pleno exercício de seu poder, em uma vida de luxo, e que agora se encontrava em uma cela nas mais precárias condições. Ele e *Táta* decidiram ir vê--lo no distrito policial:

"Quando o visitei, ele me recebeu na ante-sala da cela coletiva, num sofá todo rasgado, único móvel daquele espaço, e perguntei o que eram as pequenas manchas vermelhas que tinha pelos braços e no rosto. Ele me contou que, como tinha dificuldades para pegar no sono, o médico lhe dera um sonífero extremamente potente, o que fazia com que dormisse mesmo quando as baratas subiam por seu corpo e lhe mordiam a pele. Para mim, porém, as marcas pareciam mais picadas de percevejo", relatou.

Bebeto e *Táta* foram vê-lo algumas outras vezes e sempre lhe levavam pacotes de bombons *Sonho de Valsa*, que Pimenta dividia com os outros presos. Em todas as visitas, o ex-diretor nunca falou do crime, nem de Sandra, ou da perspectiva do julgamento, mas apenas do jornal: "Ele relembrava os tempos de redação, contava histórias das conversas e discussões com os editores, do relacionamento com *doutor Ruy*, da escolha das matérias para a primeira página..."

Jornalista desde a década de 1960, Luiz Roberto Queiroz testemunhou dramas e tragédias que guardam alguma semelhança com o episódio Pimenta-Sandra. Isso, segundo ele próprio, o fez mais atento e sensível aos problemas enfrentados pelos companheiros de redação. "Todos temos contato com colegas que estão pirando no trabalho e ninguém os ajuda, não oferecemos apoio e só rimos das esquisitices do cara", comentou *Bebeto.* "Não acreditei quando me contaram que o sítio dele tinha virado uma imundície, que nem as garrafas de água ele recolhia do chão, que nunca trocava a roupa de cama. Ríamos quando falavam que dormia no sofá do *Estadão*. Que eu saiba, o único que lhe recomendou tratamento psicológico foi o *doutor Ruy*. Não digo que fosse fácil chegar à autoridade maior da redação e dizer que ele estava ficando louco. Mas podíamos ter conversado com ele, para que desabafasse sobre o câncer de uma de suas filhas, por exemplo. Se o ajudássemos, talvez a Sandra estivesse viva. Assim, quando o crime aconteceu e ele foi preso, fui visitá-lo, movido, talvez, por uma inspiração em

ensinamentos cristãos, como 'Estive preso, e me visitastes' (Mateus 25:36-46). Era o que eu podia fazer".

Uma visita involuntária foi a do jornalista policial Renato Lombardi. Tendo comparecido uma tarde ao DP, para recolher informações sobre mafiosos chineses que estariam extorquindo comerciantes da região central da cidade, o veterano repórter foi convencido pelo delegado Rosemblatt a ver o antigo diretor. "Pimenta tinha sido levado para lá havia poucas semanas, e eu, um pouco relutante, aceitei falar com ele", recordou Lombardi. "Não sabia o que esperar."

O delegado levou o jornalista ao andar de cima e abriu a porta da cela. O ex-vereador Vicente Viscome estava bem próximo à porta e, ao reconhecer o repórter do *Estado*, encolheu-se em um canto, visivelmente envergonhado. Lombardi ficou surpreso ao vê-lo bem magro e com a cabeça raspada. Pimenta Neves estava de olhos fechados e, ao abri-los, deu um largo sorriso para seu antigo subordinado. "Lombardi, você veio me ver!", alegrou-se. Mas logo retomou a compostura de diretor: "Também, afinal de contas, eu o promovi, não é?"

Era perceptível que Pimenta Neves não dava sua situação pessoal e profissional como irreversível. De alguma forma, ele parecia preservar o ar da autoridade que algum dia, certamente imaginava, retomaria.

Lombardi e Pimenta conversaram por cerca de vinte minutos do lado de fora da cela, sentados no velho sofá. O assunto recorrente do jornalista preso foram os amigos que se mantiveram fiéis e aqueles que o abandonaram. "Veja que ingratidão a do Daniel Piza!", queixou-se ele. "Escrevi a orelha do livro dele e, só porque aconteceu esse problema, mandou arrancar o texto antes do lançamento. Mal-agradecido... E eu que tirei ele da Folha, o levei para a *Gazeta*, dei a ele um alto cargo no *Estado...*"

Ao retornar ao jornal, Renato Lombardi não pôde perder a
piada e alfinetou Piza diante dos demais dirigentes da redação.
"Está ferrado, Daniel. O Pimenta está querendo te pegar!",
brincou. E o colega, muito constrangido, só conseguiu dizer:
"O que eu deveria ter feito? Eu não podia lançar o livro com
aquela orelha..."

LV – NA CELA COM LALAU

Na manhã do dia 13 de setembro, Pimenta Neves foi retirado
de sua cela e levado para Ibiúna, a fim de ser interrogado pela
juíza Eduarda Maria Romeiro Corrêa. Às 9h30 ele chegou ao
Fórum da Cidade e foi levado para a sala da 1ª Vara Criminal.
O encontro não foi muito produtivo, porque Pimenta,
seguindo as instruções de seus novos advogados, José Carlos
Dias e Arnaldo Malheiros Filho, preferiu não responder às
perguntas formuladas pela magistrada. Na ocasião foram
anexados ao processo seis laudos do Instituto de Criminalística
(IC) encomendados pelo DHPP.

Os laudos consistiam em: exame de balística para determinar se
os projéteis encontrados no corpo de Sandra Gomide eram os
mesmos deflagrados pela arma apresentada pela defesa aos
delegados do DHPP; transcrição das quatro fitas cassete
encontradas no apartamento da vítima, que, segundo foi
constatado, eram apenas material de trabalho; exame da agenda
eletrônica pessoal de Sandra, que encontrou 122 nomes e
respectivos telefones de federações, associações,
estabelecimentos, órgãos públicos e uma pequena quantidade
de pessoas físicas; análise dos emails gravados no computador
da jornalista; suposto grampo telefônico, que não se confirmou;
e no depoimento de Pimenta Neves realizado no hospital
Albert Einstein.

A juíza recebeu os pareceres e marcou a audiência seguinte para
o dia 28 de setembro de 2000, quando seriam ouvidos os
depoimentos das testemunhas de defesa no caso. Haviam sido
arrolados o ex-ministro e ex-publisher da revista *Visão*, Said
Farhat; o editor Roberto Müller Filho; o jornalista e diplomata

Pedro Luiz Rodrigues, que havia chefiado a sucursal de Brasília do *Estadão*; a ex-mulher do réu, Carole Neves; o advogado Roberto d'Utra Vaz; a jornalista Íris Walquíria Campos, editora no *Estadão* e amiga do réu por quase vinte anos; o assessor de comunicação José Carlos Melo; os jornalistas Washington Novaes e Arnaldo Galvão; e a secretária Leila Ventura. Alguns deles, como Farhat, Rodrigues e Novaes, depuseram por carta, por morarem fora de São Paulo.

Finalmente, em 5 de outubro, o Ministério Público Estadual oficializou a denúncia contra Pimenta Neves. Acusado da autoria de homicídio doloso (com intenção de matar), com duas qualificadoras agravantes – motivo torpe (ciúmes) e recurso que impossibilitou a defesa da vítima (tiro pelas costas) –, ele ficava sujeito a uma pena de 12 a 30 anos de prisão, caso condenado. Se o crime fosse considerado homicídio doloso simples, a pena seria de 6 a 12 anos.

Nos três meses seguintes não houve grandes novidades no processo e a rotina da prisão manteve-se monótona. Subitamente, no dia 3 de janeiro de 2001, ocorreu um fato novo que movimentaria o ambiente por ali: a cela especial do 77º Distrito Policial recebeu uma celebridade, a um tempo, do mundo judiciário e do mundo do crime no País – o juiz trabalhista aposentado Nicolau dos Santos Neto.

Notabilizado por chefiar o esquema de superfaturamento e desvio de recursos das obras de construção do Tribunal Regional do Trabalho (TRT) de São Paulo, entre 1994 e 1998, ele ganharia da imprensa o apelido jocoso de *Lalau*, numa referência ao sinônimo popular de gatuno, ladrão. Segundo auditoria realizada pelo Tribunal de Contas da União (TCU), dos R$ 223 milhões liberados para a obra, Nicolau e seu grupo desfalcaram R$ 109,5 milhões.

Pimenta Neves era diretor de redação do jornal *O Estado de S. Paulo* e comandou a cobertura sobre o caso na época em que a prisão de *Lalau* foi decretada. Depois de ficar foragido entre 25 de abril de 2000, quando cumpria prisão domiciliar no bairro do Morumbi, e 8 de dezembro do mesmo ano, quando foi recapturado, o juiz passou a maior parte do tempo em uma sala de 20 metros quadrados na sede paulista da Polícia Federal. Com a queda da liminar que lhe garantia o privilégio, ele foi transferido para o 77º DP.

De boné azul, óculos escuros, camisa de malha branca e calças jeans, o magistrado precisou atravessar um *corredor polonês* de fotógrafos, repórteres e curiosos para chegar ao interior do prédio. Recebido com respeito pelos ocupantes da cela, ele logo se sentiu confortável no novo ambiente.

O contato entre Pimenta e o ex-juiz foi polido, afável. "Parecia até que estavam num acontecimento social", observou um dos carcereiros. Nicolau sentou-se à beira do colchão de Pimenta e os dois conversaram até as 3h da madrugada. Depois disso, Nicolau tomou seu remédio para dormir e Pimenta fez o mesmo.

Na manhã seguinte, foram despertados às 9 horas pela carcereira daquele turno. Nicolau precisou da ajuda de Pimenta para se levantar. O juiz tomou banho, fez a barba e recebeu a visita de sua filha mais velha, Maria Inês Bairão dos Santos. Ela contou ao pai que os advogados haviam entrado com um pedido para que ele pudesse retornar à Polícia Federal.

No almoço, sentados nos colchões, Pimenta e Nicolau comeram arroz, feijão, bife e salada de pepinos. No meio da tarde, a ordem de transferência foi expedida, após a concessão de um habeas corpus pelo presidente do STJ, ministro Paulo Costa Leite. Os agentes da PF não tardaram em buscar o ex-juiz, que foi muito festejado pelos companheiros de prisão na partida.

– Tive muito prazer em conhecê-lo, Pimenta – disse Nicolau,
ao se despedir. – Sua história daria um bom livro. O senhor
deveria escrevê-la – aconselhou.

Apesar da condenação, em 2006, a 26 anos, seis meses e 20 dias
em regime fechado, por crimes de peculato, estelionato e
corrupção passiva, o juiz pouco tempo cumpriu de sua sentença
no cárcere. Desde agosto de 2007, ele foi autorizado a se
manter em prisão domicilar, por motivo de saúde.

Se *Lalau* conseguiu logo uma solução satisfatória, o caso de
Pimenta Neves era bem mais complicado. Os recursos
impetrados em sua defesa iam sendo rejeitados, um a um, e
parecia que seu destino seria continuar na prisão por um longo
tempo, ou pelo menos até a fixação de uma data para o
julgamento. No dia 23 de março de 2001, porém, ele foi
beneficiado por um habeas corpus concedido pelo ministro
Celso de Mello, do STJ, que lhe permitiria aguardar o júri em
liberdade. O ministro julgou que – embora tivesse família no
exterior – o jornalista não corria risco de deixar o País e não
representava "ameaça à sociedade".

A situação de Pimenta começava a melhorar, mas, em julho de
2001, após seguidos desentendimentos com ele, seus
advogados, José Carlos Dias e Arnaldo Malheiros Filho
retiraram-se do caso. Aurélio Marco Antônio foi escalado como
seu novo defensor, mas nem chegou a inteirar-se a contento da
situação: foi substituído por Ilana e Carlos Frederico Müller,
cujo pai era ninguém menos do que seu ex-colega e grande
amigo Roberto Müller Filho.

Como a família de Sandra Gomide também havia impetrado
uma ação indenizatória contra Pimenta, por danos morais, da
ordem de R$ 300 mil, ele lidou com o fato tomando mais uma
de suas decisões surpreendentes: contratou seu ex-companheiro
de cela José Alves de Brito Filho para representá-lo. O
advogado chegou a ser condenado a quatro anos de prisão, mas

tivera a sentença anulada pela Justiça e estava livre fazia pouco
tempo.

Para os amigos mais próximos, aquele homem que se via
enredado pela Justiça após cometer atos de violência extrema,
que vinha ocupando o noticiário policial seguidamente e se
mostrava incapaz de ser orientado pelos advogados era um
completo estranho. Depois de deixar a cela do 77º DP, o
próprio Pimenta isolou-se socialmente e raras vezes procurava
os antigos patrões ou os ex-colegas para uma conversa.
Manteve-se afastado até mesmo de seus conhecidos de décadas.
À revista *IstoÉ Gente*, em 2002, o jornalista Rodolfo Konder
chegou a dizer: "Que saudades do velho Pimenta. Era o
símbolo do equilíbrio, mas descobri que não o conhecia
completamente".

LVI – O VOO DA RAINHA

A repercussão do caso Pimenta Neves-Sandra Gomide não
ficou restrita aos limites do País. O noticiário a respeito cruzou
fronteiras e ecoou pelas Américas, divulgado com certo
destaque até mesmo nos Estados Unidos e no Canadá, onde se
ressaltava a importante posição outrora ocupada pelo jornalista
no Banco Mundial. Na vizinha Argentina, o episódio
influenciou fortemente o respeitado escritor Tomás Eloy
Martínez (1934-2010), ao criar os principais personagens de seu
livro *O Voo da Rainha*, de 2002.

Com 280 páginas, aquele era o último volume da série *Plenos
Pecados*, organizada pela Editora Objetiva, que reuniu nomes de
prestígio para tratar dos vícios que atormentam o homem
moderno. Luiz Fernando Veríssimo escreveu sobre a gula; João
Ubaldo Ribeiro, sobre a luxúria; José Roberto Torero, sobre a
ira; Zuenir Ventura assinou o volume da inveja, João Gilberto
Noll o da preguiça e o chileno Ariel Dorfman o da avareza.
Notabilizado até então por biografias históricas que enfocavam
o peronismo, como *A novela de Perón*, *As memórias do General*, e o
mais célebre, *Santa Evita*, traduzido para 35 idiomas e publicado
em 50 países, Martínez foi encarregado de tratar do pecado da
soberba. Por esta obra conquistou o Prêmio Alfaguara, o mais
importante reconhecimento literário para inéditos de língua
espanhola, em 2002.

Na trama de *O Voo da Rainha*, Camargo, o dono do principal
jornal argentino, o fictício *El Diário*, é um homem autoritário,
que acha que todos à sua volta devem bajulá-lo.

Com a mesma virulência e vaidade, apaixona-se por Reina. Para
ele, a busca da informação é a busca do poder. Já Reina é
ambiciosa, se entrega ao chefe por curiosidade. Quando tenta
por um fim à relação, no entanto, ela descobre que o poder
exercido soberbamente por Camargo ultrapassa as relações
profissionais. E passa a ter problemas. "Creio que sejam os
personagens mais bem construídos que já fiz", analisou o
escritor, no lançamento.

Em entrevistas, Martínez geralmente se esquiva de fazer a
ligação entre o fato real e a ficção que engendrou. Ao *Jornal do
Brasil*, porém, o escritor revelou o *making of* do livro:

"Quando o caso Pimenta aconteceu, foi uma surpresa total. Eu
estava escrevendo minha história, e o episódio era quase
idêntico ao que estava relatando. Então, me pareceu
interessante intercalar a realidade com a ficção. Não busquei
inspiração no personagem brasileiro. Foi Pimenta quem copiou
minha ideia", disse o autor, com uma pitada de humor.

Mas, além da evidente semelhança entre as trajetórias, nas
conversas privadas com amigos e auxiliares, o escritor sempre
confirmava ter sido aquela a fonte de seu romance. A história
inclusive se desenrola entre os anos de 1997 e 2001, mais ou
menos o período em que se deu a ligação entre Pimenta e
Sandra. E, no clímax, seu personagem tem a mesma idade que
Pimenta tinha ao matar a namorada: 63 anos. Tomado pela
obsessão, Camargo passa noites inteiras observando sua amada
com uma luneta, no apartamento da frente, acompanhando
seus mínimos gestos. "Num exercício de voyeurismo", como
anotou a jornalista Cláudia Nina, da *Agência Jornal do Brasil*, "que
Martínez descreve com suaves tintas eróticas". Lembremos que
Pimenta também alugou um apartamento no mesmo andar de
Sandra, onde a observava quase ininterruptamente. A sutileza
com que Martínez desenvolveu seu enredo foi tal, que em
alguns momentos também atribuímos aos outros personagens
uma cumplicidade com os atos de Camargo.

Um detalhe curioso é que Tomás Eloy Martínez conheceu Pimenta Neves em Washington, em meados da década de 1990, quando estava no Woodrow Wilson Centre for Scholars, preparando *La novela de Perón*. Encontraram-se muitas outras vezes e Pimenta chegou a telefonar para Martínez dias antes de cometer o crime, quando os dois tiveram uma breve conversa.

"O Camargo do livro é basicamente o Pimenta", garante de forma categórica a professora de Literatura das universidades Concordia e McGill, de Montreal (Canadá), Ingrid Bejerman, com a autoridade de quem foi assistente de Martínez durante a preparação do romance e chegou a trabalhar com o gigante da literatura latino-americana Gabriel García Márquez. O fascínio do autor pelo caso não se limitou ao projeto do livro, mas se manifestou desde os primeiros instantes após o crime. Em setembro de 2000, ele publicou no diário argentino *La Nación* um editorial intitulado *Pasiones Brasileñas*, no qual traça um paralelo entre os dramas desenrolados nas telenovelas com o episódio que resultou na morte de Sandra Gomide:

"Recolhido em uma clínica de repouso, ele se desfaz, agora, de todo o arrependimento e assume, confiante, o papel de vítima. Tem consciência, há algum tempo, de que mergulhou em uma trama de telenovela. O que não sabe é que os condenados a esse inferno não podem jamais sair dele..."

Tomás Eloy Martínez seria vítima de uma tragédia tão grande quanto a do personagem que o inspirou: no período final em que morou nos Estados Unidos, ele e a mulher foram atropelados ao atravessar uma rua em Nova Jersey. Ela teve morte instantânea; ele, apenas algumas escoriações. O escritor morreria em 2010, após uma dolorosa luta contra o câncer, sem ter visto Pimenta Neves atrás das grades. Também o seu protagonista terminava frustrando as expectativas de quem aguardava uma punição por seus erros. Era de se esperar que ele pagasse pelo que fez. Mas Martínez preferiu a conclusão de que "não existem pecados e sim uma trajetória a ser vivida".

"A substância de todo romance, desde Chrétien de Troyes até Samuel Beckett, é um anti-herói: um ser absurdo, estranho e desnorteado, que não para de vagar de um lado para o outro, surdo e cego", pontificou ele. "O romance é uma abelha rainha que voa para as alturas, às cegas, apoderando-se de tudo o que encontra em sua ascensão, sem piedade nem remorso, pois veio a este mundo somente para este voo."

LVII – O CALVÁRIO DOS GOMIDES

Após a morte da filha, os pais de Sandra conheceram o inferno em vida. O estado mental de Leonilda se agravou a cada dia e, diagnosticada com distúrbio bipolar, ela se afastou a tal ponto da realidade que precisou ser internada. Em dez anos, passou quase oito em clínicas psiquiátricas. A primeira delas, o Hospital Santa Mônica, no Parque Edu Chaves, contava com boa estrutura e era perfeitamente adequada ao caso de Nilda. Na descrição de seus serviços, a instituição se apresentava como especializada nos processos terapêuticos voltados para indivíduos "com transtornos mentais associados a sofrimento pessoal e familiar, como a perda de entes queridos". Ali, ela ficou quase dois anos em tratamento, mas as diárias, então na base de um mínimo de R$ 300, tornaram impraticável sua permanência por mais tempo. Ela foi levada de volta para casa, embora seu estado de alheamento se mantivesse inalterado. Algum tempo depois, João Gomide conseguiu interná-la no Centro de Tratamento Bezerra de Menezes, em São Bernardo do Campo, uma entidade filantrópica mais acessível às suas condições financeiras daquele momento.

A sucessão de despesas processuais e tratamentos de saúde levaram todo o dinheiro que Sandra havia deixado e boa parte do que João e Nilda haviam guardado. A Associação Justiça para Sandra Gomide, lançada um mês depois do crime, com mais de duas mil adesões num abaixo assinado e o apoio do Sindicato dos Jornalistas do Estado de São Paulo, arrecadou pouco e acabou sendo esquecida.

A oficina foi vendida, assim como a casa da Vila Mariana, e finalmente a chácara de Ibiúna. A família também se desfez dos cavalos de Sandra: "Gastávamos R$ 600 por mês para manter os animais, não tínhamos mais condições", justificou João Gomide. O casal foi morar nas redondezas de Suzano, a 50 quilômetros de São Paulo, em uma casa modesta, de sala, dois quartos e varanda, que ele pensou em reformar aos poucos, quando estivesse com ânimo melhor.

Pouco depois da prisão de Pimenta, João Gomide chegou a receber a oferta de um detento do 77º DP. "Seu João, eu não conheço o senhor direito, mas posso encomendar o Pimenta Neves para vocês", mandou avisar o homem por meio de um bilhete levado por um conhecido. "Basta um sinal seu, que ele amanhece enforcado".

João Gomide mandou pedir que o vizinho de cela do jornalista não fizesse nada: "Diga que eu confio na Justiça e que vou aguardar a punição que ele merece".

Mas as idas e vindas de recursos – sempre favoráveis ao réu –, os sucessivos adiamentos do júri e a postergação das punições foram agravando seu desespero. A família de Sandra Gomide havia ingressado com uma ação indenizatória por danos morais contra Pimenta Neves, bloqueando seus bens. Mas isso seria apenas o início de um longo processo, de conclusão incerta. Doía em João o fato de que o assassino da filha estava em liberdade, morando bem, levando uma vida – a seu ver – normal, enquanto eles estavam perdendo tudo.

E começou a planejar uma vingança.

Além da pistola 7.65, João Gomide possuía uma espingarda Winchester calibre .22. Ele comprou 200 cartuchos de bala – 100 para cada arma – e levou a munição para a chácara de Ibiúna, onde passou a praticar tiro, em parte tentando extravasar o ódio ao assassino da filha, em parte pretendendo emboscá-lo algum dia, em um momento desprevenido.

Com o desespero crescendo, o pai de Sandra começou a rondar a casa de Pimenta diariamente, de carro, numa tentativa de observar sua rotina. Certa vez, passou horas estacionado nas proximidades, com a pistola 7.65 no banco do passageiro, esperando que ele saísse. Mas percebeu que, da janela, seu alvo devia ter reconhecido o carro e temido ir à rua.

Voltou depois, com um automóvel emprestado, decidido a só deixar o local quando consumasse sua "retribuição". Chegou a ficar por quase três dias seguidos rondando a casa, sem sucesso. Uma empregada saía para fazer compras, alguém chegava para entregar uma correspondência, as horas passavam, e Pimenta, nada. Continuava recluso. Vencido pelo cansaço, desistiu do plano.

Quando percebeu que não teria a coragem – ou a covardia – necessária para cometer um crime premeditado daquela forma, João Gomide caiu em um estado depressivo e viu o próprio corpo entrar em um processo de autodestruição. Com a saúde já frágil, decorrente de uma diabetes, foi diagnosticado com um câncer no intestino, em estágio avançado. Internado em um hospital público, passou por uma cirurgia radical, em que teve o reto fechado e implantada uma bolsa no lado esquerdo da barriga por onde, dali por diante, sairiam os excrementos.

Após a operação, João foi levado para uma pequena enfermaria, na qual encontravam-se outros três pacientes. Instalado em uma cama próxima à parede, foi recobrando a consciência lentamente. Percebeu que no leito ao lado estava um homem aparentando pouco mais de 20 anos, com ataduras na cabeça e com a perna e o braço direitos engessados.

No final da tarde, ainda sentindo o efeito dos sedativos, abriu os olhos e viu que o jovem acidentado tinha uma visita. Outro rapaz, da mesma faixa de idade, estava sentado na cama, ao lado do amigo. Sentindo desconforto, João Gomide pensou em chamar uma enfermeira para ajudá-lo a acomodar-se melhor

entre os tubos de soro e as sondas que lhe haviam colocado. Mas, antes que fizesse algum gesto, foi surpreendido por uma cena insólita: o visitante deu um beijo na boca do rapaz acidentado e se despediu fazendo-lhe uma carícia no rosto.

Aturdido, João evitou se mexer, na esperança de que o jovem não percebesse que já havia acordado e houvesse algum constrangimento. Mas o rapaz olhou para ele como se nada houvera e puxou conversa:

– O senhor está bem?

– Estou, dentro do possível – respondeu João. – E com você, o que aconteceu?

– Acidente de motocicleta – disse o jovem. – O rapaz contou que era a segunda vez que se machucava com o veículo.

– Da outra vez foi pior.

João perguntou a ele se, depois de dois acidentes graves, pretendia continuar a usar a moto.

– Eu preciso – respondeu o rapaz. – Faz parte da minha profissão. Dependo disso para viver.

– Por quê? Você é motoboy? – indagou João Gomide, certo de que a resposta seria positiva.

– Não, não... – disse o rapaz, reticente. Ele olhou em volta e constatou que os outros internos na enfermaria não estavam prestando atenção nem pareciam ouvir a conversa. – Eu e meu sócio, aquele que estava aqui, nós trabalhamos no ramo de justiçamento.

– Como assim?

– Pistoleiros, justiceiros por encomenda – explicou o jovem com a voz mais baixa. – Alguém nos contrata, dá as coordenadas, nós vamos lá e eliminamos o sujeito.

João tentou disfarçar a surpresa. Mas estava atônito. O rapaz percebeu.

– Isso é mais comum do que o senhor pensa... E a moto é importante para sair rápido do local quando apagamos alguém. É a forma mais fácil de atirar e fugir.

– Isso é uma coisa de louco, meu filho! – reagiu João Gomide.

– Olha, seu João, vamos ser francos. Eu já soube da sua história. As pessoas comentaram o seu caso aqui no hospital. Eu sei o que o senhor passou. Se precisar de mim, estou à disposição para dar um fim no assassino da sua filha.

– Não, isso não... – respondeu João. – Agradeço mas, se alguém tivesse que fazer isso, seria eu mesmo. E não vou. Já cheguei à conclusão de que não sou capaz

Com algum esforço, o rapaz abriu a pequena gaveta ao lado de sua cama, mexeu nos guardados e retirou um cartão. Estendeu a mão a João Gomide e entregou-lhe o pedaço de papel, com seu nome, o do parceiro e um número de celular.

Por educação, João não recusou o cartão. "Que mundo estranho!", espantou-se. "Uma dupla de justiceiros gays, e com cartão de visita!", pensou consigo mesmo.

– Bom, se mudar de ideia, já sabe o que fazer – disse o rapaz, colocando um fone no ouvido para escutar música. – Pode deixar conosco.

Pouco depois da cirurgia no intestino, em 2003, João Gomide sofreu um infarto, que lhe exigiu a colocação de três pontes de safena. Também teve de retirar um tumor maligno na próstata, procedimento seguido de intensas sessões de químio e radioterapia.

O calvário de João e Leonilda prosseguia, agora sob a forma de uma peregrinação pela rede pública de saúde. De volta da Clínica Bezerra de Menezes, Nilda teve um acidente vascular cerebral e ficou três meses em uma casa de saúde do Estado, em coma. Ao retornar havia perdido os movimentos das pernas. A muito custo, conseguiu voltar a se locomover, apoiada em um andador. Mas continuava alheia e desmemoriada. Apesar disso, depois de receber alta, não foi mais internada. O marido voltou a cuidar dela, dentro de suas possibilidades.

Portador havia alguns anos de uma prótese completa no quadril e no fêmur direitos, João já caminhava com a ajuda de uma bengala em meados de 2010, quando, ao movimentar-se em seu quarto, escorregou no piso de cerâmica e fraturou o fêmur esquerdo. Levado para o pronto-socorro mais próximo, em Suzano, ficou um dia inteiro sem atendimento e sem sequer ter sido encaminhado para uma sessão de radiografias. O filho, Nilton, o levou para outro hospital, onde teve a fratura constatada e passou por uma cirurgia com implante de parafusos. Foi informado pelos médicos de que dificilmente tornaria a caminhar.

Ao voltar para casa, com a saúde completamente devastada e dores insuportáveis, não conseguia mais enxergar um futuro possível. Sua mente estava turva.

Pensou nos bens que teve de deixar para trás, na oficina que fechara, após 37 anos de atividades, nos carros que já tivera, sempre novos, na vida em família que se perdeu, na condição física que se foi. E, sobretudo, na filha que amava tanto, abatida em um episódio de violência sem sentido.

Tomado pela confusão e pelo desespero, João concluiu que era a hora de pôr um fim aos tormentos que não paravam de se acumular em sua vida. Retirou a pistola do criado-mudo de seu quarto e já fazia menção de apontá-la para a própria cabeça quando foi surpreendido pelo marido de sua empregada. Tendo dominado João Gomide, o homem tirou a arma de seu alcance e a escondeu em um lugar seguro.

– Lembrei do que havia me dito o amigo Fleming, o psiquiatra. Que alguém, quando quer se matar, não avisa a ninguém, nem tenta isso na frente dos outros. Ali, eu percebi que, se não era capaz de matar o Pimenta, também não tinha forças nem vontade de acabar com a minha própria vida. Tive que desistir disso também, relataria João, anos depois.

E haveria mais provações pelo caminho: além de todos os problemas de saúde que já enfrentava, João Gomide viu-se diante de um desafio adicional: o aparecimento de uma diabetes nervosa, que causou uma espécie de paralisia em uma de suas mãos e em seus pés. Necessitado de uma cadeira de rodas e sem recursos para arcar com as despesas, lembrou-se de que havia conhecido, em um debate de TV sobre crimes impunes, o então deputado federal Celso Russomanno. O parlamentar havia feito carreira como apresentador de programas focados na defesa dos direitos do consumidor. Procurou o cartão que Russomanno havia lhe dado ao final daquele encontro e fez uma ligação para o deputado. Dias depois, recebeu o acessório que permitiu sua locomoção dali por diante. João Gomide recorreria ao político ainda três outras vezes para tentar obter atendimento na rede hospitalar vinculada ao SUS. E em todas elas foi atendido.

O que não se alterava para João Gomide era a consciência de tudo o que se passava. Mantinha-se implacavelmente lúcido. "Com tantos problemas emocionais, financeiros e de saúde, eu me tornei um homem revoltado, fiquei muito agressivo", recordou em junho de 2012. "E só conseguia dormir com

Diazepan". Nos intervalos entre as suas internações, Nilda mantinha-se retraída, distante, e dizia poucas palavras. Não raro, quando ficava só, aproveitava a distância do marido para extravasar a dor e chorava baixinho.

LVIII – O JULGAMENTO

Quase seis anos depois do assassinato de Sandra Gomide, Pimenta Neves permanecia livre e seu julgamento era postergado sucessivamente por meio de manobras de seus advogados. A equipe de Márcio Thomaz Bastos também se mostrava impotente para levar o jornalista a prestar contas à Justiça.

Naquele ano de 2006, uma nova data havia sido fixada para o júri popular – 3 de maio –, mas logo o ministro Hélio Quaglia Barbosa, do STJ, concedeu liminar acolhendo pedido da defesa e determinando sua suspensão. Os adiamentos solicitados pelos defensores tinham um objetivo adicional: protelar o júri pelo menos até fevereiro de 2007, quando Pimenta Neves completaria 70 anos. Neste caso, se fosse condenado, poderia requisitar redução da pena, devido à idade avançada.

Os Gomides estavam impacientes. E se ressentiam da falta de contato com o advogado Márcio Thomaz Bastos, que tinha pouco tempo livre para mantê-los informados. "Ele ia à tevê comigo, dava entrevistas, mas no resto do tempo era difícil de encontrar", queixa-se João Gomide. "E as custas nos pesavam".

Ao participar de um debate sobre o assassinato de Sandra, em um programa de televisão, no dia 24 de abril de 2006, João Gomide ficou bem impressionado com o entusiasmo de um jovem advogado convidado para opinar sobre o caso. Era Sergei Cobra Arbex, filho da então deputada federal e também jurista Zulaiê Cobra Ribeiro. Ao término do programa, João conversou com Sergei e perguntou se ele aceitaria assumir o caso. Apesar do alto risco de cuidar de uma causa em andamento e com julgamento à vista, o advogado concordou.

E não tratou de honorários. Na verdade, jamais cobraria um centavo da família de Sandra nos anos que se seguiram, mesmo tendo sido consultado sobre isso várias vezes pelos Gomides, que insistiam em saber o quanto lhe deveriam pagar. No dia seguinte à conversa com Arbex, João Gomide comunicou a Márcio Thomaz Bastos que ele estava afastado do caso.

Coincidentemente, menos de 24 horas depois, em 26 de abril, a liminar do ministro Quaglia Barbosa foi derrubada pela Sexta Turma do STJ, e a data do júri popular fixada anteriormente acabou sendo mantida. O julgamento iria começar mesmo em 3 de maio, no Fórum de Ibiúna. Era, ao mesmo tempo, uma excelente notícia e uma questão preocupante.

Com um prazo tão apertado, Sergei Arbex apressou-se em conhecer o processo o mais profundamente possível. "O espaço de tempo era muito curto para organizar a tese de acusação", recorda. "Tive poucos dias para preparar tudo. Como não havia dúvidas sobre a autoria do crime, meu trabalho precisava se focar nas alegações que a defesa faria para tentar derrubar os quesitos de motivo torpe e tentar caracterizar a violenta emoção."

Finalmente, na manhã de 3 de maio de 2006, uma quarta-feira, 2.081 dias após o crime, Antônio Marcos Pimenta Neves chegou para o seu julgamento no Tribunal do Júri de Ibiúna, edificação do século 19 onde havia funcionado anteriormente uma delegacia de polícia. O acusado vestia um terno preto, com camisa branca e gravata preta, e exibia uma espessa barba branca. Ele saiu do carro acompanhado de seus advogados, Ilana Müller e Carlos Frederico Müller.

Os oficiais do fórum haviam sugerido, na véspera, que o grupo entrasse por uma porta no pátio interno, mais protegido, para evitar possíveis tumultos. Pimenta recusou: "Não sou um criminoso para entrar pela porta dos fundos! Cometi um ato de estupidez, matei por amor!", teria dito.

Cerca de 300 pessoas aguardavam na entrada do prédio e, à sua passagem, algumas chegaram a gritar ofensas como "Assassino!", "Sem vergonha!" e "Covarde!". Mas não houve qualquer tentativa de agressão física ao jornalista.

Às 9h15, a sala do fórum foi aberta e a sessão teve início.

O local era um espaço acanhado para um acontecimento daquele porte, com apenas 16 metros quadrados. Próximo à porta, estava a mesa de onde o juiz Diego Ferreira Mendes presidiria os trabalhos. Com apenas 29 anos – embora aparentasse mais idade por estar um pouco acima do peso –, casado, e de ar sério por trás dos óculos de grau, o jovem magistrado assumiu o júri por acaso: ele pertencia à circunscrição do Fórum de Sorocaba, onde atuava havia cerca de quatro anos, ainda sem vara própria. Com a promoção do juiz anterior, a 1ª Vara Criminal de Ibiúna vagou e ele foi designado para atendê-la por um mês, como substituto, até a chegada do novo juiz titular. Por uma questão de dias, o rumoroso julgamento foi parar sob seu comando.

À direita de Diego Mendes estavam os assentos destinados ao promotor Carlos Sérgio Rodrigues Horta Filho, ao advogado de acusação Sergei Cobra Arbex, e aos defensores, com seu cliente Pimenta Neves. Uma plateia de 40 pessoas, entre jornalistas, familiares e curiosos, também foi autorizada a acompanhar o trâmite decisório sobre o caso. Jornalistas de 30 veículos de comunicação haviam se cadastrado junto ao Judiciário paulista para acompanhar a sessão, mas apenas dez lugares foram reservados à imprensa, por meio de sorteio, antes do início do júri. Também foram sorteados 22 lugares para o público. Os oito assentos restantes foram destinados às famílias do réu e da vítima.

João Florentino Gomide entrou no recinto caminhando com dificuldade, apoiado pela nora, Regina Celi Leite. Ele se mostrava preocupado em mirar nos olhos do homem que havia matado sua filha. "Vou encará-lo como quem está olhando direto para o traidor Judas", havia dito aos repórteres, ao chegar ao fórum. Pimenta esquivou o olhar. Como as cadeiras da frente já estavam ocupadas, João sentou-se na terceira fileira. Foi acompanhado pelo filho Nilton e pela nora, que usava o vestido verde e preto que Sandra lhe trouxera de presente da viagem que fizera a Londres com o então namorado. Pimenta pareceu ter reconhecido a roupa dela e não conseguiu manter-se indiferente. "Fiz isso para deixá-lo nervoso", admitiu Regina. "Tenho certeza de que entendeu o recado".

Logo em seguida, sentaram-se Isabel Pimenta Hernandes, a irmã caçula de Pimenta, com suas duas filhas, e Stephanie, uma das filhas gêmeas do réu. Stephanie tinha uma expressão muito abatida e o ar choroso.

Também estavam na sala Roberto Müller Filho, ex-colega do réu e pai dos advogados de defesa, a jornalista Luiza Pastor, que havia sido comandada de Pimenta Neves na *Gazeta Mercantil* e no *Estadão*, e Íris Walquíria Campos, editora de Geral e depois de Política do *O Estado de S. Paulo* na gestão de Pimenta.

Foram apresentadas 21 pessoas dentre as quais os advogados de acusação e defesa deveriam escolher os sete jurados. Pelas regras do júri, cada parte poderia recusar até três nomes selecionados pelo oponente. E assim fizeram. A defesa reprovou a escolha de três mulheres, argumentando que, por solidariedade a seu sexo, elas estariam predispostas a optar pela condenação. Já a acusação pediu a substituição de dois homens e uma mulher. De todo modo, afinal, o número de mulheres – quatro – ficou mesmo superior ao de homens – três. Dos escolhidos, quatro eram professores e três, comerciários.

Definido o júri, a advogada Ilana Müller pediu a palavra e solicitou ao magistrado a anulação do julgamento. Segundo ela, a sentença de pronúncia não havia transitado em julgado e, quando foi fixada a data para o júri, ainda deveria caber recurso. Dessa forma, propugnou a defensora, os ritos para a realização da sessão não haviam sido inteiramente respeitados.

O juiz desconsiderou o pedido, por avaliar que os trâmites exigidos haviam sido seguidos a contento.

Em seguida, o juiz Diego Mendes chamou Pimenta Neves para a identificação de praxe e a primeira fase de perguntas. De pé, cabisbaixo em frente ao magistrado, o jornalista começou a ser interrogado.

– Qual é o nome do senhor? – indagou o juiz.

– Antônio Marcos Pimenta Neves.

– Sua idade?

– 69 anos.

– O senhor tem advogado?

– Sim.

O juiz pediu que ele apontasse sua equipe de defesa.

Pimenta o fez.

– O senhor mora com quem?

– Eu moro só.

– Qual é a fonte de renda do senhor?

– Recebo um fundo de pensão e uma aposentadoria do INSS.

Sua voz era fraca e baixa. A plateia mal conseguia ouvir o que ele dizia.

– Qual é o seu grau de instrução? Superior completo?

– Pós-graduação.

– Tem algum apelido?

– Não.

– O senhor é tratado por Pimenta...

– Mas é o meu sobrenome! – reagiu.

Como o ponto era irrelevante, o juiz não prosseguiu no assunto e procurou entrar em uma seara que forneceria subsídios aos jurados.

– Teve algum processo fora esse?

A voz do acusado voltou a ficar baixa, quase inaudível para a maioria dos presentes. A plateia apenas percebia o tom de sua voz.

– Não.

Mas o senhor teve um processo por lesão corporal...

– Não fui condenado.

O juiz pediu que detalhasse o que ocorreu no episódio citado, da agressão a Sandra, duas semanas antes do crime.

– O senhor pode explicar do que tratava este processo anterior?

– Vou me manter em silêncio.

O juiz também perguntou como haviam ocorrido os fatos no dia da morte de Sandra.

A advogada Ilana Müller havia sido autora da tese *Direito ao silêncio no processo penal brasileiro: direito de permanecer calado e não se auto-incriminar*. Pimenta havia recebido dela a orientação de não responder a nenhuma pergunta que julgasse comprometedora. E a partir dali, manteve essa atitude, seguindo a recomendação.

– Gostaria de dizer alguma coisa sobre o período que sucedeu ao crime? – perguntou ainda o juiz.

– Não – voltou a dizer Pimenta.

O juiz não perdeu tempo insistindo no interrogatório e passou adiante: "Então, como o réu não quer falar sobre ponto algum, vou reabrir as perguntas para que as testemunhas possam falar", anunciou.

Pimenta foi autorizado a retornar ao seu lugar.

Diego Ferreira Mendes indagou às partes se a leitura dos autos poderia ser dispensada, uma vez que o processo consistia de 11 volumes, com cerca de 200 páginas cada um. A defesa insistiu que o material fosse lido. Apesar da veemente recomendação do magistrado e da tentativa de um acordo por parte do promotor Horta Filho para que o andamento do júri fosse acelerado, a advogada de Pimenta Neves não abriu mão de seu pleito. Certamente, ela pretendia contar com o fator cansaço para deixar os jurados menos capacitados a se prender a detalhes e para distanciá-los emocionalmente quando a fase de depoimentos começasse. Além do mais, se um dos jurados caísse no sono, a defesa poderia ter base para pedir a anulação do julgamento.

O juiz consentiu, então, na leitura, mas não da íntegra. Ele recomendou ao oficial de Justiça encarregado da tarefa que se dedicasse aos trechos mais relevantes de cada volume e pulasse as partes meramente formais. Antes de sinalizar o início da imprevista maratona, voltou-se para Ilana Müller:

"Peço que a defesa ajude a zelar pelo bom andamento do júri", advertiu o magistrado. "Nós sabemos desde os tempos de estudante dessas artimanhas". A advogada não demonstrou reação à reprimenda.

A leitura foi iniciada e estendeu-se pelo resto do dia.

Por volta das 20h, o juiz Diego Mendes dispensou o oficial de Justiça, que se encontrava exausto após quase dez horas de leitura, e passou, ele próprio, à tarefa, pulando as partes do processo que julgava irrelevantes, para garantir a conclusão do trabalho na mesma noite. Por alguns instantes, um dos jurados chegou a cochilar. Ele acordou, levantando a cabeça de repente, assustado, após o burburinho da plateia quando se chegou à descrição de como havia ocorrido o crime. Foi dado a ele um copo com café.

Terminada a leitura, a defesa pediu que fossem exibidos os depoimentos de amigos, ex-colegas e parentes de Pimenta Neves gravados em um DVD, atestando a idoneidade do réu.

A acusação solicitou ao juiz que não permitisse essa exibição, porque, diferentemente de um testemunho ao vivo, não haveria a possibilidade do contraditório, com uma sessão de perguntas e respostas. O juiz acolheu o argumento e anulou a prova.

A advogada Ilana Müller pediu, então, a nulidade do julgamento, sob a alegação de que estaria havendo cerceamento da defesa. Mas o magistrado não acatou a demanda. Às 22h43, ele declarou encerrada a sessão.

LIX – SEGUNDO DIA

Os trabalhos recomeçaram pouco antes das 10 horas do dia seguinte, 4 de maio, uma quinta-feira. Pimenta Neves aparentava menos tensão do que no primeiro dia de júri. Desta vez, o réu não chegou pela entrada da frente do fórum, andando, como na véspera. Para evitar novo constrangimento, ele saiu do carro dos advogados pelo portão de trás do tribunal, direto para as escadas de acesso à sala de sessões.

João Gomide teve o cuidado de conseguir logo um lugar na primeira fila, muito próximo da cadeira onde Pimenta Neves estava sentado, de perfil, e manteve seus olhos fixos no acusado. Ao seu lado sentou-se Nilton, o irmão de Sandra, e a mulher dele, Regina Celi. Pimenta discretamente queixou-se à advogada de que estava se sentindo constrangido pela proximidade deles. Ilana Müller foi até o juiz e pediu que ele ordenasse que João fosse para um ponto mais afastado da sala. O juiz não consentiu e explicou que era um direito do pai da vítima sentar--se onde bem quisesse, desde que se mantivesse na plateia.

Finalmente, a advogada queixou-se da presença de equipes de reportagem e pediu que o acesso da imprensa não fosse mais permitido no local: "A presença dos órgãos de imprensa, jornais e TV, constrange o acusado. É um patente desrespeito à dignidade e à intimidade do réu. Ele manifesta o desejo de não ter sua imagem e sua voz registradas", afirmou. "Peço que seja vedada a captação no interior da sala".

Ferreira Mendes concordou e determinou que a partir daquele momento estavam proibidas filmagens e registros fotográficos no recinto. Além disso, ordenou que a equipe da TV Globo retirasse uma câmera instalada num sobrado vizinho. Mas permitiu que profissionais de órgãos impressos continuassem a assistir ao julgamento. Ao mesmo tempo, repreendeu a advogada: "Lembro que, ao longo deste caso, a defesa tentou conseguir as decisões não pelas vias legais, mas por meio da mídia", advertiu. "A mesma mídia de que agora reclama..."

A advogada não replicou.

Apesar da determinação do juiz, cinegrafistas da *Rede Bandeirantes* continuaram a gravar novas imagens, por frestas das janelas, do lado de fora do tribunal.

Às 10h45 foi chamada a primeira testemunha, da parte da acusação: o pai da vítima, João Florentino Gomide. Ele se sentou diante do juiz, mas teve a preocupação de encarar Pimenta Neves fixamente desde o início de sua arguição, a fim de deixá-lo o mais acabrunhado possível.

A defensora dirigiu apenas duas perguntas a ele:

– O senhor é o pai de Sandra Florentino Gomide?

– Sim.

– O senhor presenciou os fatos ocorridos no dia 20 de agosto de 2000?

– Não – respondeu João, mantendo o olhar na direção de Pimenta Neves.

A intenção de Ilana Müller provavelmente era a de demonstrar que tudo o que João Gomide soubera do crime fora de ouvir dizer, por relatos de terceiros, e que suas reações eram subjetivas, de um pai que perdeu a filha, independentemente da forma como a situação acontecera. Ele, de fato, não estava presente no haras quando Sandra foi morta.

João Gomide percebeu a manobra e não conteve o impulso de se dirigir à advogada, que já ia retornando ao seu lugar:

– A senhora tem filhos? – perguntou.

Ilana Müller não respondeu.

– Pois eu espero que a senhora nunca tenha de sofrer o que eu tenho sofrido por causa do seu cliente – disse, apontando para Pimenta.

A advogada aproveitou o momento de irritação do pai de Sandra para acrescentar uma pergunta:

– O senhor tem vontade de ver o senhor Pimenta Neves morto?

João Gomide respondeu que não. "Prefiro que ele viva por muito tempo", afirmou. "Sei que ainda vou ter a satisfação de assistir ele pagar por tudo o que fez".

Ilana Müller sentou-se e Pimenta voltou a queixar-se do fato de estar sendo encarado por João Gomide. A advogada, então, trocou de lugar com o réu, que passou a ficar sentado entre os dois advogados de defesa. Pimenta manteve a cabeça baixa boa parte do tempo em que o pai de Sandra dava seu testemunho. Algumas vezes colocava as palmas das mãos sobre o rosto. Por um momento, quando sua advogada se levantou e ele voltou a ficar no pleno campo de visão de João Gomide, pôs uma folha de papel do lado do rosto para não ter de vê-lo nem ser visto.

Em seguida, a palavra foi passada à acusação. O promotor Carlos Rodrigues Horta Filho começou a sessão de perguntas:

– Há quanto tempo o senhor conhece o réu?

– Desde um ano antes do assassinato – disse. E fez um gesto com a mão na direção de Pimenta. – Ele foi se apresentar na minha casa.

O promotor perguntou como era o relacionamento da família com o acusado. João desabafou:

– Não era bom. Ele chegava arrogante, como se fosse o governador. Era agressivo com minha filha. Mais de uma vez ele a agrediu com palavras. Até na nossa frente: 'prostituta', 'não presta'... sempre queria espezinhar a Sandra.

– E como era o relacionamento dela com o réu?

– No início ela gostava muito dele. Depois só se queixava. Dizia que ele estava se tornando cada vez mais prepotente. Quando saiu da *Gazeta*, Sandra nem queria ir para o *Estadão*. Mas não estava achando trabalho, porque ele 'melava' os empregos que ela arranjava. Então, ela acabou tendo que trabalhar com ele novamente. Pimenta queria ser o dono dela.

João Gomide discorreu um pouco sobre a experiência profissional de Sandra e também descreveu as discussões que presenciou entre ela e Pimenta: "Às vezes eu tinha vontade de entrar na conversa, mas a minha mulher me pedia para não interferir nas brigas deles". Depois, João mencionou o episódio da agressão física de Pimenta a Sandra no apartamento dela.

– Ele foi inocentado disso! – reagiu a advogada Ilana Müller.

Enquanto João narrava o ataque à filha, Pimenta movimentava a cabeça, indicando que não concordava com a descrição feita pelo pai de Sandra. Chegou a dar um sorriso irônico de reprovação.

O promotor Horta Filho optou por não fazer muitas perguntas. Permitiu que João continuasse falando livremente, com a maior riqueza de detalhes possível. O testemunho prosseguiu com a informação de que Pimenta andava armado nos últimos tempos do namoro com Sandra.

O promotor perguntou sobre a arma do crime: "Ele já havia mostrado que andava armado?"

– Sim! – respondeu João. – Ele costumava mostrar o revólver calibre 38.

João Gomide lembrou ainda as manobras para que Sandra não conseguisse trabalho depois de deixar o *Estadão*: "Ela não achava mais emprego e dizia: 'O Pimenta vai me perseguir, vai me prejudicar'."

Gomide contou que Pimenta Neves fazia constantes ameaças a Sandra quando o relacionamento deles terminou, e exigiu a devolução de tudo o que lhe havia dado. Recordou ainda que Pimenta estivera em sua chácara, na véspera, para almoçar com eles: "Minha filha estava lá, serviu comida para ele, pôs a rede para ele descansar..."

Finalmente, Horta Filho perguntou a João como ele havia sabido do crime.

O pai de Sandra respondeu e narrou a ida à igreja para avisar à mulher, Leonilda. "Ela sofre de distúrbio bipolar desde então. Esteve internada. Não vai a lugar nenhum... Minha mulher me culpa porque eu não fiquei com a minha filha no dia do crime. Saí do haras às 14h, e ele a assassinou logo depois. Ele estava premeditando isso há muito tempo. Por que não tentou matá-la enquanto eu estava por perto?", disse.

Depois queixou-se da morosidade do sistema legal, dos sucessivos recursos que protelaram a ida do réu à Justiça:

"Seis anos esperando... só porque ele tem dinheiro e eu não tenho?", desabafou.

Neste momento, a emoção tomou conta de João de maneira mais forte e, abalado, ele começou a demonstrar dificuldade em continuar falando.

"Ela era a melhor coisa que eu tinha na vida... Fiquei arrasado... Passei a não acreditar em nada... Eu queria ter perdido tudo, mas não ter perdido a minha filha", afirmou, já com a voz embargada e os olhos marejados.

O promotor dispensou João de prosseguir e ele teve a autorização do juiz para deixar o assento das testemunhas. Sempre olhando na direção de Pimenta, ele voltou para o seu lugar na plateia.

O juiz anunciou que haveria um intervalo de 15 minutos. Todos se levantaram e o ruído de vozes tomou conta da sala. Somente Pimenta Neves mantinha-se quieto. Eram 11h34.

Prevista para recomeçar às 11h50, a sessão só foi retomada às 12h08. Foi chamado para depor Deomar Setti, dono do Haras Setti, local onde o crime ocorreu. Ele falou ao júri que não presenciou o assassinato, mas que ouviu os dois tiros. Setti declarou não ter dúvidas de que a morte de Sandra fora premeditada e que quando Pimenta Neves ficou conversando com ele, já estava pensando em emboscá-la.

– Ele olhava para cada carro que chegava ao haras para saber se era ela. Só depois do crime eu percebi isso. Ele me enrolou o tempo todo – afirmou Setti, bastante nervoso. Com uma caneta vermelha, Pimenta fazia anotações e, vez por outra, dizia algumas palavras aos advogados. Deomar Setti recordou que, antes de cometer o crime, Pimenta recusou o convite para ver o abate de um boi por "não gostar de ver sangue". O dono do haras afirmou que, após consumado o assassinato de Sandra Gomide, chegou a ver Pimenta Neves guardando a arma e fugindo de carro.

O depoimento foi breve e Diego Mendes convocou a terceira testemunha de acusação, Marlei de Fátima Setti, sócia, com seu marido Deomar, do haras onde Sandra foi morta. Marlei revelou que a jornalista costumava lhe fazer confidências sobre as brigas e as agressões de Pimenta Neves. E contou que em uma das últimas conversas, Sandra estava especialmente triste. "Ela disse: 'Ele me pisa muito'", relatou a empresária. Segundo Marlei, duas semanas antes do crime, Sandra chegou a mostrar as marcas e arranhões no pescoço provocadas no dia em que o ex-namorado havia invadido o apartamento dela. A proprietária do haras revelou ainda que, nessa última conversa, Sandra havia dito estar sendo ameaçada de morte por Pimenta.

Prosseguindo em seu depoimento, Marlei contou que no dia do crime Pimenta chegou cedo ao haras. "Por volta das 11 horas, fui montar e ele me acompanhou até a pista. Queixou-se da Sandra. Eu o convidei para almoçar conosco, mas ele não quis. Às 14h30, vi da minha casa que ele havia entrado no carro. Como saiu rápido demais pelo portão, pensei que havia acontecido alguma coisa, algum desentendimento com um funcionário. Mas, minutos depois, ele voltou. Em seguida, ouvi uma discussão bem alta e percebi que era com a Sandra. Fui ficando nervosa e pedi ao Deomar para ir lá ver se conseguia acalmar a situação. Ele foi, e eu fui logo depois. Mas, antes de chegar, ouvi os tiros".

Marlei afirmou ao júri ter presenciado o segundo e último disparo, contra o ouvido de Sandra. "Depois do segundo tiro, ele (Pimenta) ficou calmo, nem parecia que tinha cometido um crime como aquele", disse ela aos jurados. Antes de encerrar o seu depoimento, Marlei Setti fez uma declaração exaltada: "No começo não quis me envolver e não prestei depoimento à Polícia Civil nem ao Ministério Público. Mas, agora, após ele ficar tanto tempo livre, resolvi contar o que sabia", explicou, lançando um olhar indignado para Pimenta Neves.

Às 13h, o juiz suspendeu a sessão para almoço até as 14h29, quando foi chamada a primeira testemunha de defesa, o médico psiquiatra Marcos Pacheco de Toledo Ferraz. A advogada Ilana Müller pediu ao especialista que traçasse um perfil psicológico do homem que conheceu antes e depois do crime.

Ferraz contou que examinara um homem "muito racional, brilhante do ponto de vista intelectual e profissional', mas com 'dificuldade para lidar com a emotividade'. Segundo ele, o réu estava deprimido desde três ou quatro meses antes do crime. O médico afirmou não acreditar na premeditação do homicídio:

– Tenho uma convicção: Pimenta Neves não tinha a intenção de matar. Minha sensação é de que foi o encontro da perda de controle com o porte de arma que causou o crime – disse o psiquiatra, para a indignação de grande parte dos presentes. Uma blogueira chegaria a fazer, no dia seguinte, uma analogia irônica com a declaração, afirmando que "se eu te dou um soco, é apenas o encontro da minha mão com o seu rosto, não significa que tenho o desejo ou a intenção de te agredir..."

De acordo com o médico, desde 90 dias antes do crime Pimenta apresentava um quadro depressivo. Segundo sua avaliação, esse quadro evoluiu para um estado patológico, conhecido como transtorno de estresse agudo ou pós-traumático, que 'desorganizou' a vida do jornalista. Essa condição, segundo ele, é comum entre pessoas que voltam de zonas de guerra ou de desastres naturais. No caso de Pimenta Neves, o transtorno teria sido causado por três razões: a doença de sua filha, a progressiva perda de visão e a complicada situação amorosa com Sandra. "Ele teve uma explosão emocional, algo de que nenhum de nós está livre", afirmou o psiquiatra.

O especialista disse, ainda, que após ter atirado na ex-namorada, "a vida do jornalista se desorganizou definitivamente". O júri acompanhava atentamente as declarações de Ferraz e, pelas expressões, era difícil inferir se estavam realmente convencidos ou não por aquela linha de raciocínio.

Ao ouvir o psiquiatra, Pimenta quase chorou. Chegou a dar um suspiro, mas evitou o soluço e assoou o nariz com um lenço.

O depoimento terminou às 15h26 e Toledo Ferraz deixou a sala sem falar com a imprensa, alegando sigilo profissional.

Foi chamado então o repórter Arnaldo Galvão, do jornal *Valor Econômico*, que havia trabalhado sob as ordens de Pimenta Neves na *Gazeta Mercantil*. Apesar de relacionado entre as testemunhas de defesa, ele não compareceu.

Outras testemunhas que haviam sido arroladas previamente terminaram por ser descartadas pela defesa bem antes do julgamento. Ou porque pediram para ser dispensadas ou porque, na avaliação dos advogados, apesar da simpatia pelo réu, representavam um risco, por se verem sujeitas a fornecer detalhes e informações que eventualmente favoreceriam a acusação. Eram os casos, por exemplo, de Enio Mainardi e de José Carlos Cafundó. Também foram excluídos do rol de testemunhas Pedro Luiz Rodrigues, que havia servido ao Itamaraty, mas também chefiara a redação do *Estado* em Brasília; o jornalista José Carlos Melo, de São Paulo; o advogado Roberto D' Utra Vaz, também de São Paulo, e a secretária da diretoria de *O Estado de S. Paulo*, Leila Ventura. O comentarista da TV Cultura Washington Novaes, então residindo em Goiânia (GO), preferiu não comparecer, assim como o empresário e ex-ministro Said Farhat, que colocara Pimenta no comando da revista *Visão* três décadas antes.

Às 15h29 foi chamada a segunda testemunha de defesa, a jornalista Luiza Pastor. Ela contou que sempre tivera bom relacionamento tanto com Pimenta Neves, a quem definia como um incentivador e protetor, quanto com Sandra, com quem manteve contato até o fim. E revelou que vira Sandra pela última vez na quarta-feira antes do crime, quando jantou com ela e Carlos Franco.

Apesar de sua proximidade com Sandra, Luiza Pastor recordou o episódio da viagem ao Equador sob um ponto de vista comprometedor para a vítima:

"Sandra Gomide foi para o Equador fazer uma reportagem sobre a transação da Vasp com a Viação Equatoriana. Ela não publicou a matéria, mas as mesmas informações que tinha saíram na *Folha de S. Paulo* uma semana depois. Em Quito, Sandra e o empresário Jaime Mantilla trocaram presentes antes de ela voltar. Ele deu a ela uma bota de montaria", afirmou.

Sobre Pimenta Neves, fez questão de frisar aspectos que já havia ressaltado em depoimento por escrito anteriormente:

"Em que pese seu jeito tímido, muitas vezes confundido com arrogância – principalmente pelos que preferiam o modo acomodado de fazer jornalismo –, ele sempre estava disponível para orientar e conversar sobre os temas que lhe fossem sugeridos. Nunca o vi tratar um profissional de modo mesquinho ou impertinente; ao contrário, fazia questão de cumprimentar a todos quando circulava pela redação".

Sem fazer juramento, por ser irmã do réu, Isabel Pimenta Hernandes testemunhou em seguida. Disse que ele estava tomando antidepressivos várias semanas antes do crime. Para a irmã do jornalista, o relacionamento atribulado com Sandra teria contribuído para a crise emocional de Pimenta Neves. Contou que recebeu uma ligação do irmão, em que ele, em lágrimas, falava da filha e da ex-namorada. No depoimento, ela afirmou que tentou ajudar na reconciliação do casal: "Eu disse para Sandra ter paciência que eles iriam se casar. Então, ela me disse que o Antônio Marcos já tinha 63 anos e, quando chegasse aos 70, ela iria colocá-lo em um asilo. Aí eu desisti." Isabel relatou ainda que recebeu um telefonema de Sandra à véspera do crime: "Ela me disse que ele tinha surtos frequentes. Pensei em fazer algo para ajudá-lo, mas não deu tempo", concluiu.

Roberto Müller Filho também depôs. Disse que conhecia Pimenta desde o final de 1964, quando se tornou repórter da *Folha de S. Paulo*, e que sempre teve dele a imagem de um homem ético e muito capaz. Lembrou que a família de Pimenta era muito honrada e que o pai dele havia sido um professor respeitado em sua região. "Por ser alguém que levava tudo tão a sério, ele estava muito constrangido e magoado com a situação que vivia nos últimos tempos", declarou.

O promotor perguntou se ele sabia que o réu andava armado.

Müller confirmou que era sabido, tempos antes do crime, que Pimenta costumava andar com um revólver.

A última testemunha ouvida foi Íris Walquíria Campos, que havia sido editora de Geral e de Política do jornal *O Estado de S. Paulo* na gestão de Pimenta Neves. Ela disse que eles se conheciam havia mais de 20 anos, e atestou as qualidades do réu como profissional ético e competente. Também lembrou o espaço dado por ele às mulheres nos cargos de chefia do jornal.

Às 19h11 terminou a fase de depoimentos. A advogada de defesa Ilana Müller insistiu com grande ênfase que aquela etapa não fosse encerrada sem que antes fosse ouvida a ex-mulher de Pimenta Neves, também listada como testemunha de defesa. Embora estivesse em São Paulo, Carole ainda não havia comparecido ao júri, mas a advogada garantia que ela chegaria para depor. É difícil afirmar se a defesa estava apenas jogando com essa informação para criar um clima psicologicamente favorável ou se contava mesmo com essa carta adicional na manga. Segundo algumas versões, Carole nunca teve a intenção de testemunhar.

Às 20h04 o juiz Diego Mendes anunciou um intervalo de 15 minutos.

Às 20h23 todos já haviam retornado e foi anunciado que o debate entre acusação e defesa seria vedado ao público e ocorreria em sessão sigilosa. Mendes rejeitou pedido da acusação para quebrar o sigilo de apenas parte do processo, apegando-se ao fato de os autos conterem peças que estavam sob segredo de Justiça. Também justificou a medida dizendo que, ao decretar segredo para todo o procedimento, tencionava garantir condições iguais à acusação e à defesa. Assim, somente o juiz, os jurados, o réu e os advogados de acusação e defesa permaneceram na sala.

Obrigado a sair, o pai de Sandra não se conformou: "Não é possível a família não assistir ao debate, é uma vergonha", afirmou ele. "Não sei se será feita justiça desse jeito!".

Enquanto se retirava, Gomide disse aos repórteres que os depoimentos de defesa haviam sido "falsos". "Disseram que minha filha levou presentes e dinheiro para não publicar matérias. Se tivesse feito isso, estaria rica", reagiu.

A decisão do juiz Diego Mendes de decretar um debate sigiloso despertaria críticas de diversos advogados, entre eles o próprio Antonio Claudio Mariz de Oliveira, primeiro defensor de Pimenta no caso. Segundo Mariz, para uma peça do processo ser sigilosa, a defesa ou a acusação teriam de pedir isso ao juiz no curso da ação – e serem atendidos. "Nesse caso, os documentos teriam de ser lacrados nos autos, o que também é raro", avaliou na época. "O Código de Processo Penal diz que as sessões de julgamento têm de ser públicas, a não ser que a publicidade cause escândalo, inconveniente grave ou perigo de perturbação da ordem pública." Mariz explicou que o juiz pode ter se baseado na questão do 'inconveniente grave', que, seria subjetiva e, para ele, dificilmente se aplicaria ao caso. "Nunca vi algo assim", declarou.

No início da sessão secreta, o promotor Carlos Sérgio Rodrigues Horta Filho, em seu libelo crime-acusatório, pediu a condenação do réu por homicídio duplamente qualificado, mas não pediu a fixação de uma pena específica. "Os depoimentos confirmaram que o réu atirou pelas costas, deu o segundo tiro quando a vítima estava caída e saiu calmamente", ressaltou. "Ele também empregou crueldade no crime ao usar as balas profissionais e de maior poder de destruição, conforme demonstrou o laudo do Instituto de Criminalística". Nesta etapa foram exibidas as imagens dos ferimentos no corpo de Sandra feitas pelos legistas.

Horta Filho discursou por quase uma hora e encerrou suas alegações às 21h30.

O assistente da acusação Sergei Cobra Arbex reiterou a tese de que o crime foi premeditado e cometido friamente. Exibiu o laudo psiquiátrico que concluíra não haver patologia no réu. "Trata-se de um indivíduo normal", leu no parecer emitido pelos psiquiatras Luiz Pileggi e Paulo Sérgio Calvo, do Instituto de Medicina Social e Criminológica do Estado de São Paulo (Imesc).

Arbex reforçou o aspecto de que Sandra havia recebido um tiro característico de execução. Lembrou que Pimenta Neves era um homem esclarecido, filho de um professor de português e inglês, que era considerado 'certinho' nos tempos de escola, e que tinha plena consciência de seu ato quando o praticou. "Mas, por um sentimento de soberba", frisou Arbex, "considerou-se acima da lei". O advogado encerrou sua apresentação às 22h21.

O júri demonstrava bastante cansaço e o juiz autorizou um intervalo para que os presentes pudessem jantar. No reinício dos trabalhos, às 23h29, a defesa repisou a ideia de que o homicídio fora praticado sob um estado passional, de momentâneo desequilíbrio, "após injustas provocações da vítima".

Apoiada na avaliação médica do psiquiatra Marcos Pacheco de Toledo Ferraz, a advogada Ilana Müller procurou mostrar um profissional reconhecido e ético, porém abalado por crise emocional. E pediu o reconhecimento da inimputabilidade do réu que, "em razão do seu estado de perturbação da saúde mental, só possuía parcial capacidade de discernimento do caráter criminoso do fato que praticou".

Os trabalhos foram encerrados à 1h12, a pedido dos jurados, e o reinício foi marcado para as 12h de sexta-feira, dia 5.

Exaustos, os integrantes do júri retornaram à modesta pensão onde haviam sido acomodados, às expensas da Justiça. No local, cada um ocupava um quarto, que se mantinha vigiado por policiais, para que não houvesse contato entre eles ou com pessoas de fora, a fim de evitar tentativas de convencimento, suborno ou intimidação. O uso de telefone fixo ou celular também estava proibido. A alimentação fornecida consistia em refeições embaladas em marmitex ("quentinhas") e alguns dos jurados reclamaram que a água do banho estava quase fria. Já Pimenta Neves e seus advogados encontravam-se hospedados na pousada mais cara da cidade.

LX – TERCEIRO DIA

Às 12h02, o juiz Diego Ferreira Mendes abriu a sessão final do julgamento de Pimenta Neves. Cumpridas as formalidades iniciais, o assistente da acusação tomou a palavra às 12h24 para fazer suas alegações finais. Em exatos dez minutos, Sergei Cobra Arbex afirmou que o crime foi premeditado, se deu por motivo fútil, de ciúme, e sem possibilidade de defesa da vítima. Ele também tentou rebater a tese de que o jornalista agiu sob forte emoção: "Pimenta Neves não amava Sandra; ele cometeu o crime apenas porque se sentiu rejeitado", declarou. "Não houve violenta emoção, porque ele não tem emoção!", concluiu.

Logo em seguida, a defesa fez a tréplica e a sessão foi suspensa às 13h05 para descanso.

Às 13h29 o plenário foi reaberto ao público.

Finalmente, o juiz Diego Ferreira Mendes apresentou os quesitos que deveriam ser levados em consideração e respondidos pelo júri, para que se definisse o veredicto e, em caso de condenação, a possível pena:

"1 – No dia 20 de agosto de 2000, por volta das 14h50min, na Rua Perdizes nº 11, Haras Setti, Recreio Residencial Ibiúna, neste Município, Antônio Marcos Pimenta Neves efetuou disparos de arma de fogo contra Sandra Florentino Gomide, produzindo as lesões descritas no laudo de exame necroscópico de fls. 78/79?

2 – Esses ferimentos foram a causa da morte da vítima?

3 – Antônio Marcos Pimenta Neves, ao tempo do crime, em virtude de perturbação mental, só possuía parcial capacidade de determinar-se de acordo com o entendimento que tinha do caráter criminoso do fato que praticou?

4 – Antônio Marcos Pimenta Neves agiu sob o domínio de violenta emoção, logo em seguida a injusta provocação da vítima?

5 – O crime foi cometido por motivo torpe, consistente em vingança, uma vez que Antônio Marcos Pimenta Neves, por não aceitar a recusa da vítima em restabelecer a relação amorosa, dela resolveu se vingar, matando-a?

6 – O crime foi cometido com emprego de recurso que dificultou a defesa da vítima, consistente em tê-la alvejado nas costas assim que ela conseguiu se desvencilhar do esforço físico do acusado que a forçava a entrar no veículo dele e, também, pelo fato de tê-la alvejado uma segunda vez quando já se achava ferida e prostrada ao solo, como consequência do primeiro disparo?

7 – Existem circunstâncias atenuantes em favor do acusado?"

Às 14h20, os jurados retiraram-se para a câmara secreta, uma sala privada, a fim de deliberar e votar os quesitos propostos.

A expectativa era intensa. Se o júri popular aceitasse a tese de que Pimenta Neves sofria de um estresse emocional que o deixou confuso e desorientado na época do crime, a pena – que chegaria no máximo a 30 anos – poderia ser consideravelmente abrandada. O argumento poderia derrubar as qualificadoras de motivo torpe (ciúmes) e impossibilidade de defesa (tiro pelas costas). Se o júri entendesse que houvera premeditação (homicídio qualificado), o caso seria classificado na lei de crimes hediondos, que prevê o cumprimento mais rígido da condenação.

Ao retornarem, às 16h43, os jurados entregaram a decisão ao juiz, que estudou cada item a fim de estabelecer o veredicto. Finalmente, ele pediu atenção para a leitura da sentença. O réu Pimenta Neves levantou-se, assim como os representantes da defesa e da acusação. O burburinho na sala foi diminuindo até que se fez um silêncio total.

Diego Ferreira Mendes novamente enumerou os quesitos levados em conta para julgar o caso e os votos dados a cada um:

"1 – Pimenta Neves efetuou disparos de arma de fogo contra Sandra Florentino Gomide, produzindo as lesões descritas no laudo de exame necroscópico?

– Sim, sete votos. Não, nenhum voto.

2 – Esses ferimentos foram a causa da morte da vítima?

– Sim, sete votos. Não, nenhum voto.

3 – Pimenta Neves, ao tempo do crime, em virtude de perturbação mental, só possuía parcial capacidade de determinar-se de acordo com o entendimento que tinha do caráter criminoso do fato que praticou?

– Sim, nenhum voto. Não, sete votos.

4 – Pimenta Neves agiu sob o domínio de violenta emoção, logo em seguida a injusta provocação da vítima?

– Sim, dois votos. Não, cinco votos.

Nesse momento, o burburinho aumentou. O promotor Carlos Horta Filho e o advogado de acusação Sergei Cobra Arbex não conseguiram esconder a surpresa, por julgarem que haviam estabelecido a tese de que o crime havia sido cometido com frieza e cálculo, nunca como um rompante emocional incontrolável, e menos ainda motivado por uma provocação. Mas a defesa havia conseguido convencer dois dos sete jurados do contrário.

5 – O crime foi cometido por motivo torpe, consistente em vingança, uma vez que Antônio Pimenta Neves, por não aceitar a recusa da vítima em restabelecer a relação amorosa, dela resolveu se vingar, matando-a?

– Sim, sete votos. Não, nenhum voto.

6 – O crime foi cometido com emprego de recurso que dificultou a defesa da vítima, consistente em tê-la alvejado nas costas assim que ela conseguiu se desvencilhar do esforço físico do acusado que a forçava a entrar no veículo dele e, também, pelo fato de tê-la alvejado uma segunda vez quando já se achava ferida e prostrada ao solo, como consequência do primeiro disparo?

Sim, sete votos. Não, nenhum voto.

7 – Existem circunstâncias atenuantes em favor do acusado?

– Sim, três votos. Não, quatro votos.

Esta votação também surpreendeu os advogados de acusação. Um pouco menos, por se tratar de um terreno bastante subjetivo, provavelmente definido com base no depoimento do psiquiatra Marcos Toledo de Pacheco Ferraz, que atestara o transtornado quadro mental do réu na ocasião do crime.

O juiz Diego Mendes Ferreira passou então a proferir a sentença:

"Submetido ao julgamento nesta data, os senhores jurados reconheceram a autoria e a letalidade, afastando as teses da semi-imputabilidade e do privilégio, acolheram as duas qualificadoras pedidas pela acusação e não reconheceram a existência de atenuantes em favor do réu. Atento à soberania dos veredictos, assim, passo à aplicação da pena no homicídio duplamente qualificado reconhecido pelo egrégio conselho de sentença.

Como houve o acolhimento das duas qualificadoras trazidas pela acusação, na primeira fase da fixação da pena utilizo-me do recurso que dificultou a defesa para justificar o delito como homicídio qualificado. A outra qualificadora será sopesada quando da segunda fase da fixação da pena. Nesse sentido, já decidiu o egrégio Tribunal de Justiça de São Paulo:

'Se, em hipótese de homicídio, reconhecidas pelos jurados várias qualificadoras, não pode a pena-base ficar no mínimo previsto no artigo 121 parágrafo segundo do Código Penal, mas devem as demais atuar como agravantes da primeira'.

Na primeira fase, tem de ser a qualificadora reconhecida e deve ser particularmente analisada, uma vez que o réu, não contente em disparar arma de fogo provida de munição de alta destruição, contra as costas da vítima, ainda se aproximou, com esta já caída ao solo, e realizou o disparo de arma de fogo a, no máximo, 35 centímetros de distância, conforme laudo elaborado pelo Instituto de Criminalística deste Estado.

Assim, não só de um recurso que dificultou a defesa da vítima se valeu o réu, mas sim de dois, a saber: atirar contra as costas da vítima e disparar a curta distância, atingindo a têmpora desta, que já estava prostrada ao solo. Isso deve ser valorado na aplicação da pena como circunstância do crime.

Na culpabilidade do agente deve ser considerada a formação do réu, que se declarou pós-graduado e foi apontado como possuidor de uma das mentes mais brilhantes do jornalismo brasileiro, inclusive dirigindo algumas das mais importantes empresas do meio, bem como a sua confortável situação financeira deve ser levada em conta neste momento.

Não é justo punir o simples e o ignorante, que não tem cultura e recursos, da mesma forma que se pune uma pessoa esclarecida e repleta de oportunidades, como o réu, que ainda que não estivesse no gozo do pleno discernimento emocional, possuía condição intelectual e financeira para procurar ajuda especializada.

Em relação às consequências do crime, não se pode ignorar que o ato do réu desestruturou toda uma família, trazendo os traumas decorrentes da perda da filha amada e reflexos na saúde do pai da vítima, como se viu e ouviu neste plenário. Sequer levou em consideração que a mãe da vítima já possuía quadro de depressão, fato este que já era do seu conhecimento, como a sua própria irmã indicou durante este julgamento.

Assim, nos termos do artigo 59 do Código Penal, levando-se em consideração tudo o que foi explanado acima, entendo que a pena-base do réu deve ser fixada em um terço além do mínimo legal, ou seja, 16 anos de reclusão.

Na segunda fase da fixação da pena, o motivo torpe, que foi reconhecido pelo conselho de sentença, quando da votação, faz incidir o aumento de um quinto sobre a pena aqui fixada, restando então a pena final de 19 anos, dois meses e 12 dias de reclusão, uma vez que não há outras agravantes/atenuantes, causas de aumento ou diminuição a serem consideradas.

Diante do exposto, condeno o réu Antonio Marcos Pimenta Neves à pena privativa de liberdade de 19 anos, dois meses e 12 dias de reclusão, a ser cumprida em regime integralmente fechado, por infringir os incisos 1° e 4° do parágrafo segundo do artigo 121 do Código Penal. Após o trânsito em julgado da

sentença condenatória, o nome do réu deve ser julgado no rol dos culpados.”

Houve grande agitação na sala, onde até então a plateia ouvia atentamente a leitura da sentença pelo juiz Diego Ferreira Mendes. João Gomide abriu um sorriso e abraçou o filho e a nora. Stephanie tentava esconder as lágrimas. Pimenta parecia conformado. Não esboçou uma reação forte, fez apenas um ar desolado.

Apesar da reação inicial de ambas as partes, o público ali reunido na sala percebeu que havia algo de reticente na fala do juiz. Seu tom de voz indicava que um fato inesperado ainda estava por vir. E a suspeita tinha fundamento, como se confirmou na frase que se seguiu:

“Independentemente da opinião pessoal deste julgador sobre a necessidade da prisão do réu, o fato é que a segunda turma do egrégio Supremo Tribunal Federal, em votação unânime, concedeu ao réu o direito de responder o processo em liberdade, mencionando, em especial, a necessidade de trânsito em julgado de eventual sentença condenatória para, só então, permitir a prisão do acusado, como se extrai da folha 120 do segundo apenso do segundo volume dos autos: 'Mesmo que se trate de pessoa acusada de suposta prática de crime hediondo, até que sobrevenha a sentença final condenatória irrecorrível, não se revela possível presumir a culpabilidade. Ninguém pode ser tratado como culpado', continua a fundamentação, 'qualquer que seja a natureza do ilícito penal, cuja prática lhe tenha sido atribuída, sem que exista a esse respeito decisão condenatória transitada em julgado'. Assim, como desde a sua soltura o réu não incorreu em hipótese alguma naquelas premissas do artigo 812 do Código de Processo Penal, bem como respondeu a maior parte do processo em liberdade, em obediência ao que o egrégio Supremo Tribunal Federal decidiu em favor do réu, é facultado a ele apelar em liberdade.”

Foi a vez de Ilana Müller e o irmão Carlos Frederico se congratularem com seu cliente. Eles já sabiam de antemão que Pimenta seria condenado, mas lutavam para que não recebesse a pena máxima, de 30 anos, e contavam com a aplicação do habeas corpus para mantê-lo em liberdade. Os objetivos da defesa haviam sido alcançados com sucesso.

O recinto foi tomado pelo falatório e por um clima de confusão. João Gomide, incrédulo, protestava. O juiz ainda não havia terminado sua fala, e a concluiu sem ser ouvido, mostrando-se visivelmente contrariado com a situação:

– Anoto que, diante dos termos empregados no acórdão, e da falta de apelação do quadro fático, que não se confunde com o quadro jurídico da condenação recorrível, qualquer decisão contrária deste juízo de Primeira Instância violaria a decisão já transitada em julgado e proferida pela corte máxima do País, o que é inadmissível em um estado democrático de direito.

E declarou encerrada a sessão.

Ferreira Mendes justificou sua atitude, ao sair: "Não sou o dono da razão. Como juiz de primeiro grau, não poderia contestar uma decisão do Supremo. Além disso, não houve nenhum fato novo que justificasse a prisão do réu desde que o acórdão do Supremo foi publicado. Confrontar a decisão do maior tribunal do país seria um absurdo jurídico".

Mendes disse que, para que a prisão fosse feita naquele momento, Pimenta teria de ter cometido alguma infração no período em que permaneceu solto, como ameaçar uma testemunha, deixar de comparecer ao fórum sem justificativa, ou tentar oferecer vantagem financeira a testemunhas. "Somente com uma dessas circunstâncias, a prisão poderia ser pedida", explicou.

No final, revelou-se consciente de que a opinião pública certamente gostaria de ver uma pena mais alta para Pimenta. "Apliquei a pena que achei justa", disse. "Eu não ignorava que era um caso de repercussão, mas, se a gente se preocupa muito com a imagem, começa a trabalhar com populismo. Às vezes a decisão agrada ao povo, mas não se sustenta. Juridicamente, me convenci que não teria como prender o réu. E mantive essa decisão bem fundamentada."

Cinco anos, oito meses e 15 dias depois do crime, apesar do julgamento concluído, o caso Sandra Gomide ainda teria de esperar por um desfecho.

Livre, ao menos por mais algum tempo, Pimenta Neves deixou a sala rapidamente, acompanhado dos advogados, e seguiu para a rua. A multidão do lado de fora mostrava uma fúria intimidadora. Os policiais que esperavam levar o réu para a prisão acabaram cumprindo a função de proteger sua retirada. Sob vaias e os gritos de "Monstro!", "Assassino!", e empurrado de um lado para o outro, Pimenta entrou no carro com Ilana e Carlos Frederico Müller.

A advogada deu a partida, mas o veículo foi cercado e ela não conseguia avançar em direção à saída da cidade. Quando ganhou um pouco de velocidade, um grande grupo de pessoas começou a atirar pedras, dar socos no automóvel e bater nos vidros. Pimenta estava em pânico. Finalmente, ganharam uma distância segura e arrancaram. Na segunda-feira seguinte, a advogada registraria um boletim de ocorrência em uma delegacia da capital denunciando o incidente.

Enquanto Pimenta e os advogados rumavam para a cidade de São Paulo. João Gomide, o filho e a nora saíam do tribunal sob entusiásticos aplausos vindos das cerca de 200 pessoas que se aglomeravam na rua em frente. Eles foram imediatamente cercados por repórteres e expressavam a eles sua inconformidade. Com o nariz pintado vermelho, como o dos palhaços, Nilton protestava: "Direito de liberdade tenho eu, que não matei ninguém!".

Também com nariz vermelho, João Gomide buscava forças dentro do corpo fragilizado para extravasar sua indignação:

"No Brasil, matar não é mais crime. O sujeito pode ficar com raiva, assassinar a mulher, confessar o crime, ser condenado, e mesmo assim ficar em liberdade. É uma vergonha! É uma vergonha!", gritava o pai de Sandra. "Não existe mais Justiça. Que esse juiz não passe o que eu passei. Ele podia ter decretado a prisão, mas não quis. Só porque ele (Pimenta) tem dinheiro e eu não tenho?"

A irmã de João Gomide, Maria Angélica Gomide, juntou--se a ele na crítica à decisão do juiz: "Pimenta Neves tem o direito de liberdade, e minha sobrinha não tem o direito de viver", disse. "Mas Deus vai ser maior. Sou professora, e como vou falar para os meus alunos que matar é crime? Eu não posso mais falar isso. Pode-se matar pai, mãe, sobrinho, filho, neste Brasil", protestou.

Além da família Gomide, o dono do haras em que o crime fora cometido. Deomar Setti, também estava exaltado: "É preciso mudar essa Justiça, mas não tem ninguém que mexa com isso. Pimenta Neves tem o mesmo rosto frio e calculista de quando ele matou. Ele sabia que a pena seria grande, mas que não iria cumprir de imediato. Que direito é esse? Essa lei é uma porcaria! Vale a pena matar... Tá com raiva da mulher, mata! Tá estressado, mata!"

Marlei Setti, mulher de Deomar e testemunha de acusação, deixou o tribunal chorando e juntou-se ao coro dos inconformados:

"Se soubesse que isso seria um circo, não teria me exposto, vindo até aqui".

A professora Simone Elias, uma das integrantes do júri que decidiu pela condenação, confessou ter ficado surpresa com a decisão do juiz Diego Ferreira Mendes de permitir que Pimenta Neves continuasse em liberdade. "Esperava que ele saísse preso do fórum", afirmou. "Para nós, jurados, foram três dias perdidos. Todos falam que somos os juízes no plenário, mas não somos."

– A ideia é impedir a injustiça de colocar na cadeia alguém que, em última instância, pode ser considerado inocente. Isso é até louvável, mas não no caso de um assassino confesso – analisou o promotor do caso, Carlos Sérgio Rodrigues Horta Filho. – Falta sensibilidade aos tribunais superiores. Como um réu confesso pode ser presumidamente inocente?

O assistente da acusação, Sergei Cobra Arbex, considerou a sentença "satisfatória". "O juiz foi correto na aplicação da pena pedida pelo Ministério Público. O mais importante é que houve julgamento, senão, em breve, Pimenta seria beneficiado pela prescrição", disse. "Tenho certeza de que o TJ-SP também irá condená-lo em segunda instância, após a apelação."

LXI – CRIME PASSIONAL

OU ATO DE UM SOCIOPATA?

Em uma entrevista ao jornalista Ubiratan Brasil, do caderno de Cultura do próprio *Estadão*, publicada em 15 de julho de 2012, a escritora britânica de romances policiais P.D. James afirmou: "Não me interesso pelos psicopatas, porque matam sem motivos justificáveis. Prefiro as pessoas educadas, seguidoras da lei que, por alguma razão obscura, cometem um crime. Essas são mais fascinantes".

Ela certamente teria motivos de sobra para se interessar pelo caso real de Pimenta Neves ou criar um personagem nos seus moldes, já que o crime e o comportamento pregresso do jornalista continuam a intrigar mesmo os mais experimentados profissionais da área psiquiátrica.

De olho nas atenuantes, desde o primeiro momento, a defesa de Pimenta Neves tentou caracterizar o assassinato de Sandra como fruto de exacerbação, da alucinação temporária de um homem tomado pelo ciúme e pela dor da perda da amada. O médico psiquiatra Marcos Pacheco de Toledo Ferraz, que acompanhou o réu antes e depois do crime, advogou essa tese durante o julgamento em 2006. Para ele, esse quadro patológico, conhecido como transtorno de estresse pós-traumático, "desorganizou" a vida do jornalista.

Mas, diante de sua atitude no período que se seguiu ao crime, do depoimento que prestou no hospital Albert Einstein e a serem verdadeiros os relatados casos pregressos de ataques a mulheres cometidos por Pimenta, fica difícil imaginar o quadro que levou à eliminação de Sandra como um episódio isolado. O ato de Pimenta Neves contra Sandra Gomide está longe de se enquadrar no padrão clássico do crime por impulso, passional.

O primeiro a distinguir o criminoso passional, ou "delinquente de ímpeto", dos demais criminosos foi Cesare Lombroso. Os estudos mais importantes e aprofundados sobre estes indivíduos são de Enrico Ferri, expoente da Escola Positiva do Direito Penal. Desde então, os especialistas das áreas jurídica e psicanalítica definem como crime passional, ou crime por paixão, o delito em que o ciúme e toda uma gama de emoções inebriam os sentidos ao ponto de tentarem se livrar delas pela destruição dos seres amados. E, se sobrevivem à tragédia que provocaram, não voltam a reincidir, uma vez que a situação-limite cessou, apesar de carregarem consigo um profundo arrependimento por seus atos.

Em seu estudo *Crime passional: quando o ciúme mancha a paixão de sangue*, Kátia Regina de Oliveira Ferreira, do Ministério Público do Estado de São Paulo, e o delegado de polícia e mestre em Direito Público Marcus Vinícius Feltrim Aquotti reforçam essa definição, lembrando que "a legião passional é formada por criminosos de ocasião, isto é, indivíduos pacatos que possuem uma conduta honesta e impecável, mas que em função da situação vivenciada agem de forma violenta, descarregando toda a agressividade acumulada".

O advogado da acusação no julgamento de Pimenta Neves, Sergei Cobra Arbex, em um artigo intitulado *Crime passional ocorre por impulso?*, propôs uma mudança sobre a forma de se olhar algumas variantes desse tipo de delito:

"Crimes notórios recentes, como o do assassinato de Sandra Gomide pelo também jornalista Pimenta Neves e da menina Eloá pelo namorado Lindenberg são demonstrações inequívocas de ausência de passionalidade, porquanto premeditados e baseados em outros tipos de sentimentos, como possessividade, egoísmo, ego afetado, prepotência, obsessão, entre outros que, embora tenham o condão de trazer perturbação, orbitam muito mais na esfera da razão do que na da emoção. Esses casos não derivam de uma paixão no estado crônico, em que não se ponderam os fatos e se age com o ímpeto incontrolável e intenso e sim, decorrem de uma dolorosa e perturbadora violência racional de desilusões e dores provocadas por eles mesmos e não pela vítima supostamente amada."

Ao preparar este livro, buscamos a palavra de profissionais da área da psiquiatria, para tentar compreender o que teria levado um homem bem-sucedido e respeitado como Pimenta Neves a cometer um ato (ou atos) de violência extrema.

As interpretações foram diversas, mas em alguns pontos os psicanalistas convergiram. Um deles foi o de que o gesto de Pimenta Neves contra Sandra Gomide foi cometido com plena consciência e premeditação. Para eles, não cabia no caso a tese de privação – mesmo que temporária – da razão. As hipóteses aventadas pelos especialistas variam de crime por vingança ou em nome da honra a um ato de sadismo típico de um sociopata. Nunca um crime passional.

Guido Arturo Palomba, um dos especialistas mais renomados do Brasil no campo da psiquiatria criminal, com quatro décadas de experiência e 15 mil casos analisados, aceitou discutir algumas teorias sobre os aspectos da personalidade de Pimenta que teriam impulsionado sua decisão de matar Sandra:

"Há uma diferença muito grande entre crime passional e crime comum. O crime passional é fruto de uma escravização da consciência. A razão fica obnublada, o raciocínio fica dominado pelas emoções, e há quase sempre um arrependimento e uma tentativa de suicídio até, no máximo, 48 horas após o ato. Não vejo que isso tenha acontecido aqui, embora tenha sido um crime de alguém que matou a companheira. Nos casos de crime comum, mata-se porque acabou um relacionamento, mata-se para não pagar uma pensão, mata-se porque ela o está ridicularizando, infernizando sua vida. É uma reação de protesto, um crime de raiva, de liberação, de expressão de agressividade, por estar em uma situação de inferioridade com a qual não consegue lidar. É mais um crime de honra, como de alguém que diz 'Eu sou o chefe, eu sou o homem', Antigamente, isso até tinha valor nos tribunais. Hoje não tem mais sentido."

Para o psiquiatra, pode haver no jornalista um traço de sociopatia, pela repetição do comportamento ao longo da vida: "Os sociopatas são pessoas que têm uma vida pregressa pontilhada de atitudes violentas, uma agressividade reiterada. Pode haver aí um distúrbio de controle, por não saber lidar com a própria agressividade".

Segundo Palomba, entre as motivações do crime estaria uma profunda necessidade de afirmação de poder: "Pimenta Neves poderia figurar entre as personalidades com características de mando, que determinam isso e aquilo, não toleram opiniões contrárias e são muito suscetíveis a reações explosivas quando contrariadas em seus propósitos. São pessoas inflexíveis, que têm posições rígidas, tradicionais".

Autor de *Mentes Assassinas*, de *Loucura e Crime* e outras obras que procuram compreender as nuances mentais dos criminosos e dos violentos, Palomba chegou a desenvolver o termo condutopatas, para definir com mais precisão determinados homicidas. "Uso esse termo porque o nome revela a essência do objeto: o distúrbio desses indivíduos está na conduta. São indivíduos que não alucinam, não deliram, são inteligentes, não têm distúrbio de memória e, sim, de conduta. Outra característica: ao contrário dos que matam por impulso, não se arrependem. A culpa, para eles, é sempre das vítimas", revela.

A psicanalista Taty Ades, autora de estudos sobre relacionamentos doentios que levam à violência contra a mulher, como *Hades: Homens que amam demais*, também acredita que as atitudes de Pimenta denotam um comportamento diferente do que se constata naqueles que cometem um crime por razões passionais: "Ele pode ter um perfil realmente de sociopata, que já é bem diferente. O crime passional é cometido por um impulso, pelo desespero de perder o outro; então você vai e acaba com o outro. Agora, o sociopata é um grande dominador e, ao mesmo tempo, um parasita. Porque vive em função do outro para poder retirar o que puder, seja em termos materiais ou afetivos. A possessividade com a mulher é muito grande: a mulher não é uma mulher, é um objeto dele. Ela não tem o direito de se distanciar e dizer 'eu não quero mais'. Pelo que me parece, (*com o Pimenta*) há um padrão de abusos. Ele não só a demitiu como impediu que ela conseguisse outro emprego. Só permitiu seu progresso profissional quando ela estava ao lado dele. Ele a moldou aos gostos dele. Ela era uma propriedade dele."

Taty Ades esclarece que, no caso da pessoa que não é um sociopata o sofrimento por amor é tão grande que ela tenta se livrar da dor, matando o outro e depois se matando. É o perfil do amor patológico, do crime passional. "Mas no caso de Pimenta não parece haver paixão nem arrependimento. Ele continuou fazendo acusações a ela, não se colocou como culpado", lembra. "O que ele parece ter sentido é ira, pelo fato de esse 'objeto', que era a Sandra, ter ido embora." A psicanalista acredita que Pimenta poderia se enquadrar em um perfil de 'borderline' (limítrofe), uma definição que vem sendo estudada mais atentamente nas última décadas. Segundo ela, seria o caso do jovem Lindemberg Fernandes Alves, que em outubro de 2008 matou a ex-namorada Eloá Cristina Pimentel, de 15 anos, com um tiro no rosto, depois de tê-la mantido presa em seu apartamento, no município de Santo André, em São Paulo, por quatro dias. "Quando vi o noticiário sobre o caso, pensei: 'Ele parece ter um quadro de 'border''", recordou

Taty Ades, também co-autora do estudo 'Criança Interrompida, Adulto Borderline' (2014), com o dr. Eduardo Ferreira Santos.

O transtorno, também conhecido como 'de personalidade emocionalmente instável' ou 'de intensidade emocional', é um padrão de comportamento marcado pela impulsividade e instabilidade de afetos, relacionamentos interpessoais e autoimagem. Entre os sintomas, verificam-se um intenso medo de abandono, irritabilidade, idealização e desvalorização de outros, alternando uma alta consideração e uma grande decepção em relação ao outro. Especialistas enfatizam que, sem tratamento, os sintomas pode se agravar, levando a atos violentos.

Em depoimento a um canal pago de TV, o psiquiatra Jorge Forbes interpretou a eliminação de Sandra por Pimenta Neves como "a destruição de seus troféus". Tudo o que ele alcançou era inútil aos olhos de Sandra. "Ela dava mais valor ao cavalo, que ia ver sempre", aponta. Para Forbes, o crime pode ter sido um ataque aos "troféus" – reconhecimento, cargos, prêmios reunidos ao longo da vida –, que se mostraram inúteis quando se tratou de obter afeição.

Um ângulo pouco explorado em todo o episódio foi o fato de que Pimenta Neves adquiriu o hábito de tomar antidepressivos, talvez já no tempo em que vivia nos Estados Unidos. No período imediatamente anterior ao crime, ele estava comprovadamente se tratando à base de Lexotan e Frontal. Isso leva a uma interrogação sobre até que ponto o consumo desses medicamentos, somado ao uso de pílulas de Viagra e associado às frequentes doses de uísque, teria provocado as alterações de comportamento – e até de índole – que muitos dos amigos e alguns dos parentes captaram.

Mesmo admitindo os efeitos adversos desse tipo de combinação no longo prazo, os psiquiatras aqui consultados foram cautelosos em atribuir a escalada de descontrole por que

Pimenta passou a esta causa em particular. "A droga irá
aumentar e potencializar qualquer patologia, mas não será capaz
de *criar* a patologia", resumiu um especialista.

"O abuso e mistura de substâncias não poderia ter sido o
motivo dos atos dele", afirma Taty Ades. "A única coisa que
vale ressaltar é que o álcool, medicamentos e drogas em geral
farão aflorar, despertar uma personalidade impulsiva e agressiva
já existente na pessoa. Uma pessoa que não tivesse tal
personalidade, nunca se manifestaria dessa forma com o uso de
substâncias, sejam quais forem. Mas alguém que já possui o
quadro de um perfil violento terá mais chances de praticar atos
de impulsividade quando ingerir álcool e outras drogas.
Conheço e cuidei de casos de agressões sofridas por mulheres
por parte de homens que haviam ingerido álcool. Mas eram
pessoas com um perfil já diagnosticado como impulsivo e
agressivo."

O episódio do assassinato de Sandra por Pimenta Neves deu
margem a análises em colunas e blogs que ultrapassaram as
fronteiras do entendimento psicanalítico e do noticiário policial
mais corriqueiro. O jornalista econômico e político Luís Nassif
arriscou um diagnóstico na *Folha de S. Paulo* de 2 de setembro
de 2000:

"Uma pessoa solitária, com poucos amigos, cuja rede de afetos
era estritamente familiar – as irmãs, as filhas, a ex-mulher –,
que, de repente, envolve-se com uma outra mulher, vê o antigo
círculo de afetos desfazer-se e passa a canalizar todo seu afeto
para uma só pessoa...

É uma aposta pesadíssima. E seu mundo começa a desmoronar
quando percebe que perdeu a aposta."

No artigo *Considerações solicitadas sobre um crime*, da *Folha de S.
Paulo* de 1º de setembro de 2000, o jornalista Carlos Heitor

Cony não afastou totalmente os aspectos de um crime
passional, mas avaliou que o ato foi, sem dúvida, planejado:

"No caso em questão, a serem verdadeiras as circunstâncias que
estão sendo divulgadas pelo inquérito e pelos testemunhos de
familiares da vítima, existem agravantes que podem tornar o
crime hediondo – sem prejuízo de sua passionabilidade. Não
houve privação de sentidos na hora do crime, que teve toda a
mecânica da premeditação. Privação de sentidos é quando o
marido chega em casa, trazendo um docinho para a mulher, e a
encontra na cama com o porteiro do prédio. Aí sim, se o sujeito
tiver uma arma em casa, pode alegar violenta emoção ou
privação de sentidos. Não foi o caso de Ibiúna."

LXII – A VIDA EM LIBERDADE

Depois que deixou o fórum em Ibiúna, ao término do julgamento, em maio de 2006, Pimenta Neves ficou um bom tempo fora do radar dos meios de comunicação. Foi para o interior de SP, onde encontrou parentes em sua Batatais natal e em cidades próximas. Não passou perto, porém, da Araraquara de sua juventude.

Em 13 de dezembro daquele ano, desembargadores do Tribunal de Justiça de São Paulo diminuíram a pena de Pimenta Neves de 19 anos para 18 anos, pela confissão espontânea. Ao mesmo tempo, decidiram que o jornalista deveria se apresentar imediatamente à Justiça para ser preso. No dia seguinte, o juiz Diego Ferreira Mendes expediu o mandado de prisão. Mas, apesar das negativas de seus advogados Ilana e Carlos Frederico Müller de que estivesse foragido, Pimenta manteve--se inalcançável por vários dias, e só reapareceu quando uma liminar derrubou a ordem judicial contra ele, uma semana depois. Em função da idade avançada, sua pena também seria reduzida para 15 anos, em 2008, pelo STJ.

A má-fama adquirida com o assassinato de Sandra não interferiu decisivamente na vida amorosa de Pimenta, que chegou a ter outros envolvimentos, inclusive com uma professora pós--graduada da USP. Um motorista que trabalhava em um ponto de táxi próximo de sua casa chegou a comentar com ele, certa vez, ao transportá-lo: "O senhor está com uma namorada nova, não é mesmo?" E Pimenta teria lhe respondido: "Nova, sim, mas não mocinha, porque mulher muito jovem traz problemas".

Em meados de 2010, Pimenta vendeu a casa da Rua São José e comprou uma menor, de dois andares, pintada de branco, gradeada, com janelas em alumínio e vidro, portas em madeira maciça e duas garagens, na Rua Senador Vergueiro, a poucas quadras da anterior, na mesma Chácara Santo Antônio. Parte de seu dinheiro estava bloqueada e suas demais economias haviam evaporado com as sucessivas custas judiciais.

Para piorar as perspectivas de sua situação financeira, o TJ-SP, condenou Pimenta Neves a pagar uma indenização por danos morais aos pais da jornalista Sandra Gomide. Ele recorreu, mas perdeu a causa novamente e o valor da condenação foi majorado, de originais R$ 83 mil (definidos na sentença da primeira instância) para R$ 110 mil a cada um dos pais, acrescidos de correção monetária e juros moratórios desde a data do homicídio, o que poderia elevar o montante para cerca de R$ 420 mil.

O defensor do jornalista naquela ação cível movida pela família de Sandra, José Alves de Brito Filho, negava-se a intermediar os pedidos de repórteres para falar com seu cliente e afirmava na época que Pimenta não daria entrevistas "nem para Deus".

No entanto, em outubro de 2010, ele abriu uma exceção e aceitou receber Vicente Vilardaga, da revista *Alfa*, para uma conversa. Por quase cinco horas, ele respondeu a perguntas sobre sua carreira, rivalidades, conquistas profissionais e seus infortúnios. Mas não tocou diretamente no assunto do assassinato de Sandra, embora tenha se referido a ela várias vezes. "Era uma boa moça. Tinha talento, mas acabou perseguida por pessoas que queriam me atingir", disse, segundo o repórter, sem transparecer qualquer emoção.

Até se transferir para a nova casa, Pimenta mantinha a esperança de terminar seus dias sem cumprir a pena estabelecida. Estudava brechas legais que poderiam permitir o adiamento de sua prisão e orientava seus próprios advogados sobre como utilizar esses recursos. A essa altura, porém, entrou em um estado de apatia e até de indiferença sobre seu próprio destino.

No início do ano de 2011, já vivia em reclusão quase completa e só era visto quando ia, bem cedo, pegar os jornais, próximo ao portão. Hostilizado pela vizinhança, ele passava o dia com as janelas e as cortinas fechadas e, às vezes, aproveitava a madrugada para fazer compras em um supermercado 24 horas ou em lojas de conveniência.

Sua companheira de solidão era a cadela dachsund Chanel. E seu contato com o mundo exterior limitava-se às visitas semanais de uma faxineira e às conversas diárias pela internet com as filhas que moram nos Estados Unidos.

Nesse período, o Grupo Estado passou a enfrentar uma série de desafios administrativos, além das consequências nefastas à sua imagem, decorrentes do crime de Pimenta Neves, exploradas inclusive por uma parcela da concorrência. "Parte do noticiário nos tratava como se nós tivéssemos matado a Sandra", queixa-se Fernão Mesquita, ainda hoje.

Acontecimentos desfavoráveis, como a investida no ramo da telefonia celular – *o Estado* injetou capital na empresa de telefonia BCP, que acabou vendida para o grupo mexicano Telmex – e o estouro da "bolha" da internet fragilizaram sua situação financeira, cuja solidez sempre havia permitido uma autonomia de que se orgulhavam seus comandantes e lhe garantiu independência dos governos e regimes.

Intempéries financeiras e problemas de direcionamento são fatores passíveis de correção com medidas que, inclusive, podem ser tomadas a portas fechadas, longe do olhar do público. Porém, restaurar o prestígio de uma instituição, pública ou privada, maculada por um escândalo, mesmo alheio à vontade dos gestores, é missão para décadas.

A solidez do Grupo Estado, testada em diversos momentos de sua história, mostrou-se suficiente para superar as mais agudas provações, como intervenções, a presença de censores em sua redação e os famosos cortes de notícias de primeira página, substituídos por versos de Camões, receitas culinárias e previsões meteorológicas sombrias em semanas de sol. As marés mudaram, mas o *Estadão* ficou. A possibilidade de sobreviver e seguir tempos afora, como negócio e instituição, não é de todo irreal, ainda que tenha chegado ao século 21 enfrentando uma crise sem precedentes.

LXIII – O FIM DOS RECURSOS

Passava um pouco das 18h da terça-feira, 24 de maio de 2011, quando três veículos da Polícia Civil estacionaram na rua Senador Vergueiro, na Chácara Santo Antônio, onde Pimenta Neves morava havia quase um ano. Três delegados – Aldo Galiano Júnior, do Departamento de Identificação e Registros Diversos (Dird), Waldomiro Pompianni Milanese, da Divisão de Captura, e Osvaldo Nico Gonçalves, do Departamento de Investigações do Crime Organizado (Deic) –, e cinco investigadores (um deles uma mulher), desembarcaram dos veículos e postaram-se ao portão com grades de ferro vazadas.

Do lado de dentro, a silhueta de um homem apareceu pela vidraça da sala. A luz de dentro estava acesa e do lado de fora começava a escurecer.

Às 17h07 daquela tarde, o delegado Aldo Galiano havia recebido a notícia da decisão do Supremo Tribunal Federal, anunciada pela ministra Ellen Gracie, determinando a captura do jornalista Antônio Pimenta Neves e o imediato início do cumprimento da pena de 15 anos de prisão pelo assassinato da também jornalista Sandra Gomide, cometido quase 11 anos antes.

O STF havia negado o último dos 49 recursos impetrados contra a sentença à qual ele fora condenado, e agora não havia mais o que fazer. De acordo com a decisão da 2ª Turma do Supremo, o pedido fora atingido pela preclusão (perda do direito de contestar um ato no prazo ou da forma correta).

O ministro Celso de Mello, relator do recurso, acolheu os fundamentos do parecer da Procuradoria-Geral da República e declarou: "Enfim, é chegado o momento de cumprir a pena. Realmente esgotaram-se todos os meios recursais. Num primeiro momento, perante o Tribunal de Justiça de São Paulo; posteriormente, em diversos instantes, perante o Superior Tribunal de Justiça, e também perante esta Corte. Esta não é a primeira vez que eu julgo recursos interpostos pela parte ora agravante, e isto tem sido uma constante, desde o ano de 2000. Eu entendo que realmente se impõe a imediata execução da pena, uma vez que não se pode falar em comprometimento da plenitude do direito de defesa, que se exerceu de maneira ampla, extensa e intensa".

Ellen Gracie enfatizou na sessão que o caso Pimenta Neves era uma das situações jurídicas mais difíceis de se explicar no exterior. "Como justificar que, num delito cometido em 2000, até hoje não cumpre pena o acusado?". A ministra qualificou como um exagero a quantidade de recursos apresentados, embora todos estivessem previstos na legislação brasileira.

Para o ministro Ayres Britto, o número de recursos apresentados pela defesa beirou o "absurdo" e foi responsável por um "alongamento injustificável do perfil temporal do processo".

O Judiciário, em sua instância máxima, havia, portanto, dado sua palavra final sobre o caso. A ação agora cabia à Polícia de São Paulo e a responsabilidade de enviar o jornalista à penitenciária, para cumprimento da pena em regime fechado, seria do governo do Estado.

Por isso, assim que recebeu o mandado expedido pelo juiz de Ibiúna, onde ocorreu o crime, o delegado Aldo Galiano reuniu o grupo de policiais, correndo contra o tempo. Já se especulava, em noticiários veiculados pela internet, que após as 18h a prisão não poderia mais legalmente ser efetuada e que a captura teria de ser deixada para a manhã seguinte. Galiano e Milanese temiam que Pimenta Neves, com o avançar da noite, não aceitasse a ordem de prisão e que, amparado pelo preceito da inviolabilidade do lar, assegurado pela Constituição mesmo aos criminosos condenados, ele se recusasse a sair de casa e o cerco se arrastasse. "Provavelmente, o que faremos hoje por aqui será vigiar a casa, porque neste horário já não poderemos entrar sem que ele nos autorize", admitiu Milanese. O delegado Aldo Galiano também tomava todas as cautelas para que nada saísse do controle naquela ação, que nenhum detalhe ou falha na sua condução da operação dessem margem a argumentos que comprometessem ou levassem à nulidade do mandado.

Experiente, com 37 anos de carreira, Galiano assumira havia dois meses o Dird, em substituição ao delegado Élson Alexandre Sayão. E já estivera à frente da 1ª delegacia seccional (Centro) e do Departamento de Polícia Judiciária da Capital (Decap), onde fora um dos responsáveis pela investigação da morte da menina Isabela Nardoni, jogada da janela de seu apartamento na noite de 29 de março de 2008. O caso foi um dos mais chocantes da história da cidade e levou ao banco dos réus o pai, Alexandre Nardoni, e a madrasta da menina, Ana Carolina, que foram condenados pelo crime em 2010.

O delegado decidiu ligar para o telefone da casa. Pimenta Neves pessoalmente atendeu no aparelho. "Senhor Pimenta Neves, a sentença que foi promulgada é irrecorrível. Peço que o senhor nos acompanhe agora, sem resistência, para que não haja um desgaste maior", disse Galiano. "Pode deixar", respondeu Pimenta. "Me dê apenas alguns minutos, que poderei recebê-los em instantes."

Os policiais temeram estar diante de uma manobra para ganhar tempo. Nada poderia ser pior que ver aquela situação se arrastar, virar um cerco de horas e horas, talvez dias. Uma multidão de curiosos e jornalistas se formaria no quarteirão e, lá dentro, quem sabe qual seria o desfecho daquele caso? Afinal,

o jornalista era um homem de atitudes imprevisíveis, como o seu próprio crime. Ficaria deprimido com a situação de tal forma que acabaria com a própria vida antes que pudesse ser levado? Tentaria resistir? Atiraria entrincheirado em sua sala? Nada podia ser descartado, era o que dizia a experiência adquirida neste caso.

Na verdade, Pimenta Neves estava bastante controlado e previra todo aquele cenário desde que ficara sabendo da decisão do STF pelos sites noticiosos. Aproveitou o prazo dado pelo delegado para se consultar pelo telefone com sua advogada, Maria José Costa Ferreira, que integrava a quinta equipe defensora de sua causa desde a data do crime. Ela se mostrou surpresa com a rapidez da chegada da polícia, pois acabara de saber da ordem de prisão. Mas o aconselhou a se entregar, sem reagir. "Tentaremos pedir a prisão domiciliar assim que possível, dada a precariedade do seu estado de saúde", argumentou a advogada.

Observado pelos colegas Galiano e Milanese, o delegado Osvaldo Nico Gonçalves tocou a campainha da casa e pediu para entrar, a fim de negociar a rendição. O portão foi destrancado eletronicamente. A porta da casa se abriu e, para alívio geral, Pimenta Neves surgiu, em meio à luz baixa, e fez um sinal. Os delegados e os três detetives entraram.

O jornalista parecia calmo, mas indisfarçavelmente alquebrado. Estava com uma barba rente, bem aparada e muito branca, em contraste com os cabelos mais escuros, grisalhos, sobre a cabeça semi-calva. Vestia um agasalho xadrez com fundo marrom sobre uma camisa social branca e uma calça social em cinza escuro. Havia completado 74 anos poucas semanas antes e aparentava estar pesando bem mais que em suas últimas aparições públicas.

– Não vai demorar; estou com a mala pronta há um mês – revelou, com ar amigável, quase sorrindo. Os policiais se entreolharam, um tanto surpresos.

Ele cumprimentou cada um deles e virou-se para guardar três livros na bagagem: *Vigiar e Punir*, do filósofo francês Michel Foucault, *O Deus Selvagem*, do ensaísta britânico A. Alvarez, e um terceiro com obras selecionadas de Shakespeare. *Vigiar e Punir* tem quatro partes intituladas "Suplício", "Punição", "Disciplina" e "Prisão", em que Foucault questiona o aspecto social de que a detenção é uma forma justa de se cumprir uma pena. Em *O Deus Selvagem* – um estudo do suicídio, o escritor busca justificar o ato radical de quem tira a própria vida. Ele descreve o poder de atração que a morte voluntária exerce sobre os artistas e a imaginação criadora.

Pimenta deu um leve suspiro e pediu: "Não me algemem, por favor".

– Isso não será mesmo necessário – respondeu o delegado Galiano, ainda tenso.

– Peço que respeitem minha integridade física... – reiterou Pimenta, fechando o zíper da bagagem. O delegado respondeu com um aceno.

– Vamos – disse Pimenta, indicando a saída aos visitantes.

Depois que todos passaram, ele trancou a porta. O clima era tenso.

"Ele está vindo!", avisou um repórter que observava o movimento da calçada. Os câmeras das emissoras de tevê, com forte iluminação, e os fotógrafos de jornais aproximaram-se e viram Pimenta descer os oito degraus da entrada da casa, amparando-se no corrimão. Ele acenou para eles. Depois, sempre cercado pelo grupo de seis policiais, passou pelo pequeno jardim rumo à saída pelo portão.

Os jornalistas começaram a gritar perguntas, tentando tirar dele alguma declaração. Em um momento como esse, uma simples frase do personagem principal da história pode ser o suficiente para dar mais interesse à cobertura. Conhecedor do ofício, Pimenta foi econômico, mas não decepcionou os jovens colegas que estavam ali a trabalho: "Não tenho nada a declarar. Não estou surpreso", limitou-se a dizer. E entrou rapidamente no banco traseiro do carro da Polícia Civil, no qual seria conduzido ao DHPP, no bairro da Luz, região central da cidade. Não houve tumulto. Os poucos moradores que saíram à rua para ver o que se passava mantiveram-se todo o tempo a pelo menos dez metros da casa. Ao ver as viaturas policiais chegarem já imaginavam do que se tratava. Afinal, mesmo vivendo discretamente, Pimenta era um vizinho tristemente famoso na rua, e sua prisão, mesmo tendo demorado tanto, fatalmente teria de acontecer um dia. A maioria acompanhou a movimentação dos andares superiores de suas casas. Antes que o carro deixasse o local, uma voz gritou de longe: "Assassino!"

A caminhonete preta com as insígnias da Polícia Civil de São Paulo na traseira, teve suas luzes de alerta e a sirene ligadas e disparou. Algumas pessoas bateram palmas.

LXIV – A INSÔNIA E UM SONO TRANQUILO

Enquanto a caminhonete da Polícia Civil rumava para o DHPP
em alta velocidade, com a sirene ligada e o jogo de luzes
vermelhas na capota piscando, carros de reportagem tentavam
não perdê-lo de vista. Um helicóptero da TV Record seguia
toda a movimentação do alto.

O veículo chegou à sede do DHPP, na Rua Brigadeiro Tobias,
às 20h30. Pimenta desceu do carro com dois policiais ao seu
lado e não evitou o grupo de cerca de vinte jornalistas – entre
repórteres, fotógrafos e câmeras – que o esperavam.

Uma repórter da *TV Record* tomou a dianteira e perguntou
rapidamente: "O senhor está arrependido do que fez?", e
estendeu-lhe o microfone. Pimenta não se mostrou
incomodado ou surpreso. Respondeu com tranquilidade:
"Claro que sim, minha filha."

Os policiais pareciam mais ansiosos para entrar no prédio e
livrar-se da imprensa do que o próprio Pimenta, que seguia
com calma pelo corredor humano.

– O que pensa dessa ordem de prisão? – perguntou outro
repórter.

– Os recursos se esgotaram – respondeu Pimenta. Uma
jornalista quis saber como foi tratado quando a polícia foi à
casa dele.

– Tudo bem, eles foram muito educados – relatou. Finalmente,
Pimenta foi levado para o interior do prédio pelos policiais que
haviam trabalhado na operação, e os repórteres se dispersaram.

O horário da captura possibilitou aos principais telejornais abrir
suas edições com a notícia naquela noite. As imagens de
Pimenta Neves conduzido pelos policiais repercutiram
fortemente junto à população. Mas o pai de Sandra, João
Florentino Gomide, soube do que havia ocorrido com certo
atraso. Ele estava em seu quarto, deitado, no início da noite,
quando o telefone tocou. Era sua irmã, Maria Angélica. Ele já
havia tomado seus remédios e sentia-se um tanto dopado ao
ouvir o que a irmã tinha a dizer. As poucas frases com que ela
resumiu o desfecho de uma espera de 11 anos fizeram o rosto
de João Gomide se iluminar e as forças retornarem ao seu
corpo após um longo, longo período de abandono e letargia. A
Justiça finalmente começava a ser feita. Ele já não acreditava
que o assassino de sua filha pagaria pelo crime algum dia. A
espera havia sido torturante, mas, afinal, não tinha sido
totalmente em vão.

– Eu achava que iria morrer sem ter visto o Pimenta preso! –
gritou João.

Nilda apareceu na sala, amparada sobre o andador, e, mesmo
um tanto distante, compreendeu o que estava se passando.
Pouco depois, a empregada da família, Cremilda Bezerra da
Silva Santos, que já tinha ido para casa, reapareceu para vê-los.
Ligou a televisão e os três acompanharam o noticiário com o
som bem alto. O telefone passou a tocar sem parar. Todos os
conhecidos queriam falar com João e Nilda.

João atendeu às primeiras chamadas, mas começou a entrar em
um estado de confusão mental. "Eu ia morrer sem que ele fosse
para a prisão", dizia. "Ele ia morrer sem que essa sentença
fosse cumprida...", repetia agitado. "Eu ia morrer e ele ia
morrer..."

Cremilda começou a ficar preocupada que ele tivesse algum mal-estar. E deu-lhe uma dose de tranqüilizante. Mas João não conseguiu dormir.

Pimenta foi levado para o 2º Distrito Policial, no Bairro do Bom Retiro, onde foi recebido pelo delegado José Carlos de Mello e conduzido a uma cela individual estreita, com cinco metros quadrados, onde foram deixados um colchonete e um cobertor. O cômodo dispunha de um vaso sanitário, que estava entupido e exalava um odor muito forte.

Logo que foi deixado sozinho, Pimenta ficou aterrorizado ao ver um rato sair de um buraco, atravessar o cômodo de um lado a outro e entrar em outro vão na parede. O que parecia um clichê de filmes sobre prisões estava bem ali diante dele. A presença do roedor causou nele um pânico que talvez nenhum dos fatos dos últimos anos havia sido capaz de produzir.

Estava claro que não conseguiria deitar ao nível do chão, ou mesmo sentar-se, porque o sono fatalmente chegaria e, por estar desprevenido, o rato poderia atacá-lo. Além do mais, achou o lugar bastante sujo e temia contaminar-se pelo contato com o cobertor fornecido. As condições só seriam piores se tivesse que dividir o espaço com outros detentos.

Apesar de cansado, preferiu manter-se de pé durante toda a madrugada, caminhando.

Pela manhã, trouxeram a ele uma bandeja com café com leite, pão e manteiga. Mas ele não tocou no desjejum oferecido. Alimentara-se pela última vez com um lanche, na tarde anterior, mas não sentia fome. E a ideia de fazer uma refeição como homem preso era, no mínimo, aceitar como consumado o fato de que não voltaria mais à liberdade, algo que talvez ainda não estivesse disposto a admitir.

Passaram-lhe pela cabeça os meses em que ficara na cela do 77º DP, mas Pimenta tentava afastar esses pensamentos. Não queria antecipar esta sensação antes do necessário. Era preciso acostumar-se, pouco a pouco, com a possibilidade de que todos os próximos dias de sua vida poderiam ser passados atrás das grades. Como lidar com essa possibilidade, agora tão real, quando os recursos haviam se esgotado?

Foi um alívio quando a advogada Maria José da Costa Ferreira veio vê-lo. Ela lhe trouxe pão, queijo, suco e água. Ele contou como havia passado a noite e ela, ao sair, deu entrevistas, reclamando das "condições terríveis" – em suas palavras – nas quais seu cliente estava sendo mantido sob custódia.

Ao saber disso, o delegado titular do 2º Distrito Policial, José Carlos Melo, negou que a cela fosse inadequada: "A cela é uma cela de cadeia, que não é, claro, o que ele estava acostumado. Mas o tratamento é digno. Tanto é que eu perguntei para ele se tinha alguma coisa a reclamar e ele respondeu que não".

Ainda com a mesma roupa da véspera, Pimenta Neves foi levado ao Instituto Médico Legal, na região da Vila Leopoldina, zona oeste de São Paulo, para um exame de corpo de delito, um procedimento legal de praxe para demonstrar que o prisioneiro se encontrava em boas condições físicas ao ser transferido.

Conduzido até uma sala, foi examinado por um médico, que checou sua pressão arterial, verificou se havia alguma marca de agressão física em seu corpo, examinou o interior de sua boca e auscultou seu coração e pulmões. Perguntou sobre doenças anteriores, se fumava – e Pimenta respondeu que não –, se era hipertenso, se tomava medicação – e ele respondeu que sim, anti-depressivos e anti-hipertensivos. Também informou que fazia tratamento para um problema na próstata.

Pouco antes das 13h30, Pimenta Neves foi liberado pelo médico e deixou o consultório escoltado por policiais. Desta vez não houve disparo de sirenes ou bloqueio de jornalistas. O carro já saiu do interior do prédio direto e ganhou a rua sem tumultos.

Ao retornar à delegacia do Bom Retiro, uma equipe da Divisão de Capturas, sob o comando do delegado Márcio Bicudo Tosatti, o esperava a fim de escoltá-lo até Tremembé, a 147 quilômetros da capital paulista, onde começaria a cumprir o restante de sua pena de 15 anos. Como ele já havia permanecido sete meses no 77º DP entre 2000 e 2001, restaria, então, o cumprimento de 14 anos e cinco meses, se não obtivesse algum benefício antes disso.

Do outro lado da cidade, o aposentado João Florentino Gomide já conseguia ter uma noção maior do ocorrido e aceitou receber as equipes de reportagem em sua casa. Na cadeira de rodas, vestindo um suéter que trazia a imagem de Sandra sobre o cavalo *Oceano*, protegido por uma manta acolchoada e com o telefone no colo, à espera de novas notícias – assim como das ligações dos veículos de imprensa que não paravam de procurá-lo para conhecer sua reação –, João Gomide tomou a palavra.

"Estou feliz demais", disse o pai de Sandra Gomide.

Em seu estado de invalidez, ele reuniu novas forças ao constatar que o período de impunidade do assassino de sua filha realmente estava chegando ao fim. "Eu não tinha mais esperanças de vê-lo na cadeia. Não dava vontade nem de viver. Agora estou satisfeito", disse o aposentado. "Pensei que ele estava um *bagaço*, cheguei a ter dó, mas ele está melhor do que eu. Ele está andando, eu não", afirmou o pai de Sandra assistindo às imagens de Pimenta feitas na véspera. "Meu desejo é que ele fique preso pelo menos sete anos, metade da pena. Mas você não pode prever nada, porque cada preso tem sua regalia, dependendo do dinheiro. Eu tenho medo que ele seja beneficiado."

No sofá ao seu lado, Leonilda ouvia a tudo atentamente. De alguma forma, um sopro maior de vida parecia ter voltado ao seu corpo. De óculos, com um agasalho preto, cobertor xadrez sobre as pernas e o andador à sua frente, concentrada, ela também respondeu às perguntas dos jornalistas. Um deles quis saber se ela ainda perdoava o algoz de sua filha, como havia dito tempos atrás, e se estava satisfeita com a prisão dele. Falando com certa dificuldade, Leonilda expressou seu sentimento com uma clareza que há muito seus parentes e amigos não viam: "Jesus é quem sabe. Estar satisfeita não é uma maneira de dizer. Ele é um ser humano. Mas deve pagar pelo que fez", declarou, fazendo uma pequena pausa, sem fixar os olhos em nenhum dos repórteres em especial. "E muito", reforçou.

O advogado da família de Sandra Gomide comemorou a decisão. "É uma vitória", afirmou Sergei Cobra Arbex naquele dia. "Isso mostra que a Justiça dá uma resposta ao maior caso de impunidade que o Brasil já viu. Até porque Pimenta Neves é réu confesso."

Também procurado por jornalistas, o irmão de Sandra, Nilton, seguiu a mesma linha de desabafo de seu pai: "A gente praticamente já não estava mais esperando que ele vivesse para cumprir a sentença".

Naquela noite, após uma intensa jornada concedendo entrevistas e pondo seu frágil coração à prova, depois que os últimos noticiários confirmaram a chegada de Pimenta Neves ao presídio de Tremembé, João Florentino Gomide desligou a televisão e foi dormir o seu primeiro sono tranquilo em 11 anos.

LXV – NO "PRESÍDIO DE CARAS"

Construída em 1948, a Penitenciária Dr. José Augusto César Salgado, ou Tremembé II, para onde Pimenta foi enviado, fica em um complexo de estabelecimentos prisionais localizado entre Taubaté, Tremembé e Pindamonhangaba, no Vale do Paraíba, a 147 quilômetros da capital paulista.

Nela estava uma série de criminosos celebrizados nas páginas do noticiário policial, o que lhe valeu uma menção na revista *Veja* como "o presídio das estrelas": Alexandre Nardoni, condenado pela morte da filha Isabela, jogada da janela do prédio em que moravam, na zona norte de São Paulo, em 2008; os irmãos Cravinhos, que ajudaram a bela Suzane von Richthofen a matar os pais da jovem a marteladas, em 2002, para obter sua herança – a própria Suzane cumpria a pena de 39 anos na ala feminina, assim como Anna Carolina Jatobá, a madrasta de Isabela Nardoni, condenada a 26 anos e oito meses; o ex-promotor de Justiça Igor Ferreira da Silva, sentenciado a 16 anos e quatro meses pela morte da mulher Patrícia Aggio Longo, grávida, em 1998, num crime ele atribuiu a um suposto ladrão; o jovem Lindenberg Fernandes, preso após o sequestro e morte da namorada, Eloá Pimentel, no ABC paulista; o médico Roger Abdelmassih, condenado a 278 anos por abusar sexualmente de mais de 60 pacientes em sua clínica de reprodução, e que fugiria do país, após obter um habeas corpus do Supremo Tribunal Federal, no início de 2011.

Por ali também passaram Edemar Cid Ferreira, ex-proprietário do falido Banco Santos; Edson Cholbi Nascimento, o Edinho, filho de Pelé, condenado por tráfico de drogas; Law Kim Chong, empresário chinês acusado pela Polícia Federal de ser o maior contrabandista do país, e o próprio Mateus da Costa Meira, o *Atirador do Cinema*, que havia dividido a cela com Pimenta em sua primeira prisão.

Também cumpriu três meses no local o empresário Marcos Valério Fernandes de Souza, um dos principais envolvidos no escândalo do *Mensalão*, suposto esquema de pagamento de propinas a parlamentares alinhados ao governo Lula.

Ao transpor os portões azuis e os muros brancos da entrada principal, Pimenta leu o anúncio: "Este presídio só recebe o homem. O delito e seu passado ficam nesta portaria". Imediatamente foi levado para o Pavilhão 2, que abriga detentos que não podem conviver em segurança com o restante da população carcerária. Mas não foi colocado em isolamento. Ficou em Regime de Observação, em uma sala de 9 metros quadrados e, por 15 dias, não pôde receber visitas, a não ser da advogada.

Mal havia se instalado no lugar e vestido o uniforme destinado aos detentos – calça cáqui e camiseta branca –, começou a sentir uma forte tontura e falta de ar. Demonstrando um mal-estar acentuado, pediu que lhe providenciassem atendimento. A médica do pavilhão chegou rápido e logo constatou uma crise hipertensiva, provavelmente causada por estresse, que foi controlada com medicamentos cerca de uma hora depois.

A advogada disse que Pimenta Neves foi bem tratado por funcionários e presos desde a chegada, apesar de ter reclamado da falta de banho quente, só permitido aos condenados em tratamento médico.

"Ele nunca tomou banho frio na vida", reclamou a advogada, anunciando que requisitaria uma permissão especial nesse sentido.

Duas semanas depois de sua chegada, Pimenta foi transferido para uma cela de 16 metros quadrados do segundo pavilhão, com seis beliches, ocupada por outros quatro detentos. Ao receber a visita de sua advogada, Pimenta demonstrou satisfação com os companheiros de cela. "Eles são higiênicos", relatou à dra. Maria José da Costa Ferreira.

Dadas as suas condições diferenciadas de limpeza, conforto e civilidade, muito distantes do padrão das prisões brasileiras – criticadas até por um ministro da Justiça –, o estabelecimento ganhou também o apelido de *Presídio de Caras*. Por ocasião da chegada de Pimenta Neves, Tremembé II abrigava 322 detentos, o que também fazia do lugar uma rara penitenciária que não sofria com a superlotação.

A comida no presídio é feita por parte dos presos, e servida tanto aos confinados como aos diretores. Aulas de música e inglês, campeonatos de xadrez e concursos de poesia são algumas das atividades regulares. A unidade tem ainda duas oficinas de montagem de torneiras, uma indústria de plástico, um templo ecumênico e um campo de futebol.

A maioria dos detentos que cumprem pena em regime fechado possui ensino médio ou nível superior. São presos que costumam sofrer rejeição junto à população carcerária comum, por terem cometido crimes como pedofilia e estupro. Tremembé também abriga pessoas que correriam risco de vida em outra penitenciária, como ex-policiais e ex-agentes penitenciários. E ainda presos envolvidos em casos de grande repercussão, como Pimenta Neves.

A rotina do presídio é rígida e muito organizada. Às 5h45 é feita a primeira contagem nos dois pavilhões. As portas das celas são abertas e os agentes penitenciários contam preso por preso, ritual que se repete outras duas vezes, às 11h e às 17h15. Para o almoço e o jantar, são preparados diariamente cerca de 150 quilos de feijão, 280 quilos de arroz e 140 quilos de carne. Todas as refeições são servidas nas celas.

Na lavanderia, duas equipes de oito presos se revezam na tarefa de lavar 400 quilos de roupas por dia. De manhã e à tarde, no corredor de acesso aos pavilhões, acontecem as aulas de informática, inglês, ensinos fundamental e médio. Em frente à igreja há uma sala de música.

A pena estabelecida para Pimenta foi de 15 anos, mas já no primeiro semestre 2013, ao completar dois anos de encarceramento, ele estará qualificado para requisitar a progressão para o regime semiaberto, ou seja, podendo passar os dias fora, em liberdade. Justa ou não essa possibilidade, o fato é que, de alguma forma, o ex-diretor do *Estado* foi levado a prestar contas à sociedade pelo seu crime.

LXVI – JUSTIÇA

O caso Pimenta Neves provavelmente irá se apagando, pouco a pouco, da memória coletiva, mas hoje muitos se perguntam se o jornalista recebeu a condenação que merecia.

A resposta, possivelmente, é afirmativa.

Se Sandra Gomide não era alguém sem defeitos, ela tampouco fez algo que justificasse seu brutal assassinato, caso existisse algo assim. Ao mesmo tempo, por mais que tenha enveredado por um caminho sem volta, Pimenta Neves não apresenta os traços comportamentais de um *serial killer* perigoso, que sairia em busca de novas vítimas se no futuro fosse libertado. O próprio advogado da acusação, Sergei Cobra Arbex, acredita que, independentemente do tempo de pena que o homem que ajudou a condenar cumpra, o mais importante no processo foi conseguido: a ideia de que ninguém deve ficar a salvo da lei em razão de seu status social ou de seus relacionamentos com instâncias poderosas. "Conseguimos impedir a impunidade e essa foi a grande vitória", comemora Arbex.

Ao matar Sandra, Pimenta também destruiu o patrimônio social, material e profissional que ergueu praticamente do nada desde que deixou Araraquara na juventude. E os relatos dos que conviveram com ele após a tragédia testemunham isso. Além de se tornar um pária em seu próprio meio, um meio onde havia chegado a posições de respeitabilidade e poder que poucos atingiram, Pimenta sofreu a execração pública e, mesmo no tempo em que ficou livre, era reconhecido e apontado, quando não hostilizado por conhecidos e desconhecidos.

O confinamento voluntário já era, na verdade, uma imposição nos últimos tempos. Além de ser pouco procurado, sentia-se desconfortável e humilhado perante os amigos. Ainda que não se importasse mais com o que pensavam a respeito dele, deixou para suas filhas a terrível herança de seu ato.

Nenhuma punição, porém, será mais dura do que a de não ter seu crime esquecido, apagado da memória coletiva, sem poder usufruir da paz do anonimato. A cada capítulo das batalhas judiciais pela manutenção de sua liberdade, sua história de vida volta a ser exposta em reportagens repletas de novos detalhes, alguns exagerados, outros sem a devida magnitude. Ele próprio declarou ter sido, afinal, um grande erro postergar o cumprimento da pena: "Hoje eu já poderia ter voltado a ser um homem normal, que vai ao restaurante e à padaria", comentou antes de ser levado para a penitenciária.

No final, passados mais de dez anos da morte de Sandra, o que estava em julgamento não era mais o delito cometido e sua gravidade, mas o próprio sistema judicial brasileiro, capaz de manter, por meio de dezenas de recursos, um assassino confesso em liberdade. Graças a esses buracos jurídicos, seus advogados o preservaram da punição por uma década, e por pouco não o conduziam livre até a idade-limite de 70 anos.

Mais do que falhas no sistema legal, o País ainda encontra uma profunda dificuldade em fazer valer direitos e em proteger os cidadãos sob ameaça. Ao sofrer agressões físicas e verbais de Pimenta Neves, poucas semanas antes de ser morta, Sandra Gomide chegou a procurar uma delegacia especializada, em busca de ajuda. As medidas tomadas pelas autoridades, no entanto, não foram suficientes para garantir sua segurança. E, uma vez consumado o homicídio, o jornalista passou menos de sete meses em uma cela. Libertado, teve 49 recursos acolhidos por diversas instâncias do Judiciário. E a sociedade brasileira precisou esperar 11 anos para vê-lo finalmente começar a responder por seus atos diante da Justiça.

Pimenta não era o culpado por isso, mas beneficiário de uma suposta amplitude de defesa que não se aplica aos criminosos sem estirpe especial, para os quais o destino é a cela comum durante o longo trâmite do processo e o rito sumário no momento em que o júri de fato acontece.

Em março de 2003, o então ministro do STF, Cezar Peluso, apresentou uma proposta de emenda constitucional que previa que processos fossem considerados transitados em julgado após a decisão da segunda instância. Ainda seria possível recorrer a tribunais superiores, mas esses recursos não acarretariam efeito suspensivo na sentença. Com essa mudança constitucional, Peluso acreditava que seriam desestimulados os recursos que têm a mera intenção de protelar uma decisão final contrária ao réu. A matéria, porém, ainda não foi votada no Congresso.

Para os brasileiros que acompanharam o caso e seus desdobramentos, a ida de Pimenta Neves para Tremembé, a fim de prestar contas do crime praticado, representou o fim de um dos exemplos mais escandalosos de impunidade que o País testemunhou. E, ao menos por um momento, permitiu imaginar que no Brasil a Justiça, mesmo que tardiamente, também pode se aplicar àqueles que detêm uma posição social elevada, possuem amigos influentes e meios financeiros para pleitear adiamentos de suas penas ou ter seus pedidos de benefícios especiais levados em consideração. Para a população comum, mesmo de forma um tanto duvidosa, ficou aberta uma janela de onde pode se vislumbrar o dia em que o sistema legal brasileiro será mais justo, ágil e igualitário. Em suma, de que o País em que vivemos não tem apenas boas leis, e leis o bastante, mas que as faz cumprir, por todos e para todos.

EPÍLOGO

No presídio de Tremembé, Pimenta Neves aguarda o resultado de recursos que sua advogada Maria José da Costa Ferreira impetra para passar ao regime aberto. A idade avançada, os problemas de saúde e a boa conduta no cárcere são sempre os motivos alegados. Em 2014, ele obteve a permissão para trabalhar fora e apenas passar as noites no presídio, mas não usufruiu do benefício por não ter conseguido uma colocação naquele município ou nas redondezas.

A advogada é seu único contato com o mundo exterior. Pimenta não aceita mais receber visitas e não autoriza sequer a entrada dos parentes mais próximos, como as irmãs e as filhas. Logo que foi transferido, ele chegou a ser visitado pelas irmãs Sarah e Isabel e os amigos Marco Antonio Rocha, Roberto Müller Filho, Enio Mainardi e seu ex-comandado no *Estadão*, José Maria Mayrink. Ignácio de Loyola Brandão também esteve lá, acompanhado de Rodolfo Konder, outro amigo de décadas dos dois. Todos ouviram de Pimenta o pedido de que não voltassem mais ali. Ele alega que a revista pela qual passam os visitantes é vexatória, mas, ao que tudo indica, o constrangimento maior é o dele mesmo, ao ser visto com o uniforme de presidiário, em um ambiente povoado por pessoas cujos crimes foram considerados de extrema crueldade ou de dano social elevado.

Ele dá aulas de inglês aos companheiros de pavilhão, voluntariou-se para organizar a biblioteca da instituição e inscreveu-se para realizar serviços de limpeza. Cada três dias trabalhados abatem um dia do total de sua pena.

Pimenta Neves também busca a reativação de seu registro na OAB, para atuar como representante dos presos que não têm mais defensores, o que lhe permitiria a dupla vantagem de manter uma atividade regular detrás das grades e angariar a simpatia dos detentos. O pedido já foi negado mais de uma vez. Em junho de 2012, a Justiça decretou o embargo de seus bens. Sua conta corrente no Banco do Brasil foi bloqueada e sua casa na chácara Santo Antônio destinada a um leilão que, quando ocorrer, terá parte de seu produto depositado em juízo para cobrir o pagamento da indenização concedida aos pais de Sandra.

- O editor José Carlos Cafundó de Moraes, aposentou-se e dedica-se hoje a seu sítio em Sorocaba, onde produz mudas de árvores brasileiras. Quando procurado para dar um depoimento para o livro, ele não quis se estender e apenas declarou: "Depois do assassinato da Sandra, nunca mais estive com o Pimenta. Desde então, tenho sido procurado por colegas jornalistas e, por uma questão de foro íntimo, não falei com nenhum deles. Entendo que o que o Pimenta fez é, sem dúvida, condenável sob todos os aspectos e creio que, agora preso, está pagando pelos erros".
- Enio Mainardi recusa-se a comentar a tragédia que envolveu o amigo. Limitou-se a negar os rumores de que havia fornecido a arma do crime a Pimenta Neves. Longe da gestão de empresas publicitárias, ele também se afastou um pouco do discurso antidesarmamento. Seu alvo agora são as relações de poder em Brasília, sobre as quais desfere furiosos ataques em sua página no Facebook.
- Carlos Franco deixou o *Estado* em agosto de 2006. Trabalhou como diretor de atendimento na empresa Ogilvy PR/Diferencial, mudou-se para Minas Gerais e assinou a coluna *Publicidade* no jornal *Diário do Comércio*, veículo impresso da Associação Comercial de São Paulo, até o final de 2014.
- Marco Antonio Rocha continua como editorialista do *Estadão*. Manteve um blog entre 2009 e 2011 no *Portal do Autor*.

A maior parte da família Mesquita, embora acionista e integrante do Conselho Deliberativo do Grupo Estado, deixou a área executiva da empresa.

- Ruy Mesquita permaneceu como diretor responsável pelo jornal *O Estado de S. Paulo* até sua morte, em maio de 2013.
- Fernão Mesquita ficou como diretor do *Jornal da Tarde* e diretor de Opinião do *Estado* até 2003. Toca projetos de comunicação e mantém o blog político *Vespeiro*, que propugna o jornalismo como instrumento de reformas e cuja tônica foi desde o começo a ferrenha crítica aos governos petistas.
- Ruy Mesquita Filho deixou a direção do *Jornal da Tarde* em 2003 e fundou com sócios a editora Terceiro Nome, voltada para publicações de relevância histórica e de recuperação da iconografia paulista. Hoje já não faz parte do quadro da empresa.
- Rodrigo Mesquita deixou a Agência Estado e iniciou em 2002 um empreendimento próprio, Peabirus, que em tupi--guarani significa "trilhas", e continua ligado à pesquisa e implementação de projetos ligados à web e ao mundo digital em geral. Também criou o virtual *Jornal do Confins*.
- João Lara Mesquita deixou a direção da *Rádio Eldorado* e voltou-se a projetos de expedições exploratórias e científicas pelo Oceano Atlântico, cujos resultados originaram a produção de livros, filmes e reportagens. Em abril de 2012, ele e a tripulação de seu *Mar*

Sem Fim, sofreram um naufrágio na Antártica, mas todos sobreviveram e puderam ser resgatados.

• Também em 2003, Francisco Mesquita Neto deixou a cadeira de diretor-superintendente pela do conselho consultivo da companhia de mídia. Na ocasião foi substituído pelo consultor Cláudio Galeazzi, da Galeazzi & Associados, responsável por um profundo e doloroso trabalho de reestruturação financeira e administrativa do grupo. Foi CEO, por três anos, do grupo TotalCom S/A. Foi também CEO do grupo Unialco S/A pelo período de dois anos e é vice-presidente da Associação Comercial de São Paulo. Em agosto de 2012 foi reconduzido por unanimidade à posição de presidente executivo do Grupo Estado.

• Júlio César Ferreira de Mesquita deixou a direção da Unidade Estado em 2003. Hoje ele se dedica à defesa da liberdade de imprensa nas Américas junto à Sociedade Interamericana de Prensa (SIP), que já presidiu, e à criação de gado de raça, negociado em leilões de expressão internacional.

• Moisés Rabinovici tornou-se superintendente de Comunicação da Associação Comercial de São Paulo e dirigiu a redação do *Diário do Comércio* até o final de 2014.

• Oscar Quiroga recuperou sua coluna diária de astrologia no final de 2000 e sua seção continua entre as mais lidas do jornal.

• Renato Lombardi deixou o *Estado* em 2004, trabalhou por dois meses na *RedeTV!* e depois estabeleceu-se como repórter e comentarista de assuntos policiais na *Rede Record*.

• Marguerita Bornstein vive como artista plástica e autora de histórias ilustradas em Nova York, nos Estados Unidos. Nos últimos anos, ela luta contra uma grave disfunção renal que a obriga a fazer seguidas sessões de hemodiálise e aguarda um possível transplante. Em breve deverá voltar a apresentar o seu trabalho no Brasil em uma exposição individual.

• Carole Neves vive em Washington D.C., nos Estados Unidos, onde é diretora de Políticas e Análises da Smithsonian Institution desde 2000, implementando programas socioculturais na Europa Oriental, na América Central e na Ásia. Após a condenação de Pimenta ela não voltou mais ao Brasil.

• Stephanie, filha de Pimenta, é médica especializada em cirurgias cardiovasculares na Filadélfia desde 1999. É casada.

• Andrea Neves, a outra filha, é economista, solteira, e vive na Flórida.

• Daniel Piza ainda era funcionário do *Estadão* quando morreu em 30 de dezembro de 2011, vítima de um acidente vascular cerebral (AVC), aos 41 anos. Ele estava com a mulher e os filhos na casa de parentes, em Gonçalves, no interior de Minas Gerais, para os festejos de ano novo.

• Eleno Mendonça deixou o *Estadão* em 2003 para ser diretor da agência de Publicidade DPZ. Hoje tem sua própria empresa de comunicação.

• Lourival Sant'Anna manteve-se na redação como repórter especial e realizou coberturas internacionais de grande repercussão, como a do processo de queda do ditador Muammar Kadafi, da Líbia.

• Sandro Vaia afastou-se da empresa em 2006 e foi substituído na direção por Ricardo Gandour, de longa experiência no grupo *Folha de S. Paulo*.

• Vicente Viscome ficou preso em regime fechado entre 1999 e 2003, e depois passou ao semi-aberto. Em 2005, teve liberdade condicional concedida pela Justiça. Sua pena foi extinta em 2007. Atualmente, trabalha na loja de carros da família, a Daniel Veículos, onde aparece junto aos anúncios dos automóveis, com o slogan "Vicente Viscome garante". Ele ainda pretende voltar à cena política.

- Mateus da Costa Meira, o *Atirador do Cinema*, que esteve preso com Pimenta Neves no 77º DP, cumpre pena na Penitenciária Lemos de Brito, em Salvador (BA). No dia 8 de maio de 2009, ele tentou matar um colega de cela a golpes de tesoura e foi autuado por tentativa de homicídio. Hoje é mantido em isolamento dos demais detentos.
- Apesar da tragédia ocorrida em sua propriedade, Deomar e Marlei Setti conseguiram manter seu haras em funcionamento, assim como a fidelidade de sua clientela.
- O juiz Nicolau dos Santos Neto voltaria a ser colega de prisão de Pimenta Neves em março de 2013, quando seu regime de detenção domiciliar foi revogado e ele foi enviado para cumprir a pena em Tremembé.
- João e Leonilda Gomide vivem em uma pequena casa no bairro de Palmeiras, em Suzano, na região metropolitana de São Paulo, em companhia da cadela Nêga, pitbull com vira-latas. Eles e o filho Nilton chegaram a ficar afastados, mas voltaram a se falar. Nilton mora com a mulher e os filhos a dois quilômetros de distância de seus pais. Apesar de terem obtido ganho de causa da indenização pleiteada na Justiça, reajustada para R$ 420 mil na segunda instância, em 2011, os Gomide não receberam qualquer quantia até hoje. As próteses de João na bacia e no fêmur estão deterioradas e precisariam ser trocadas. Mas João não tem os R$ 25 mil requeridos para fazer a substituição. Juntos, ele e Nilda recebem aposentadorias que totalizam apenas dois salários mínimos.

De todo modo, após a prisão de Pimenta Neves, a saúde de João Gomide começou a melhorar gradualmente. Ele mostra mais agilidade e já tem forças para dar alguns passos com o auxílio de uma bengala. Com energias restauradas pouco a pouco, que transparecem no vigor renovado na voz, tem sido capaz de cuidar do jardim da nova casa e providenciar pequenas reformas. Também iniciou uma criação de gansos no fundo do quintal.

Mas a grande recuperação foi a de sua mulher, Leonilda. Após uma década de problemas mentais e físicos, e um estado de permanente torpor, ela deixou o andador, passou a caminhar sem auxílio e voltou a interagir coerentemente, readaptando-se aos contatos interpessoais.

A evolução da saúde de ambos é assistida em hospitais de Mogi das Cruzes, na região metropolitana da capital paulista. João Gomide fazia o acompanhamento de seu estado no Hospital do Câncer daquele município, mas, desde que a instituição foi descredenciada do Sistema Único de Saúde (SUS), passou a buscar atendimento no Hospital das Clínicas local. Leonilda faz exames periódicos na Associação Mogiana Assistencial (AMA)

Os dois também contam agora com os cuidados de uma empregada diarista, Karen. "Acho que foi um anjo que Sandra nos mandou", diz João Gomide. "Ela cuida muito bem de nós e até dirige o carro quando precisamos fazer compras ou ir a um hospital para exames". O veículo, um Santana Quantum 1995, com câmbio hidramático, não está condições satisfatórias para servir ao casal, que não consegue mais dirigir pelos problemas de coordenação motora.

Em um aparador da sala de sua casa, João Gomide deixa em exposição um conjunto de porta-retratos com imagens de Sandra. "É como se ela ainda estivesse conosco", consola-se. Para reforçar este sentimento, João e Nilda fazem questão de mudar as fotos de tempos em tempos. "Traz um pouco a sensação de que a vida está seguindo em frente."

Com as filhas de Nilton já entrando na vida adulta, a grande alegria do casal é o neto caçula Rakam, nascido em 2009. "Ele é uma luz nas nossas vidas e por ele eu faço tudo", garante João Florentino Gomide. Com seu carinho espontâneo, sua alegria

contagiante e sem a menor consciência de tudo o que sua
família viveu, o menino deu a eles uma nova motivação.
Alguém a quem amar profundamente após o vazio deixado
pelo desaparecimento de Sandra.

Contato com o Autor

luizoctavio_lima@yahoo.com.br

Proof

Printed By Createspace

createspace™
an Amazon.com company

Digital Proofer